新时代大学生
思想政治教育理论与实践研究

陈欣　王爱玲　张海峰　著

北方文艺出版社
·哈尔滨·

图书在版编目（CIP）数据

新时代大学生思想政治教育理论与实践研究 / 陈欣，王爱玲，张海峰著 . -- 哈尔滨：北方文艺出版社，2022.8

ISBN 978-7-5317-5719-1

Ⅰ．①新… Ⅱ．①陈… ②王… ③张… Ⅲ．①大学生－思想政治教育－研究－中国 Ⅳ．① G641

中国版本图书馆CIP数据核字（2022）第 201926 号

新时代大学生思想政治教育理论与实践研究
XINSHIDAI DAXUESHENG SIXIANG ZHENGZHI JIAOYU LILUN YU SHIJIAN YANJIU

作　　者/	陈　欣　王爱玲　张海峰		
责任编辑/	富翔强	封面设计/	文　亮
出版发行/	北方文艺出版社	邮　编/	150008
发行电话/	（0451）86825533	经　销/	新华书店
地　　址/	哈尔滨市南岗区宣庆小区1号楼	网　址/	www.bfwy.com
印　　刷/	廊坊市广阳区九洲印刷厂	开　本/	880mm×1230mm　1/16
字　　数/	240千	印　张/	10.75
版　　次/	2022年8月第1版	印　次/	2022年8月第1次印刷
书　　号/	ISBN 978-7-5317-5719-1	定　价/	68.00元

前 言

大学生思想政治教育是一门综合性极强的学科，它本身所固有的特征要求其理论研究必须坚持与时俱进，贴近大学生、贴近现实、贴近时代。随着信息媒体和通信技术的相互碰撞，经济、社会以及人们的生活进入了新媒体时代。新媒体传播情境的虚拟性、传播方式的互动性、传播范围的全球性、传播速度的即时性等传播优势吸引了大学生群体，给大学生的思维方式和生活方式产生了广泛而深刻的影响。同时，大学生思想政治教育单向灌输的传统方式也遭受到了前所未有的颠覆。从教育内容方面来说，大学生思想政治教育趋向于现实生活；从空间方面来说，大学生思想政治教育的发展空间更广阔；从教育方式层面上来说，大学生思想政治教育的方式和手段更加丰富多彩；从教育主体和客体方面来说，二者之间的关系日益模糊。面对新媒体时代带来的这些新变化，大学生思想政治教育该如何把握机遇，又该如何克服挑战，是当前大学生思想政治教育工作者必须解决的问题。

聚焦思想政治教育的前沿问题。思想政治教育的前沿问题是指在理论研究和实际工作中遇到的热点问题、难点问题和规律性问题，这些问题对大学生成长成才以及思想政治教育创新发展产生了重要影响，具有普遍性、集中性和迫切性等特点，需要进行创造性的研究和破解。

新媒体技术的发展与普及，对高校大学生这一特殊群体的思想、政治、文化、道德等各方面都产生了深远的影响。这种影响具有"两面性"，正确把握和利用，则能够促进大学生群体的智慧性、创造性的发展与发挥；反之，可以阻碍和危及大学生群体健康心理素质的形成和提高。当然，这种影响不仅体现在大学生身上，而且体现在高等教育主导地位的教师身上。因此，高校必须强化自身的思想政治建设。

目 录

第一章 高校大学生思想政治教育的内涵 ………………………………………… 1
- 第一节 高校大学生思想政治教育内涵 ………………………………………… 1
- 第二节 高校大学生思想政治教育的社会内涵 ………………………………… 4
- 第三节 高校大学生思想政治教育的个体发展内涵 …………………………… 7
- 第四节 高校大学生思想政治教育内涵的延伸 ………………………………… 11

第二章 高校大学生思想政治教育的内容 ………………………………………… 15
- 第一节 高校大学生思想政治教育的基本内容 ………………………………… 15
- 第二节 高校大学生思想政治教育的主导内容 ………………………………… 20
- 第三节 高校大学生思想政治教育的拓展内容 ………………………………… 23

第三章 高校大学生思想政治教育的原则、方法及理念 ………………………… 36
- 第一节 高校大学生思想政治教育的原则 ……………………………………… 36
- 第二节 高校大学生思想政治教育的方法 ……………………………………… 40
- 第三节 高校大学生思想政治教育的理念 ……………………………………… 45

第四章 高校大学生思想政治教育的目标和价值 ………………………………… 53
- 第一节 高校大学生思想政治教育的目标 ……………………………………… 53
- 第二节 高校大学生思想政治教育的价值 ……………………………………… 56

第五章 高校大学生思想政治教育立体化模式 …………………………………… 65
- 第一节 高校大学生思想政治教育立体化模式的理论 ………………………… 65
- 第二节 高校思想政治教育立体化模式的构建 ………………………………… 68
- 第三节 高校思想政治教育立体化模式的实现途径 …………………………… 74

第六章 新时代大学生思想政治教育教学理念 …………………………………… 81
- 第一节 影响大学生思想政治教育创新的因素 ………………………………… 81

第二节　大学生思想政治教育的根本任务——立德树人 85

　　第三节　大学生思想政治理论课的教学目标——全面发展 88

　　第四节　以"三个转变"促进"三个转化"实现理念创新 89

第七章　新时代大学生思想政治教育教学机制 94

　　第一节　高校大学生思想政治教育机制相关概述 94

　　第二节　校园文化建设与高校思想政治教育机制创新研究 106

第八章　新时代中华优秀传统文化与大学生思想政治教育 112

　　第一节　中华优秀传统文化对大学生思想政治教育的意义 112

　　第二节　中华优秀传统文化融入大学生思想政治教育的基础 118

第九章　新时代生态观与大学生思想政治教育 125

　　第一节　生态观视域下思想政治教育的意义 125

　　第二节　生态观视域下思想政治教育的内容 137

第十章　新时代"双新"理念与大学生思想政治教育 146

　　第一节　"双新"背景下大学生思想政治教育的主体素养 146

　　第二节　"双新"背景下大学生思想政治教育的话语研究 152

　　第三节　"双新"背景下大学生思想政治教育接受效果 157

参考文献 164

第一章 高校大学生思想政治教育的内涵

第一节 高校大学生思想政治教育内涵

高校思想政治教育的内涵反映了高校思想政治教育这一教育实践活动的本质属性。这一本质属性具有相对稳定性，但也随着高校思想政治教育社会环境、任务、目标的变化而不断发展。前者体现为高校思想政治教育内涵的继承性，后者体现为高校思想政治教育内涵的创新性。

一、高校思想政治教育的内涵

在实践中，高校思想政治教育主要是高校思想政治工作者利用一定的思想观念、政治观点、道德规范，对大学生施加有目的、有计划、有组织的影响，使他们形成符合中国特色社会主义所需要的思想品德的教育实践活动。因此，高校思想政治教育的基本内涵是指最能反映这一教育实践活动本质属性的主要内容。

在哲学中，所谓事物的本质属性，是指事物固有的，决定事物性质、面貌和发展的根本属性。由此出发，高校思想政治教育的本质属性也应当是高校思想政治教育固有的，决定其性质、面貌和发展的质的规定性。因此，这种本质属性应包括两个方面：第一，本质属性应贯穿高校思想政治教育活动的始终，是高校思想政治教育活动中最普遍最一般的固有属性且规定和影响其他派生属性（非本质属性）；第二，本质属性应该是高校思想政治教育变化发展的根据。根据这两个方面，本书认为高校思想政治教育的本质属性应为政治性与科学性的有机统一。政治性是高校思想政治教育的阶级属性。如果没有表示阶级意志的政治性，不能维护统治阶级的有效统治，那么高校思想政治教育就不可能存在，更不可能发展，因此政治性是贯穿高校思想政治教育始终的一个特有属性。科学性是高校思想政治教育的客观实践属性。如果不反映客观事物的本质和历史发展的趋势，不能最终促进社会生产力的发展，不代表广大人民群众的根本利益，高校思想政治教育就不能得到发展，当然也不能长久地存在，因此科学性是高校思想政治教育本身得以发展的内在规定性。

综上所述，要完整准确地认识高校思想政治教育的本质，就必须坚持高校思想政治教育政治性与科学性在理论与实践上的有机统一。在这一问题上，目前存在着两种不良倾向：

一种倾向是强调高校思想政治教育的政治性，而偏离高校思想政治教育的科学性，从而使高校思想政治教育变得空洞与说教，表现为泛政治化，就形势而追踪形势，就热点而炒作热点，缺乏系统的科学理论支撑。这种倾向在一定程度上使高校思想政治教育效果一击就垮。另一种倾向是强调高校思想政治教育的科学性，否定高校思想政治教育的政治性，从而使高校思想政治教育变得盲目。例如，在实践中，一些高校的"法律基础"课被称为"法学概论"课。高校思想政治教育丧失了政治性，就意味着主动放弃意识形态领域的主导权，后果将不堪设想。因此，深化对高校思想政治教育本质属性的认识，是当前提高高校思想政治教育有效性、加强高校思想政治教育学科建设的当务之急。

二、高校思想政治教育内涵的创新性

传统固然重要，但是它不能包揽和代替现实。因为事物在发展，现实在变化，新的东西总是层出不穷，一味地抱残守缺，无异于刻舟求剑，不能适应时代的发展和社会的需求。因此，在合理继承传统的基础上，改进和创新实属必然。

创新是对传统做大胆的扬弃，重在创意、创建和创立。创新需要科学与人文的价值导向：求真、向善。求真，即贴近现实，追求真理；向善，即符合完美的人性，追求人类的终极关怀，体现符合多数人意向的道德情感，它是一种价值承诺，是教育信念确立的基础和前提。对创新要进行价值评价，不能单一强调新，否则就是庸俗的进化论。在创新这一概念中，"创"始终是手段，"新"才是目的。所谓新，并不是仅仅标新立异，要看其是否具有新质，是否具有新价值，是否体现事物的本质，是否代表社会发展的方向。我们需要的是真正意义上的创新，反对徒有其表的所谓的创新。那种把创新仅仅停留在现象层面，甚至停留在口号上的做派，是学风浮躁的表现，绝非真正意义上的创新。旧和新，只是相对而言的，旧在之前也曾是新的，何况它能沿袭至今，必有其缘由，不能大起大落，做简单的肯定和否定。在各种思潮并起、社会价值观多元的当今社会，对"旧"和"新"进行梳理，还它以本来面目，是继承和创新的逻辑起点。

在现代社会条件下，高校思想政治教育的生命线作用、先导性作用，应当合理地被理解和作为创新功能进行发展和发挥。这种发展和发挥的基础和需要，就是思想政治教育向更新领域的发展。

三、高校思想政治教育的领域拓展

近年来，社会的发展对高校思想政治教育提出了新的要求。基于教育要面向现代化、面向世界、面向未来的思维，也基于现代社会和学科领域的高度分化与高度综合相结合的发展趋势，高校思想政治教育的作用范围在扩大，高校思想政治教育在向新的领域拓展。

第一，高校思想政治教育向宏观领域的拓展。这种拓展表现在两个层面：一是国内层面，就是高校思想政治教育要面向社会主义现代化建设，把社会主义现代化建设作为政治方向，作为高校思想政治教育的主题。

高校思想政治教育要向业务活动、经济活动、管理工作广泛渗透，深深植根于现代社会生活之中。在现代社会条件下，政治、经济和科学技术的发展，不断开辟出新的领域，环境问题、生态问题等新发展的领域和新涌现的问题，既广泛深刻地推动和影响着社会进步，也折射出许多新的思想、政治、道德问题，迫切需要发展的高校思想政治教育与之相适应，创建竞争伦理、科技伦理、环境伦理、网络伦理等，保证和促进新的领域的发展。二是国际层面，为了适应对外开放的需要，我们要培养大批面向世界的人才。面向世界的人才不仅要有参与世界范围竞争的科学技术水平，也要有面对世界的思想、道德和心理素质。面对世界上各种文化和价值观的冲击，更要有正确分析、鉴别、选择人生观、价值观的思想基础；投身于世界范围的经济、科技、人才竞争，更要有敢于竞争的勇气和自强不息的精神；生活在对外开放的环境和活动在各种场所，更要有健康的心理和文明风度。这些思想政治素质，比过去要求更高，也更全面。

第二，高校思想政治教育向未来领域的拓展。随着开放的扩大和改革的深化，科学技术的迅猛发展、物质文化生活水平的提高和竞争机制的广泛引入，既增加了社会的复杂程度，又加快了社会的变化频率。因此，现代社会对大学生来说，在其发展过程中总是既存在机遇，又存在风险。青年学生希望自己能抓住机遇，避免风险，他们更加关注发展的前景，更加注视未来领域的发展趋向。高校思想政治教育必须面向未来发展，探索适用未来领域的理论与方法。高校思想政治教育的一个重要作用是导向，即以正确的思想指导大学生进行实践活动，因而高校思想政治教育应当具有超前性和预防性，要保证和促进大学生面向未来的顺利发展。高校思想政治教育当然不能代替大学生的预测与决策，但高校思想政治教育可以帮助大学生增强面向未来的意识，使之对未来发展趋势有一个清晰的认定，学会抓住机遇、化解风险，避免偶然因素和不道德行为的干扰和冲击，增强预测与决策的自觉性。同时，高校思想政治教育还要帮助大学生掌握科学的预测和决策方法，克服经验主义、盲目主义倾向，防止由于复杂因素的困扰和不能面对差距而陷入宗教、迷信的倾向。因此，社会的发展和大学生的发展，既向高校思想政治教育提出了面向未来进行预测和决策的要求，也为其开展预测和决策创造了条件。正确的预测既是为了现在，更是为了未来，为了在预见的前景和目标之前采取正确的教育决策和教育措施，实现教育的科学化。现代高校思想政治教育一定要研究预测和决策的理论和方法，形成高校思想政治教育预测与决策的分支学科，为高校思想政治教育提供理论指导。

第三，高校思想政治教育向微观领域的拓展。所谓高校思想政治教育的微观领域，就是指高校思想政治教育工作者与大学生的内心世界。宏观的客观世界同人们的主观内心世界总是不可分割地联系在一起的。宏观世界的开放性、复杂性、易变性也会导致人们内心世界的开放、复杂与变动。因此，高校思想政治教育在向宏观领域发展的同时，也必须向微观领域发展。人们的内心世界具有更大的复杂性和潜藏性，它像一个"黑箱"，无法窥探，也难以敲开，只能通过深入研究，才能把握其发展变化的规律性。在现代社会条件下，社会因素和社会信息不断增多，并且变化节奏加快，整个社会和人们的利益关系复杂程度增加，引起大学生的心理震荡，增加心理负荷，甚至导致一些人出现心理不平衡、心理障碍与心理疾病。因此，心理方面的问题十分突出地摆到了高校思想政治教育者面前。开展心理测试与心理分析，进行心理诊断与心理咨询，普及心理保健知识，提高心理素质，便成为高校思想政治教育的一项重要任务。研究人们内心世界的问题，还有一个更重要的任务，就是开发人力资源。每个人都有一个复杂的内心世界，每个人都有巨大的潜能。我们要把人们的潜能充分发挥出来，把人力资源充分开发出来。如果不掌握人们内心世界的发展变化规律，不能有效地把外在教育内化为人们的思想，就只能是一句空话。所以，我们要探索思想内化理论，掌握心理发展规律，建立具有中国特色的高校思想政治教育心理学。

第二节 高校大学生思想政治教育的社会内涵

社会性内涵是高校思想政治教育的基本内涵。在党的历史上，为社会现实服务，依据社会发展的需要确定教育内容，是高校思想政治教育的光荣传统。新中国成立前，高校思想政治教育为新民主主义革命服务；新中国成立后，高校思想政治教育先后为社会主义革命和建设服务，形成了高校思想政治教育在不同历史时期的特定社会内涵。在新的历史时期，高校思想政治教育的社会内涵主要体现在普及马克思主义中国化理论、树立中国特色社会主义共同理想、弘扬民族精神与时代精神，树立、践行社会主义核心价值观等几个方面。

一、树立中国特色社会主义共同理想

一个国家的可持续发展，一个国家的内部和谐，与该国现实的政治经济状况密切相关，与该国国民的共同理想也密切相关，这两种相关是同等重要的。强大而明确的共同理想，甚至能在很长的时期内克服政治经济结构的现实裂痕，这在历史上不乏其例。中国经过近现代的曲折徘徊与浴血奋争，经过近几十年来的探索发展，已经走出了一条适合自身国情、能有效发挥本国优势且取得了辉煌成就的道路，这就是中国特色社会主义。

如果说在共产主义启蒙时期形成理想信念需要思想上的睿智与敢为天下先的勇气的话，目前已经积累的辉煌的历史成就使新的一代人更容易形成更坚定的中国特色社会主义共同理想。但新的一代人又是没有苦难记忆的一代人，他们生活在一个思想多元化的开放社会，所以主旋律的高扬显得更必要。目前，中国改革开放社会已经进入转型期，也是一个矛盾凸显期，更深入的中国特色社会主义共同理想的教育，有助于包括大学生在内的社会成员正确认识改革过程中出现与积累的矛盾，树立人们解决矛盾的信心，构建和谐社会。中国特色社会主义共同理想教育是当代高校思想政治教育的灵魂和基础，它决定着高校思

想政治教育的基本性质。中国特色社会主义共同理想教育是当前高校思想政治教育的关键和核心所在，其功能和作用主要体现在以下几个方面。

第一，中国特色社会主义共同理想教育决定着高校思想政治教育的基本性质。大学阶段是大学生确立自我、实现人生目标的关键时期，引导大学生树立高远的志向是高校思想政治教育的核心内容。共同的理想信念是一定社会主体共同价值目标的集中体现，当代中国高校思想政治教育的实质就在于从思想政治理论的高度，使大学生充分认识到中国特色社会主义共同理想的科学性，使大学生不仅在情感上，而且能从世界观的高度，理性地接受和认同中国特色社会主义的价值目标。只有牢固地树立起中国特色社会主义共同理想，以社会主义核心价值体系凝聚广大青年学生，才能产生经久不衰的动力，使他们既看到中国特色社会主义事业面临的挑战和困难，又看到中国特色社会主义事业所具有的旺盛生命力，在构建社会主义和谐社会、加快社会主义现代化建设的历史进程中奋发有为，建功立业。

第二，中国特色社会主义共同理想教育是振奋大学生精神、鼓舞大学生进取的有效途径。中国特色社会主义充分反映了我国最广大人民群众的共同愿望、利益和要求，是全国各族人民不懈追求的共同理想。这个共同理想把国家、民族与个人紧紧地联系在一起，有利于调动全体人民共同为之奋斗，能够在最大限度上统一社会意志、集中社会智慧、激发社会活力，为构建社会主义和谐社会提供有力的精神保证。大学生是十分宝贵的人才资源，是民族的希望，是祖国的未来。加强和改进高校思想政治教育，提高他们的思想政治素质，对于确保中国特色社会主义事业兴旺发达、后继有人，具有重大而深远的战略意义。通过中国特色社会主义共同理想教育，可以使大学生懂得：要实现个人理想，就必须从现实出发，从自己做起，从身边的小事做起，脚踏实地，百折不挠；要实现中国特色社会主义理想和中华民族的伟大复兴，就必须多读书、读好书，努力学习科学文化知识，提高科学文化素质，掌握科学知识、科学方法和科学思想，提高自己辨别是非的能力。

第三，中国特色社会主义共同理想教育是衡量高校思想政治教育效果的重要标准。高校思想政治教育的目的是使大学生认同和接受社会主义的基本思想和价值目标。在我国现阶段，就是要使大学生接受我们党的政治主张和政治信仰，并且充分看到广大人民群众的利益与自身利益的一致性，使建设中国特色社会主义的理想成为他们的共同理想。所以，评价高校思想政治教育效果的一个重要标准，就是要看党的政治主张、政治信仰和现阶段我国各族人民的共同理想是否为广大青年学生所认同。能不能培养出一代又一代有觉悟的社会主义新人，既是衡量高校思想政治教育效果的重要标准，更是关系社会主义和共产主义远大目标能否实现的关键。在教育大学生成为实现中华民族伟大复兴的时代新人的目标体系中，中国特色社会主义共同理想始终摆在第一位。只有树立中国特色社会主义理想，学生才能自觉地运用社会主义的道德和纪律来约束自己，才能产生努力学习科学文化的强大内在动力。

二、弘扬民族精神和时代精神

民族精神是一个民族在长期的历史发展过程中逐步形成和培育起来的一种独具民族特色的、自觉的群体意识，是民族文化、民族智慧、民族情感、民族心理、民族共同理想、民族共同价值取向和民族行为规范等民族个性的综合体现。中国自古便是一个多民族的国家，几千年来，在以中原地区民族为中心与周边少数民族绵延不断的民族文化的碰撞与交融中形成了以汉族为中心的一体多元的民族结构，由此而逐渐萌生的民族意识，最终整合为中华民族精神，成为推动中华民族发展壮大的精神力量。加强中华民族优秀传统和艰苦奋斗教育，是新时代高校思想政治教育的重要内容。中华民族在五千年的文明发展史中，为我们留下了丰富的文化遗产，蕴含其中的伟大民族精神，是中华民族传统文化的积淀和升华。我国如何在更加开放的环境下不断发展壮大中华民族传统文化，增强广大群众特别是青少年对民族文化的认同和自信；如何在激烈的国际竞争中努力确立并发挥民族文化优势，增强民族文化竞争力，维护国家文化安全等，成为高校思想政治教育面临的重大课题。必须坚持以人为本，挖掘中华民族的文化资源，把民族精神教育作为高校思想政治教育的重中之重，实现古今文明的优势互补。

时代精神是时代思想的结晶，是一个时代科学认识成果和进步潮流的凝聚，是对时代问题的能动反映和应答，是某一社会在特定时代代表主流文化的内在、稳定而又深刻的东西，是一个时代、一个民族大多数人所希望、所向往、所信奉、所为之激动不已、追求不止的观念和精神，具体体现在这个时代大多数人的精神风貌、民族特质、理想信念、生活态度、价值取向、人生追求、风俗习惯、行为规范及所有活动之中，是贯穿于其中的原则、灵魂和起统摄作用的东西。时代精神产生于时代之中并表现时代，与时代发展一样具有一致性和同步性。因为它是时代变化的晴雨表或集中体现。时代精神反映了时代的特点、时代的内容并适应了时代的要求，它为特定时代提供精神支柱、动力和文化条件。当今时代精神主要体现在科学精神、人文精神、民主精神、开放精神和创新精神上，体现在"解放思想、实事求是，与时俱进、勇于创新，知难而进、一往无前，艰苦奋斗、务求实效，淡泊名利、无私奉献"上，其本质和灵魂在于创新。高校思想政治教育要善于从时代精神中汲取营养，在时代发展和社会进步中掘取资源，吸纳表达时代精神，把时代精神作为塑造一代新人的核心内容，贯穿于教育的全过程，渗透到教育的方方面面。无视时代的进步，社会的发展，与时代精神和时代发展相左，高校思想政治教育就很难被人们接受，很难体现时代感，很难取得实效。

三、社会主义核心价值观

中国共产党在领导中国革命、建设和改革的过程中，对加强高校思想政治教育极其重视，并在实践中积极探索高校思想政治教育的基本规律。总结这些规律，其中的一条重要经验就是，要高度重视高校思想政治教育的育人功能，要特别强调人才思想道德素质的重要性，强调道德养成对于人才培育的重要意义。当代大学生理应是思想道德素质和科学文化素质协调发展的一代，高校不但要注重大学生的文化素质教育，更要注重大学生的思想道德教育。

社会主义核心价值观是社会主义核心价值体系的内核，体现社会主义核心价值体系的根本性质和基本特征，反映社会主义核心价值体系的丰富内涵和实践要求，是社会主义核心价值体系的高度凝练和集中表达。

第三节 高校大学生思想政治教育的个体发展内涵

高校思想政治教育除了具有社会内涵，还具有个体发展内涵。由于特定的历史原因，长期以来，在高校思想政治教育中，其社会内涵居主导地位，其个体发展内涵一度被忽视。新中国成立后，高校思想政治教育的个体发展内涵逐渐进入人们的视野。改革开放以来，尤其是近年来，随着人们对大学生主体地位的重视，高校思想政治教育的个体发展内涵日益显现出来。当前，高校思想政治教育的个体发展内涵主要体现在促进大学生人际和谐与心理和谐、培养大学生的竞争意识与合作精神、培育大学生的人文精神与科学精神、促进大学生全面协调发展、培养大学生的健康个性等几个方面。

一、促进大学生的人际和谐与心理和谐

高校思想政治教育的主要内容与和谐社会的本质要求是完全一致的。大学生人际和谐与心理和谐教育，既体现了高校思想政治教育的个体发展内涵，也体现了建设和谐社会的时代重任对高校思想政治教育的要求。

当前，如何实现个人与他人关系的和谐、如何实现团队的和谐发展，成了影响大学生成长的重要问题。随着社会分工的细化和科学领域的不断拓展，当今社会越来越强调团队协作的重要性。我国高等教育大众化、后勤社会化、学分制的深化，严重地冲击了大学里班级、寝室等基本团队形式。这导致了学生的自我意识不断增强，团队协作意识相对淡薄。因此，加强团队教育，成为高校思想政治教育面临的重要任务。团队教育强调的是在以人为本、以学生为本基础上的团队协作与配合，从而实现团队与个体的共赢。当前大学里的团队形式较为丰富，主要包括班级、寝室、学生会、社团、学生组建的各种工作室等。大学应制定专门的团队评奖评优制度，设立优秀班集体、优秀寝室、优秀社团、优秀工作室等奖项，并将其纳入学生奖励体系，加大对团队的奖励力度，激发学生加入团队，扮演不同的团队角色，在其中得到相应的锻炼和成长，从而为学生实现与他人关系的和谐、实现团队的和谐发展奠定良好的基础。

人自身的和谐是整个社会和谐发展的根本前提。当前大学生在成长过程中面临的自身和谐问题主要表现在：理想追求与现实可能的不和谐；认知与行为的不和谐；身体成长与心理发育的不和谐；主观成长需要与现实拥有条件的不和谐等。为此，高校在高校思想政治教育过程中必须抓住这几个关键要素，认真做好学生的心理健康教育，通过系统的心理测试、有针对性的心理咨询、心理素质拓展训练和完备的心理危机干预体系，让学生的心理与身体实现成长同步。同时，对学生的学业给以激励和引导。学业是大学生活的根本，要以激励为目标重新构建学生的奖学金制度，同时要推行"三轨辅导制"（为每一个班级至少配备一名专业导师、一名专职辅导员和一名课外辅导员），加强对学生学习和学业的引导，从不同角度辅导学生的学习与成才。此外，还要要求大学生在导师和辅导员的指导下，定期填写成长规划书，帮助大学生设立学习目标，并为之努力。

二、培养大学生的竞争意识与合作精神

社会主义市场经济体制的发展与完善，已经成为推动中国社会发展的重要方式，并且不容置疑地成为现代中国人生存与发展的重要环境条件。创设和优化竞争环境是现代高校思想政治教育的重要功能之一，是高校思想政治教育时代性、针对性、实效性和价值性的体现，加强高校思想政治教育，可以为大学生创设竞争环境提供思想和社会心理基础以及方向保证。高校思想政治教育必须依据马克思主义环境理论，在承认环境决定人的发展、决定人的思想道德面貌的同时，坚持人在环境面前具有主观能动性、人可以改变环境的基本观点，充分发挥意识的积极能动作用，通过不断提高人们的思想道德意识，积极创设和优化现代竞争环境。

首先，高校要帮助大学生增强竞争意识，克服不正常的竞争心态。竞争的目的是破除平均主义观念，以各种利益的差异形成积极进取的动力，使个体、集体、国家的利益得到最大满足，从而推动个人、社会的快速进步与发展。因此，竞争结果的差异是不可避免的。竞争的特质既然是机遇与风险并存，目标与结果不相吻合，竞争失败也就是不可避免的。如果对竞争的后果不具有心理平衡与协调的意识与能力，就容易使竞争造成消极的影响与后果，表现在竞争目标和期望定位及实现过程中产生的不切实际的想法、急躁情绪和浮躁心理。由于目标和期望实现受阻或难以实现而产生的挫折感、悲观感和自暴自弃感，对竞争结果的差异性不能正确对待而产生的心理失衡感、对竞争的恐惧感，以及忌妒心理、攀比心理和报复心理等，会导致大学生产生大量的心理问题。这既容易引发人际关系的紧张与恶化，引发不道德行为和不正当的竞争，又无法形成健康的竞争心理。高校要在高校思想政治教育中通过心理咨询方法，帮助大学生进行心理调适，解决心理问题，提高心理素质和心理承受力；要通过帮助大学生加强心理平衡与协调意识的培养以及能力的训练，提高他们自我认识、自我学习、自我调节、自我平衡、自我评价的能力，从而为竞争环境的创设和扩展提供良好的心理保证。

其次，高校要加强主导性与目的性的引导，为大学生在竞争环境中的发展提供方向保证。高校必须引导大学生正确认识道德在竞争环境中的价值和必要性。世界经济发展的实践表明，道德精神是促进经济增长、增强市场主体的竞争实力和经济效益的重要因素，经济领域的竞争，各种利益的协调，除了行政、法律手段外，还必须借助道德的力量。只有当人们具有竞争的道德意识，才会真正明确竞争的目的，正确处理竞争中出现的种种问题。高校还要加强公民道德教育，教育和引导大学生守法、守纪、守诚、守信、守德，做到公平竞争、以义求利，能够按照正确的伦理原则指导学习与研究。

最后，培养大学生的竞争意识与合作精神，高校应采用渗透性、潜在性、强化性和优化性的教育方式。所谓渗透性、潜在性，就是把高校思想政治教育所倡导的社会主义意识形态、正确的价值观和发展观潜移默化地渗透到竞争环境中去，由显性教育的方式转为隐性教育，寓教于环境，起"润物细无声"的作用。所谓强化性，就是在制定竞争原则和竞争规范时，明确公平正义的原则，强调守法、守纪、守诚、守信、守德的规范，制定竞争的基本道德要求，从而使高校思想政治教育在竞争环境中起引领作用。所谓优化性，就是对竞争环境中的不健康、不道德的行为和风气加以克服与净化，将优秀的精神文化、良好的道德风尚融合到竞争环境中，同时提高大学生的主体性，使之加强对竞争环境的鉴别力、选择力和改造力。只有这样，高校思想政治教育才能有效地培养大学生的竞争意识与合作精神。

三、培育大学生的人文精神与科学精神

近代以来的高等教育是以近代科技为核心内容的，其专业教育指向的是自然世界，是对自然的操纵和利用。究其实质而言，近代高等教育是大工业生产和科学技术革命的产物。在高等教育中，新的学科和学习内容被引进，数、理、化、工逐渐占据高校讲堂的中心。高校作为大工业生产的劳动力培养基地，作为科学技术研究和开发的信息库和人才库，对近现代社会生产和科学技术的发展起到了极大的推动作用。科学教育的重要性越来越引起人们的关注。科学精神作为人类文明的崇高精神，它表达的是一种敢于坚持科学思想的勇气和不断探求真理的意识，它具有丰富的内涵和多方面特征，具体表现为求实精神、实证精神、探索精神、理性精神、创新精神、怀疑精神、独立精神和原理精神。这些精神正是当代大学生个体发展所必需的，因此也是高校思想政治教育所要倡导和弘扬的。

人文精神是指人类对人的探求和对人世活动的理想、价值追求。人文精神是整个人类文化所体现的最根本的精神，是人类文化生活的内在灵魂。它以追求真善美等崇高的价值理想为核心，以人的自由和全面发展为终极目的。人文精神教育是现代教育的重要组成部分，是素质教育的根本。

高校以培养人才为天职，关心人的解放、人的完善、人的发展是高校存在的意义。高校的人文精神是经过长期的历史积淀，在不断的发展演绎过程中形成和发展起来的，有着

稳定而丰富的内涵。它体现了对人的价值和生存意义的关怀，同时又以价值观念和行为规范的形式约束着大学生的行为，显示着高校不同于其他机构的气质特征。可以说，高校所弘扬的人文精神主要是指在处理人与自身、人与他人、人与社会和人与自然的关系中所持的正确价值观以及建立在这种价值观基础上的行为规范。这种人文精神教育在大学生的人格塑造、文明行为养成等方面起着重要作用。切实加强人文精神教育是大学生全面发展的需要，是高校思想政治教育的重要内容。

需要注意的是，在一定意义上，科学精神本身就是高校思想政治教育所培养的一种人生信仰和理想追求，同时也是一种人文精神，是人文精神的一个不可分割的重要组成部分。高校思想政治教育只有把科学精神教育和人文精神教育结合起来，才是绿色教育，才能真正培养出全面发展的人才。思想政治素质是方向，科学精神是立事之基，人文精神是为人之本。因此，高校在弘扬人文精神时，要正确处理好人文与科技的关系，使人文与科技成为互补的双翼。要追求人文、科技的和谐发展，追求人文精神与科学精神的统一，让科技发展充满人文关怀，让科技发展带来的一系列新问题，得到妥善解决。

四、促进大学生全面协调发展

人的自由而全面的发展，是马克思和恩格斯追求的理想目标。马克思和恩格斯所说的全面发展有两个层面的意义。一是人的自由而全面的发展，是共产主义的本质特征。在社会发展的每一阶段，都存在着人的发展。当前，我国正处于社会主义初级阶段，促进当代大学生全面、协调发展，正是高校思想政治教育个体发展内涵的重要体现。

大学生的全面发展，有物质的因素、技术的因素，也有精神的因素。在现阶段，影响和制约大学生自由而全面发展的因素是多方面的，有物质的，有技术的，也有精神的。在生产力和物质文化有了长足发展，高校建设不断壮大和完善的条件下，大学生精神方面的制约因素显得越来越突出。归纳起来主要有两种表现：一是对社会发展认识不足，缺乏理想，只讲物质利益，只讲金钱，不讲理想，不讲道德。二是社会上还存在一些带有迷信、愚昧、颓废、庸俗等色彩的落后文化，甚至还存在一些腐蚀大学生精神世界、危害社会主义事业的腐朽文化。现实生活中，精神方面的制约因素远不止这些。这些现象足以给大学生的发展造成重大危害，甚至使支撑大学生整个世界的精神支柱彻底坍塌。要抵制这些因素对大学生精神大厦的腐蚀，必须加强和改进高校思想政治教育，发挥高校思想政治教育促进大学生全面、协调发展的强大功能。高校思想政治教育可以为大学生的全面、协调发展提供精神支持。思想道德素质的提高是大学生全面发展的前提。尽管大学生的思想道德素质的提高，其途径和方法是多种多样的，但高校思想政治教育的作用是不可替代的。高校思想政治教育不断解决大学生发展中提出的新课题，也不断促进大学生全面、协调发展。没有科学而有效的高校思想政治教育，就没有大学生的全面、协调发展。

五、培养大学生的健康个性

改革开放以来,大学生思想上的独立性、选择性、多变性与差异性都在增强。面对这些变化,一些高校观念滞后,在高校思想政治教育中,往往只强调主流思想,强调灌输和威压,强调整齐划一,把学生放在了对立的位置上。这种居高临下的"教育",造成了学生的逆反心理和对抗情绪,与教育初衷背道而驰。当前,高校思想政治教育应当转变观念,倡导健康的个性教育,把健康的个性教育作为高校思想政治教育的出发点和最终归宿。

教育学界普遍认为,个性是在一定的生理与心理素质的基础上,在一定历史条件下,通过教育对象自身的认识与实践,形成和发展起来的个体独特的身心结构及其表现。如果大学生个性各系统发展均衡、协调,而且都达到了较高的层次水平,知、情、意统一,自我调控能力较强,内心冲突较少,就能够较好地适应社会,并表现出良好的创造性。这种个性就是一种健康的个性。高校思想政治教育应该是一种健康的个性教育,它应当着眼于发展大学生的心理品质,形成完整和健全的心理结构,即形成一种健康的个性。

高校思想政治教育强调主导思想的一元化,弘扬社会主义的思想道德和文化。这主要作用于大学生个性核心层次的主导方面,即个性倾向性中的理想、信念、价值观、人生观、世界观等方面。与此同时,高校思想政治教育不应否定人的心理的多样性,而应鼓励大学生形成具有个人特色的能力、性格类型和自我调控方式。由于每个人的生物前提不同,形成个性的基础不同;由于家庭环境、所受教育、个人经历不同,人的个性会存在多种不同的组合方式和发展水平,表现出个性的差异。这些差异性是客观存在的,是任何人为因素都难以抹杀的。高校思想政治教育的最终目标是实现大学生个性的优化,形成健康的个性。健康的个性存在多种形式,不同类型的个性,通过高校思想政治教育等手段,都可以达到结构优化,形成健康个性。培养大学生的个性,成为当代高校思想政治教育个体发展内涵的重要内容。

第四节 高校大学生思想政治教育内涵的延伸

社会内涵与个体发展内涵是高校思想政治教育最基本的内涵。除此之外,在实践中,高校思想政治教育还向许多相关领域延伸。这些延伸了的内容,也是高校思想政治教育内涵的重要组成部分。例如,高校思想政治教育与历史教育、地理教育、国际政治教育相结合,延伸出认识基本国情与基本世情的问题;与法律教育相结合,延伸出培养民主意识与法治精神;与时事相结合,延伸出认识形势与政策的问题;与大学生的日常生活相结合,延伸出高校日常事务中的高校思想政治教育问题。下面我们将对这些延伸的内涵进行探讨。

一、引导大学生认识基本国情与基本世情

当前，人们受各种思想观念影响的渠道明显增多，程度明显加深，思想活动的独立性、选择性、多变性、差异性明显增强。当代大学生更是思想敏锐、勇于进取，思想观念趋于多元化，在各种社会思潮的影响下，往往表现出较强的事业心、责任感，但有时也会表现出良莠不分、社会责任感不强的弱点。针对这些复杂的现象，我们不能简单地肯定和否定，而应结合我国社会主义初级阶段的基本国情和当前国际形势，对大学生开展国情与世情教育，让他们认识到，只有社会主义才能使中国强大起来，激发学生树立为建设社会主义现代化强国、为人类做贡献的紧迫感、使命感和责任感。

在国情教育方面，除了加强国家历史与国家地理的教育，要着重结合改革开放的历史进程，引导学生认识中国特色社会主义的强大生命力，以及前进中面临的一些突出问题。

在世情教育方面，除了加强世界历史与世界地理教育，要着重引导学生认识当今世界和平与发展的时代主题，以及我国国际环境的复杂性。在 21 世纪，世界多极化和经济全球化的趋势在曲折中发展，科技进步日新月异，综合国力竞争日趋激烈。世界经济失衡加剧，能源资源压力增大，生态环境问题突出，贸易保护主义趋势上升，国际安全面临新的挑战。国际大环境对我国的发展既有许多有利条件，也有不少不利因素，要求我们党准确地把握人类社会发展规律，进一步推动建设和谐世界，为中国实现可持续发展创造所需要的外部环境；要求我们党抓住机遇、加快发展，在未来的发展中赢得更多的主动，在复杂多变的国际格局中始终立于不败之地。这是我们党面临的国际局势变动的新考验。

二、培养大学生的民主意识与法治精神

民主与法治是现代国家的基本特征，也是中国特色社会主义的本质属性之一。培养大学生的民主意识与法治精神，是高校思想政治教育的主要任务之一。民主意识与法治精神教育，是当代高校思想政治教育的重要内涵。

首先，高校思想政治教育要致力于培养大学生健康的民主观念。民主观念是现代国家公民的基本素养。我国是社会主义国家，我们培养的人才更应当具有民主素养。高校思想政治教育要致力于培养现代国家合格公民，培养当代大学生健康的民主观念。众所周知，大学生作为青年群体的一部分，思想活跃，爱国热情高，参与国家政治生活的愿望强烈，向往民主。这种热情和愿望，如果引导到社会主义法治的轨道上，就会成为推进民主政治建设的一种积极因素。相反，如果缺乏正确的民主意识和清晰而牢固的法治观念，不懂得参与民主政治必须依照法律的规定和法定的途径，分不清社会主义民主同极端民主化和无政府主义的界限，就容易给社会带来动乱和危害，而且违背大学生的良好愿望。通过法治教育，可以使大学生学习到法律基本知识，增强法律意识，形成正确的民主意识和牢固的法治观念，从而通过正确的途径和方法表现自己的爱国热情，实现自己的政治愿望。

其次，高校思想政治教育要致力于培养大学生的法治精神。我国的社会主义法律是根据国家的经济、政治和社会各方面的需要，依据经济运行规律和社会历史发展规律制定的，是保证社会稳定和发展的重要武器。法律作为广大人民群众管理国家、建设国家的重要武器，为大学生投身社会实践，行使主人翁权利，提供了可靠的法律保障。它指导和规范着人们的社会行为及其方向，它明确地赋予人们所享有的权利和应当承担的义务，保护着青年大学生所享有的种种权利。它为青年大学生的成长开辟了广阔的天地，保护着他们健康成长。谁要是侵犯了青年大学生所应享有的权利和利益，大学生就可以拿起法律武器，依靠法律的保护而重新获得这些权利和利益。此外，大学生也要遵守国家的法律与制度，做知法守法的公民。必须要让大学生清醒地认识到，只有维护国家法律的尊严，才能赢得自己的尊严，才能在社会上正常发展。大学生作为有知识的群体，是国家未来的栋梁，他们是否具有法治精神，很大程度上影响着中国特色社会主义的法治进程。加强对当代大学生的法治教育，是高校思想政治教育的重要任务。

最后，需要指出的是，社会主义民主政治并不是依靠行政命令就能推行的，最终还要取决于人们的民主意识、法治意识和政治素质的提高。只有提高人们的民主意识、法治意识和政治素质，他们才能够有序、有效地参与社会主义政治生活。当前，高校思想政治教育对大学生的政治素质教育相对突出，对他们的民主法治教育相对不足，这与社会主义政治文明进一步发展的需要是不适应的。在今后几十年，社会主义政治文明将会取得更大的发展。在这一过程中，高校思想政治教育应发挥强大的政治引导功能，强化对大学生的民主与法治教育，提高大学生的民主意识和法治意识，使之无论是在校期间，还是毕业以后，都能够有序、有效地参与社会主义政治事务。

三、认识形势与政策

形势与政策教育是我国高校思想政治教育的重要内容和重要形式，无论是从帮助大学生正确认识国内外形势，掌握党和国家的路线、方针和政策，从培养学生正确运用马克思主义的思想观点分析问题、解决问题等方面，还是从开阔学生视野，拓宽学生知识面，弘扬科学精神等方面，形势与政策教育都显示了其独有的作用与地位。其受重视程度也随着时间的推移、形势的变化而不断得到提升：从提出形势与政策教育应当列入教学计划，到决定在高校思想政治教育课程中设置形势与政策课程；从把形势与政策课程的管理纳入思想品德课的课程管理体系、列入大学教育全过程、规定保证平均每周不少于一个学时、实行学年考核制度、成绩列入学生成绩册，到对高等学校学生形势与政策教育的地位、作用、做法等提出了更加明确、更加系统、更加规范的意见，我们不难看出党和国家对加强高等学校学生形势与政策教育的重视程度。

在形势与政策教育方面，高校要着重进行改革开放和现代化建设成就教育。改革开放以来，我们党带领全国各族人民，高举中国特色社会主义伟大旗帜，战胜各种困难和风险，开创了改革开放和现代化建设的新局面，深刻地改变了中国的面貌。我国经济实力显著增强、市场经济体制逐步完善、人民的生活水平大幅度提升、民主法制建设不断发展、文化更加繁荣、社会更加和谐、国防和军队更加强大、国际地位日益提高。中国的发展不仅使中国人民稳步走上了富裕安康的广阔道路，而且为世界经济发展和人类文明进步做出了重大贡献。当代大学生出生成长在改革开放年代，通过形势与政策教育，不仅要使他们充分认识到我国发展的成就和大好形势，进一步树立民族自信心和自豪感，更要使他们深刻懂得，改革开放以来我们取得一切成绩和进步的根本原因，归结起来就是：开辟了中国特色社会主义道路，形成了中国特色社会主义理论体系，发展了中国特色社会主义文化，从而坚定在中国共产党领导下走中国特色社会主义道路的信心和决心。

四、高校日常事务的思想政治教育

高校的思想政治教育是一项长期的工作，不可有丝毫的松懈。为此，高校的思想政治教育必须做宽、做细、做深、做久，使之变成大学生日常生活的一部分；必须时刻关注大学生日常学习与生活中出现的每一个实际问题，力争将高校思想政治教育与大学生的学习与生活紧密结合起来，使高校思想政治教育无处不在、无时不有，这就是高校思想政治教育的生活化。注重日常生活中的思想政治教育，是高校思想政治教育的重要内涵。

大学生的日常生活是丰富多彩的，高校的日常事务是纷繁复杂的。做好高校日常事务中的高校思想政治教育，需要从多个层面入手。首先，课堂教学是高校基本的实践活动。要充分发挥思想政治理论课在高校思想政治教育中的主渠道作用，同时要充分发挥哲学社会科学课在培养大学生人文精神中的作用，充分发挥各类自然科学课程在培养大学生科学精神中的作用。其次，学生日常事务管理是高校正常运行的重要环节。要在学生日常事务管理中渗透思想政治教育，实现管理与教育相结合，需要加强制度建设。制度化是任何工作走向正规化、科学化的必经之路。高校日常思想政治教育制度化，既包括日常管理工作制度化，也包括专职队伍建设的制度化。再次，丰富多彩的校园文化是大学生日常生活的重要组成部分。加强校园文化建设，才能为大学生的成才创造良好环境。校园文化建设首要的是加强校风、教风和学风建设，重点在于培育民族精神和大学精神，形成有自己学校特色的教风和学风。高校要通过开展丰富多彩的活动，寓教于乐、寓学于乐，以喜闻乐见的方式把高校思想政治教育融入大学生的学习和生活之中。最后，网络已经融入大学生的生活，它以信息量大、杂等特点深刻地影响着大学生的生活方式和思维方式。为此，要切实加强校园网络建设，重点建设好集思想性、知识性、趣味性、服务性于一体的主网站，建立一支思想水平高、业务能力强、熟悉学生特点的网络高校思想政治教育工作队伍和网上评论员队伍。高校的网络工作者要密切关注校园网的动态，留意学生关心的话题，并注意加强正确的引导，牢牢掌握网上高校思想政治教育的主动权，使网络成为高校思想政治教育工作的重要领地。

第二章 高校大学生思想政治教育的内容

第一节 高校大学生思想政治教育的基本内容

大学生思想政治教育内容是影响大学生思想政治教育实效性的重要因素之一。大学生思想政治教育内容的确定是理论与实际的统一。思想政治教育是培养高素质人才的生命线，是高校的中心环节。思想政治教育的内容十分广泛、丰富，在21世纪，大学生思想政治教育内容要变得更具人性化。

基本内容是指社会的基本要求、做人的基本品质，它涉及生活的各个方面，贯穿一个人的一生，是大学生思想政治教育中最起码的内容，是基础部分，具有基础性、广泛性和持久性等特征。其主要包括以下方面的内容。

一、中华民族传统美德教育

（一）自强不息教育

从历史角度来看，人类的发展，文明的进步，是永远不会终结的；而人对自然、社会发展的认识，以及在此基础上形成的永无止境的向上努力、自重自信自强的精神，成了最适应现代社会发展需要的民族精神的突出表现。对大学生进行自强不息教育的目的，就是要使大学生志存高远、刚健有为、不怕困难、积极向上、奋发图强。

（二）忧患意识教育

忧患意识可以说是一种责任意识，它是个体履行应当承担的社会责任并努力维护社会正常运行的信念和意志。这种意识是个体在社会分化和社会整合中必须拥有的，要求人们在市场经济发展过程中敢于承担风险、敢于再创辉煌，把国家、民族的生存发展放在心上，还要求他们树立以天下为己任的历史使命感，维护国内安定、发展、团结、进步的稳定局面，保持积极进取、艰苦奋斗的昂扬斗志，以自身的行动去实现社会的发展和民族的振兴。

中华民族的优良传统远远不止这些，物物相依的集体精神、不畏强权的抗争精神，还有生生不息的变革精神、经世致用的实用精神、正道直行的廉洁精神、大公无私的奉献精神，等等，都是祖先遗留给我们的珍贵的精神财富，加强对大学生进行这些中华民族的优良传统精神教育，会在不同的层次、不同的侧面锻炼他们的意志，完善他们的人格。

（三）中国革命传统教育

中国革命传统主要是指中国共产党在领导中国人民进行长期的革命斗争的过程中产生的，并在我们党大力提倡和培植下形成并发展起来的事迹、思想、作风、道德、信仰等，它是共产党领导下的中国革命斗争实践的产物，是我党克敌制胜的传家宝，这一优良传统有着极其丰富的内容。

第一，中国革命历史和革命者英勇奋斗的事迹是革命传统教育的基础，革命者的事迹、中国革命的历程虽然不能直接等同于革命传统，却是革命传统的载体，是进行革命传统教育的基础。

第二，中国革命产生和形成的思想、道德和作风，是属于精神上或者是思想意识上的，是革命传统精神教育的核心和重点内容。

第三，在中国革命中形成和确立的纪律和制度，也是革命传统教育的重要内容。

在高校进行革命传统教育的过程中，要结合不同的形式，依靠不同的载体，培育和强化大学生追求真理、矢志不移的奋斗精神；全心全意为人民服务、甘为孺子牛的公仆精神；大公无私、先人后己的牺牲精神；紧紧依靠群众、永不脱离人民的团结精神；不唯书、不唯上，一切从实际出发的求实精神；勇于自我批评、严于解剖自己的自律精神，等等。通过这些革命传统教育，使大学生的思想境界得到升华和净化，促使他们成为一个高尚的人，一个有道德的人，一个有益于人民的人，并在奋斗、奉献中使自己的人生价值得到升华和实现。

二、道德规范教育

（一）道德规范教育的作用及特点

道德规范教育是帮助大学生了解正确处理个人利益与他人利益、个人利益与集体利益关系的行为准则的教育，并在这些行为准则的指导下，将这些准则外化为实际行动和道德习惯。道德规范教育是一种养成教育，它实质上是教导一个人如何成为一个真正的"人"，如何安身立命，这是一种最基本的教育，只有在这一教育的基础上，才谈得上其他的教育。道德规范教育是政治教育、思想教育的起点，只有搞好基本的道德教育，才有可能培养具有正确政治思想、科学世界观的社会主义新人。正如儒家所倡导的"修身、齐家、治国、平天下"，只有自己有了很高的道德修养，才谈得上报效国家，造福社会。

道德规范教育的基础地位是由道德规范的特点所决定的。

1. 稳定性强

社会意识形态具有相对稳定性，但道德比其他意识形态变化更慢，表现出更大的稳定性。经济关系和政治制度的变革，固然使旧的道德失去了存在的客观现实依据，但由于旧道德已经在漫长的岁月中逐步演变成为人们的传统习惯和风尚，而且这种传统习惯和风尚往往与人的信念、情感、民族的社会心理结构整合在一起，因而具有更大的稳定性。

2. 渗透性强

道德规范是从现实利益关系的角度，特别是现实生活中个人对待社会整体利益和其他个人利益态度的角度，去调节人们的各种社会活动和社会关系的。也就是说，凡涉及现实利益关系，特别是个人利益和他人利益、集体利益的关系和活动，都属于道德规范调节范围。所以，道德规范涉及人们社会生活的各个领域，与人们的日常生活紧密联系、息息相关。

3. 自律性强

与法律规范不同，道德规范提倡"应当怎样""不应当怎样"，而不是"必须怎样""不准怎样"。它通过社会舆论、传统习惯和人们的信念来维持，通过劝诫、说服、示范等方式起作用，不靠国家强制力维持。

从以上道德规范的特点我们可以看到，由于大学生的日常思想行为大量地表现为道德品质和行为的调适，道德规范可以成为他们正确处理与他人关系的行为指南，因此，道德规范教育与其他思想政治教育内容相比，与大学生的日常生活最为贴近，具有其他思想政治教育内容所没有的基础优势。而且，由于道德规范的稳定性和自律性，它对指导大学生正确处理个人与他人、集体之间的关系上具有持久的效力，这增加了道德规范教育作为思想政治教育基础的牢固性。

（二）道德规范教育的内容

我国社会主义思想道德规范体系的基本框架，即以为人民服务为核心，以集体主义为原则，开展道德规范教育。

1. 以为人民服务为核心的教育

把为人民服务作为社会主义道德建设的核心，是中国共产党人在伦理思想上的一大贡献。为人民服务也是公民应尽的义务。对他人提供必要的帮助和关心是公民应尽的责任和义务。也就是说，我们在接受他人和社会给我们的服务时，也应尽自己的所能为他人和社会服务，并在服务他人、服务社会的过程中实现自己的个人利益和人生价值。在新形势下，必须继续大张旗鼓地倡导为人民服务的道德观，把为人民服务的思想贯穿于各种具体的道德规范之中。要引导人们正确地处理个人与社会、竞争与协作、先富与共富、经济效益与社会效益等关系，提倡尊重人、理解人、关心人，发扬社会主义人道主义精神，为人民为社会多做好事，反对拜金主义、享乐主义和极端个人主义，形成体现社会主义制度优越性、促进社会主义市场经济健康有序发展的良好道德风尚。

2. 集体主义原则的教育

集体主义是社会主义道德的根本属性，体现在社会主义道德规范体系各个方面。在社会主义初级阶段，集体主义包含以下三个层次的道德要求。

从个人和小集体利益出发，兼顾国家和社会整体利益；

从国家、集体利益出发，兼顾个人利益；

在三者利益发生矛盾时，自觉牺牲个人和局部利益，以维护国家和整体利益。

这三种层次体现了由低到高的三种道德境界，与社会主义初级阶段的现实相适应。在三者利益发生矛盾时，自觉牺牲个人和局部利益，以维护国家和整体利益是集体主义的最高境界，是社会主义道德的核心。集体主义原则是适应社会主义政治、经济制度发展规律而提出的道德原则，加强思想政治教育必须要贯穿集体主义原则的教育。

3.公民基本道德规范教育

道德规范是人们根据一定社会的道德要求所制定的具有普遍约束力的行为规则与标准。道德规范是在人们的道德活动与道德意识的基础上形成与概括出来的，它源于对人们道德行为的指导，又指导着人们行为的道德化。公民道德是我国社会主义道德体系的基础，是社会主义道德大厦的基石。

三、爱国主义教育

大学生是国家和民族的希望，是实现全面建设小康社会的主要力量，他们爱国情感的强弱，将直接关系社会的进步和发展，关系整个国家和民族的前途和命运。因此，必须强化爱国主义教育，以增强他们的民族自豪感、自尊心、自信心和自强精神，增强他们的爱国热情和报国决心，在实现中华民族的伟大复兴中贡献力量。

（一）爱国主义教育的作用

爱国主义教育在思想政治教育中具有重要的作用。第一，有助于大学生培养高尚的道德情操。爱国主义是一种高尚的道德情感，这种情感集中表现为对祖国的山河、同胞、物质财富和精神财富的无限热爱；对祖国历史、文化、语言和优良传统的高度的自豪感；对祖国前途、命运的无比关心；将个人的前途命运与祖国的前途命运紧密联系在一起，为祖国的独立富强而宁愿奉献一切的志愿。爱国主义又是一种道德规范，它要求人们把爱国、报国、救国、兴国、强国看成崇高的美德，而把卖国、辱国、祸国、乱国、叛国视为对祖国和民族的丑恶行为。第二，有助于大学生坚定中国特色社会主义的信念。今天我们讲爱国主义，不仅仅表现为热爱祖国的山河、历史和文化遗产，而且更重要的表现为热爱我们的社会主义制度，热爱中国共产党及其领导下的各族人民，热爱社会主义现代化建设，维护国家的团结统一。在当代中国，爱国主义与爱社会主义在本质上是一致的。爱党、爱国、爱社会主义是统一而紧密联系的整体。在改革开放与现代化建设的新时期，建设中国特色社会主义是爱国主义的必由之路，在大学生中开展爱国主义教育可以使大学生更加热爱社会主义，热爱中国共产党，有助于使大学生把个人的前途命运与祖国的前途命运紧密联系在一起，为国家的独立富强尽心尽力地付出与奉献。

（二）爱国主义教育的内容

1.中华民族的发展历史

历史是不能割断的，只有懂得历史才能正确地了解现在和展望未来。我们要讲中华民族发展史中的曲折，更要讲近百年来我国的屈辱史，讲现代中国革命史，讲中华人民共和国的艰苦历史，使人们懂得，特别是使青少年懂得，新中国来之不易，社会主义建设成就来之不易，让人们知道我们国家有今天，多少先烈付出了鲜血和生命，亿万人民进行了多么艰巨的劳动。还应当注重讲杰出人物个人的历史，讲杰出人物、英雄模范的奋斗史、贡献史。因为这样的史料最真切、最实际，也最感人，同时又包含着这些人物的世界观，也最容易引人效法、学习，具有潜移默化的作用。学习革命先烈为了共产主义的实现而不惜抛头颅、洒热血的精神，学习新时期各条战线上涌现出来的先进人物和事迹，能够使大学生更好地认识过去，立足现在，展望未来。

2. 中华民族优秀传统文化教育

中华民族是一个有着五千年悠久历史的伟大民族，我们的祖先通过世世代代的辛勤劳动创造出了光辉灿烂的历史文化，这是中华民族的历史瑰宝，是对大学生进行爱国主义教育的重要内容。在当代，随着全球化浪潮的兴起，具有不同历史传统和民族特色的文化之间的碰撞和交融将更加广泛、更加频繁、更加激烈、更加深入。一个国家在全球化浪潮中能否保持其优秀民族文化，不仅关系本民族文化的生存与发展，还关系到国家的命运和前途。我们引导大学生继承和发扬中华民族优秀文化传统，培养大学生对民族文化的热爱和认同，增强大学生的民族自尊心、自信心和自豪感，使大学生在西方文化霸权主义面前，自觉保护和弘扬本民族文化，维护国家的利益。

3. 国家安全教育

当前世界形势动荡不安，地区冲突、局部战争此起彼伏，恐怖活动日益猖獗，给世界和平带来了诸多不稳定因素。在新时期必须加强大学生的国防意识教育和国家安全教育，并将此作为爱国主义教育的重要内容。爱国主义教育与国家安全教育有着十分密切的联系，爱国主义教育是国家安全教育的核心和灵魂，国家安全教育是最生动、最实际、最有效的爱国主义教育。国家安全、国防意识，从本质上来说也体现着国家意识、国家观念。没有国家安全意识也就没有真正的国家意识，也就很难产生真正的爱国主义情感；没有国防观念，也就很难从理性的高度把握科学的国家观念，因而也就很难使朴素的爱国主义情感向科学和理性的层面升华。随着经济全球化的不断深入，国家安全的内涵与以往相比也有了很大的不同，不仅包括政治、军事安全，更突出了经济安全同时又包含科技、文化、信息安全。因而，我们应顺应时代要求，提升与拓展国防教育，树立大国防观念，进行大国防教育，培养科学的国家安全意识。

4. 民族平等团结教育

中国是一个多民族国家，对大学生进行深入的民族平等团结教育，对维护民族团结和国家稳定是非常重要的。我国共有56个民族，虽然各民族的人数有多有少，并不均衡，但是各民族之间相互依存，不可分割，并无高低贵贱之分，每个民族都享有相同的权利，履行相同的义务，在进行这项教育的过程中，首先要让他们明白56个民族都是优秀的、勤劳的、富有智慧的民族，民族之间没有优劣之分、贵贱之别，谁也离不开谁，各民族都享有平等的权利、履行相同的义务；还要让他们明白只有加强民族团结，才能消除民族隔阂和民族歧视，真正地实现平等。民族团结也是实现国家统一的前提和保证，要让他们了解到民族平等和民族团结是社会稳定、国家昌盛和民族共同繁荣的基础，中华民族是一个同呼吸、共命运的整体，合则兴，分则衰。其次，对大学生进行民族区域自治制度教育，旨在对他们进行民族基本制度教育，在国家统一领导下，少数民族在聚居的区域内设立自治机关，自主地管理本民族本地区的内部事务，行使自治权，从而体现其主人翁地位，发展平等、团结、互助的社会主义民族关系。民族区域自治制度是实现民族平等、民族团结和各民族共同繁荣的制度保障。再次，对大学生进行各民族共同繁荣的教育，要让他们认识到民族地区的现代化与全国其他地区的现代化、民族地区全面小康的实现与全国其他地区全面小康的实现是密切联系、相互促进的，各民族的繁荣将使中华民族立于世界民族之林，各民族地区的繁荣将使整个国家的社会主义现代化得以实现；要让他们认识到各民族共同繁荣是指各民族在政治、经济、文化和社会等各方面得到全面发展进步，而不单单指某一方面；要使他们认识到经济发达地区帮助少数民族和民族地区发展经济文化事业是责无旁贷的义务，从而实现共同发展。

总之，弘扬爱国主义精神是中华民族的光荣传统，也是每个中国人的责任与义务。高校除了要做好爱国主义课堂教学工作外，更应当利用网络媒介建立爱国主义教育示范基地，积极宣传爱国主义精神，面对社会发展多样化的趋势，引导学生坚定自己的社会主义立场。以先进的思想政治教育理念代替落后的思想，使爱国主义精神成为推动祖国走上繁荣富强道路的巨大力量。作为高校思想政治教育体系的重要内容，爱国主义教育体现了社会主义精神文明建设的主旋律，具有划时代的历史意义。

第二节　高校大学生思想政治教育的主导内容

一、三观教育

（一）世界观教育

世界观教育主要是进行辩证唯物主义和历史唯物主义教育，核心是实事求是的观点和方法的教育。

1. 树立彻底的唯物主义态度和观点

看问题一切从实际出发，绝不用主观意志和幻想代替实际和事实，尊重客观规律性，坚持从调查研究中得出结论，并坚持用实践检验和发展真理。

2. 树立真正的辩证法思想

核心是联系和发展地看待问题，坚持联系的观点，就是要联系地看问题，不要孤立地看问题；要全面地看问题，不能片面地看问题。坚持发展的观点，就是要历史地、变化地看问题，不能静止地、僵化地看问题。将矛盾，特别是事物的内在矛盾作为事物发展的动力，善于在矛盾动力的推动下，不断通过量变达到好的质变，在曲折中实现事物的不断前进。

世界观作为关于世界的根本观点，是对认识世界和改造世界的根本看法。只有这个问题解决好了，我们才能有一个待人处事世的正确态度、观点和方法，才能建立起正确的人生观。马克思主义的创始人以解放全人类、实现人类全面自由的发展为己任，并以此为核心建立起了科学的世界观。我们进行世界观教育，就是要进行马克思主义世界观的教育，这其中包括辩证唯物主义教育、历史唯物主义教育和马克思主义认识论教育。

（二）人生观教育

人生观是人们对人生的价值、生活的目的和意义的根本看法和观点，是世界观在实践中的体现和运用。人生观具有鲜明的阶级性，什么阶级有什么样的人生观。共产主义的人生观就是无产阶级的人生观，它的核心是大公无私、先公后私和公而忘私。同无产阶级人生观相对立的还有资产阶级、小资产阶级的人生观。资产阶级人生观的核心是为自己、损人利己。小资产阶级人生观虽然同剥削阶级的人生观有所不同，但在本质上都是个人主义的。我国大学生思想政治教育的一个重要任务，就是教育广大学生树立无产阶级的人生观，克服形形色色的资产阶级和小资产阶级的人生观。

（三）价值观教育

价值观教育主要是让教育对象搞清楚"什么是有价值，怎样才能有价值"。价值观的核心是价值观念、价值判断、价值选择等。科学的价值观认为，对社会、对国家、对民族、对人类、对他人有积极作用，就是有价值，反之就是无价值。积极作用越大，价值就越大。科学价值观提倡人们在满足社会、满足民族、满足人类、满足他人的进步需要中满足自己，实现自己的价值。价值判断必须坚持社会、民族、人类等价值优先的准则，只有这样，社会才能有一个相对统一的价值判断标准。科学的价值选择要求人们在人生奋斗过程中首先最大限度地实现社会的价值、民族的价值和人类的价值。

社会主义核心价值体系集中体现了社会主义意识形态的性质和方向，是社会主义思想道德建设的理论基础，是激励全民族包括大学生在内奋发向上的精神力量。因此，当前价值观教育的重点是让大学生深入理解社会主义核心价值观的科学内涵和重要意义，使他们将社会主义核心价值体系作为自己的价值诉求，并用其指导思想和行动。

二、思想理论教育

思想理论即指导思想和基本理论，我们所说的思想理论是马克思列宁主义、毛泽东思想和中国特色社会主义理论体系，在思想政治教育中起着基础性的、导向性的作用。马克思主义是无产阶级认识世界和改造世界的世界观，同时也是方法论。它属于无产阶级的意识形态，是科学的思想理论体系。马克思主义是社会主义主流价值观的灵魂，是中国共产党的理论基础，同时还是中国特色社会主义建设的指导思想。

三、法纪教育

（一）民主法制教育

民主法制教育是大学生思想政治教育的重要内容。它既是和谐社会的标志、条件和构建和谐社会的推进器，也是消除社会不公平和社会矛盾、促进社会公平正义的根本保障。提升国民的民主法律素质，特别是对大学生进行民主法制教育是构建民主法治的社会主义和谐社会的关键。

大学生是和谐社会的重要实施者和建设者，其民主法律素质直接关系社会主义和谐社会建设的进程。对大学生进行民主法制教育，必须将两者结合起来。民主、法制是辩证统一的，民主是出发点，是法制的基础和价值体现，法制是民主的保障和手段，是民主的体现。同时，要以培养民主精神为主线，体现平等、助人和自由精神以及以法律信仰为核心，使自己懂法守法。在社会主义社会建设中，民主是实现社会和谐的重要条件，社会主义民主是社会主义和谐社会的制度之源，法制是社会和谐的基本保障。民主法制意识对大学生的政治观、价值观、行为模式的养成具有现实的指导作用。青年学生只有在提高文化素质的同时，提高民主法律素质，增强民主法制观念和社会责任感，提高民主决策和监督管理的意识，培养体现民意、保障民权的观念，提高依法办事、遵守纪律、清正廉洁的素质，才能成长为具有民主作风、法制观念和清廉之风的新一代后备力量。

（二）权利义务观念的教育

权利和义务是从法律规范到法律关系再到法律责任的逻辑关系的各个环节的构成要素。权利和义务是法律规范的核心内容。权利义务的规定性是法律内容的主要表现，它规定人们可以做什么，必须做什么，不能做什么。加强大学生的权利义务教育，可通过理论说服教育和行为规范教育来进行，通过思想政治理论课的法律专题教学，有针对性地对大学生进行正确的权利义务教育，培养大学生理性的权利和责任意识，教育大学生履行遵守法律、法规、学校的管理制度、行为规范、社会公德及尊敬他人、努力学习、缴纳学费等义务。

大学生树立正确的权利义务观，有利于良好行为习惯的形成，从而推动文明学风和校风建设。正确地认识权利、义务，可使大学生懂得自己与他人、集体与社会的关系，认识到自己在享有权利的同时也承担着对他人、社会和国家的义务，而享受权利的前提是履行义务，只有尊重他人的权利，自己的权利才能得到尊重和实现，认识到社会稳定发展与自身发展的关系。

（三）人人平等观念的教育

法律面前人人平等是我国宪法明确规定的基本原则之一，也是社会主义法治观念的核心内涵之一。大学生价值观中，平等观念非常强烈，具体体现为平等竞争、平等就业及教师对待学生的平等意识，教师要尊重学生的主体意识等。人人平等，是社会进步的标志；追求平等、保护平等是每位大学生的职责；树立平等意识是人文精神的重要内容；平等观念也是维护人与人和谐共存的前提。

第三节　高校大学生思想政治教育的拓展内容

一、创新教育

（一）创新教育的重要性

1. 时代发展的需求

创新型国家，科技是关键，人才是核心，教育是基础。要进一步营造鼓励创新的环境，努力造就世界一流科学家和科技领军人才，注意培养一线的创新人才，使全社会创新智慧竞相迸发、各方面创新人才大量涌现。创新型国家需要创新型人才，创新型人才的培养在高校，因而高校思想政治教育的一项重要工作在于培养大学生的创新意识。从这个意义上来说，高校要服从于建设创新型国家的需要，就必须担负起培养创新型人才的时代责任和历史使命，这是高校创新文化的根基。所谓创新教育，就是指以培养人的创新精神和创新能力为基本价值取向的教育实践。其内涵是创新意识、创新思维、创新技能、创新情感和创新人格的培养。创新教育以全面提高学生的能力为根本目的，以尊重学生的主体和主动精神、注重开发人的智慧潜能和形成人的健全个性为根本特征，创新教育是高等教育发展的必然趋势。

2. 高等教育改革的需求

高等教育要培养创新型人才，关键就是要注重培养大学生的创新精神和创新能力。传统教育重视传承理论知识，轻视实践能力的培养，潜在地压抑了学生创新素质的发展。高校必须通过教育启发学生的创新意识，塑造学生的创新人格，锻炼学生的创新能力，营造良好的创新环境，促进知识经济时代大学生创新能力的培养，突破传统教育模式的束缚，深化高等教育改革。

3. 大学生成才的需求

知识经济时代，要求我国大学生具有更高的创新能力，具备更高水平的独立思考能力、应变能力和创新能力。对于大学生来说，这是挑战也是实现自我全面发展的机遇，大学生只有具备了较高的创新素质，才能实现报效祖国的美好愿望。

（二）大学生创新教育的现状

1. 对创新教育的重要性认识不足

目前，人们对经济的认识还局限在商品与市场的竞争上，忽略了知识经济时代最激烈的竞争是创新型人才的竞争。由于创新能力教育至今尚未形成社会共识，创新教育地位不高，很多高校对创新教育的重要性也认识不足，忽略了对学生创新精神和创新意识的培养，导致学生创新能力的缺乏。

2. 现有教学方式存在的弊端

在教学方式上，我国当代教育在创新教育方面存在的弊端主要体现在课程教学内容和课程结构两方面。在课程教学内容方面，部分课程教学内容陈旧、老化，不能反映科学文化发展的最新成就；在课程结构方面，课程结构不合理，文理分科过细，导致学生知识面狭窄，阻碍了学生创造性能力的发展。这种以教师讲授为主的灌输性教学方式忽视了学生主体性、积极性和创造性的发挥，不利于学生创新素质的养成。我国现有的教学模式，应试成分过重，在教学实践中强调知识的汲取、学习的方法高度统一，不提倡学生发散思维。长期以来，高校评价学生的标准主要是考试分数，这种考试往往只检查学生对知识的记忆程度，而不检查学生对知识的创新能力，导致学生片面追求成绩，忽视其他能力的培养，致使部分学生"高分低能"或"高分无能"。

3. 缺少创新型教师队伍

创新型人才需要培养创新型教师队伍，创新教育的主导是创新型教师队伍。目前整个教师队伍的素质有待提升。教师的创造性不强，影响学生创新能力的发展。教师需要在传统教学技能的基础上掌握现代教学技能，需要把自己从专科型的教师转为通识型的教师，把知识的传递转为知识的引导，把知识的复制转为知识的创造。这是知识经济时代对教师综合素质的要求。

4. 实践教学环节薄弱

高校的教育偏重于理论知识的积累，容易忽视实践能力的培养。虽然近年来许多高校安排了更多的社会实践，增强了学生的实践能力和动手能力，但少有科学探索性的尝试。大多数大学的实验室没有对本科生开放，科研课题研究没有吸收本科生参加，缺乏创业实验区，大学生参加社会实践受诸多因素的困扰等，因而大学生的创新能力得不到进一步的提高，或停留在口头上。由于存在这些问题，目前我国高校创新人才的培养处于相对滞后状态。

（三）创新教育途径

1. 转变教育观念，树立创新意识

在 21 世纪，综合国力的核心是创新能力。我国由于自身教育体制发展的原因，国民整体素质与发达国家相比还有很大差距。创新教育是教改的趋势，树立创新教育观念是大学生创新教育的第一步。高校教育工作者要把学生当作学习的主体，将教育观从陈旧的传统知识型教育转到先进的学习研究创新型上来，以人为本，建立创新型的价值观、学习观、人才观、课程观、教学观和评价观，以培养具有创新意识、创新思维、创新技能的大学生为教育目标，培养有创新能力的大学生。

2. 重塑学科体系，打造创新人才

（1）注重教育的综合性和完整性

突破专业壁垒，改变过去专业设置过细的现象，建立文理相结合的专业，培养学生适应时代发展的能力素质。通过课程教学改革，确立有弹性的教学管理制度，大量开设选修课、社会实践课，让学生自由地选择课程。建立开放式课堂，允许学生跨专业、跨年级学习课程引入灵活的学习方式，把自考和成人高考的学习方式引入大学生培养当中，允许学生自学参加考试获得相应学分。

（2）高校创新教育要改革传统的考试制度

建立科学的招生、考试制度，使这种制度有利于选拔，培养个性突出、有创新意识和创新思维能力的优秀人才。要建立以测评学生创新能力发展为核心的教育评价机制。考试方法要灵活，把口试、笔试、平时发言、案例分析、做论文、科学实验、社会实践、第二课堂等结合起来，既考核学生对理论知识的掌握，又考核学生分析问题、解决问题的能力，充分发挥学生的主观能动性。学生综合素质测评体系应包括专业基础知识、思想道德修养、身心健康水平、文化技能特长和组织活动表现等各个方面。

3. 改进教学方法，培养创新思维

传统教学方法，单方面地强调教师在教学过程中的主导作用，忽略学生在学习过程中的积极主动性。学生学习知识是单方面被灌输。学生学习的核心问题不是掌握知识，而是运用掌握的知识解决相应的问题。大学生创新教育发展要更新教学内容，改进教学方法，由知识"灌输"转向能力掌握，转向问题解决。如果按照过去的教学方式，创新教育只能停留在纸上。创新教育可以采用启发式和讨论式教学，采用发现教学法、问题教学法、讨论教学法、开放式教学法等，引导学生独立思考，培养学生的创新思维。创新型教学方法的特点是教师和学生角色的转变，由教师"满堂灌"转变为通过情景创设、问题研究、协作学习、意义建构等以学生为主体的过程，达到培养学生创新意识、创新精神和创新能力的目的。要把创新教育与教学过程、学科教学、课堂教学充分结合起来，把课堂教学作为实施创新教育的主渠道。

4. 强化师资队伍，增加硬件投入

创造性人才的培养需要创新型的教师。创新型教师队伍应具有创新精神，有较强的创新能力，乐于在教学中从事创造性的活动，并能随机应变，深入掌握教材内容，探索恰当的教学方法，达到教学过程最优化。创新型教师了解学生是创新教育的主体，他们创造条件，帮助学生发展创新意识、创新精神和创新能力。教师把大纲的要求与学生特点结合在教学过程中，因材施教，鼓励学生勇于质疑，培养学生的创新思维。高校扩大招生，使得高校现有的教学科研等硬件设施不能满足学生的需要，如学生晚自习因教室不够不得不占座，因实验室不足实验课不得不排到周末。教学科研设施包括教学设施、实验室装备和实践基地，还包括校园网、电子图书馆、多媒体教室等。要不断增加硬件投入，激发学生的创新灵感，通过实践教学环节培养学生的创新能力。要加强校园网络和图书馆的建设，使

学生能快速、广泛地获取大量最新的信息资料。加强校内外实践基地建设。要更新实验设备，减少验证型实验，增加综合性、设计性、创新性实验。

5. 改革教学模式，加强实践教学

实践教学是相对于理论教学而言的，其侧重点在于知识运用能力的培养，内容包括实验、实习、实训、社会实践、课程设计、毕业论文（设计）、军训、创新创业活动、社会调查、科技制作、学科竞赛等。实践教学是高校教学改革的重点。一方面，高校应审视传统的实践教学方式，对原有的实践教学方式做出相应的改革；另一方面，高校应积极拓展新的实践教学渠道，通过校企合作、校际合作等方式，创新实践教学。实践是创新的源泉，它能激发学生的创新潜能，应加强实践教学环节，增加课外学时和实践教学的内容，形成实践教学的完整体系。建立实验基地，鼓励创新性社团活动，激发学生的创新潜能。鼓励学生积极参与课外科技活动，对学生的创造发明成果，学校要给予扶持和奖励。

二、就业与创业教育

（一）树立正确的择业观与创业观

1. 坚持正确的择业与创业原则

职业选择是青年人进入社会阶层、成为社会成员的选择，也是实现个人人生理想的基本环节。大学生要以社会需求为基点确立择业目标，正确评价自我，走出择业误区。树立正确的择业观与创业观，要依据下面的原则来进行。

（1）社会需要原则

作为单个人，在社会历史进程中，不可能绝对自由地实现自己的意向和愿望。这是因为，每个人的意愿不仅取决于个人本身，更主要的是取决于他们所处的社会生活条件。个人与社会相互依存，个人作为社会的一个成员，有他个人的需要；社会作为无数个人的集合体，也有社会的需要。所谓社会需要，广义地讲就是社会生存和发展的需要，如共存需要、储备需要、信息需要、生产需要、发展需要等。其中，生产需要最为重要，贯穿在各种社会需要之中。个人对职业的选择不可能脱离社会需要这个现实。显然，我们不能选择那些社会不需要或目前不存在的职业。择业者要从大局出发，服从国家需要。这是职业选择的第一原则，也是职业指导的任务之一。

（2）发挥特长原则

所谓特长，是指一个人区别于他人的特殊才能。一个人的特长是实现自身价值的资本，也是为社会做贡献的前提。发挥特长原则与社会需要原则并不矛盾，越是社会需要的岗位，越能为发挥个人特长提供条件和机会。特长最能反映一个人的职业能力，发挥特长是满足社会需要、为社会做贡献的最有效途径。

（3）可行性原则

选择职业仅考虑社会需要和发挥个人特长还不够，因为既符合社会需要又能发挥个人特长的职业并不表明个人就能从事和胜任。从事职业和胜任职业还受许多其他主客观因素的影响，如就业政策、职业岗位、竞争程度、地理环境、职业信息、个人的生理条件、信念与毅力等。在现实生活中，人们面对诸多职业却不能实现自己的职业愿望，最直接的原因大致有以下三个方面：①职业期望值过高；②对就业环境缺乏全面了解；③个人的择业素质不足。

2. 正确创业观的基本内涵

（1）积极创业的思想准备

激情是一种催化剂，它能调动大学生创业的潜能。

（2）创业的勇气

创业需要有信心，只要经过充分的论证，选准了的事情就要咬定不放，不动摇、不犹豫，勇于面对前进中的曲折和磨难；创业需要有恒心，要持之以恒，不怕各种挫折，失败了爬起来再干，终有一天会成功；创业需要有耐心，创业并不是一帆风顺的，必然要经历一个长期积累、长期发展的过程，在不断熟悉社会、适应市场的过程中，才能驾驭创业的航船乘风破浪；创业更需要有知识，特别是高科技知识。创业最能体现人生价值和个人能力。创业不是坐享其成、因循守旧、因人成事，而是个人才智最大限度的发挥，把人的所有潜能都挖掘出来。创业有时候需要孤军作战，不被亲朋好友所认可，不被社会所认可。

（3）要提高创业能力

创业是一个系统工程，它要求创业者在企业定位、战略策划、产权关系、市场营销、生产组织、团队组建和财务体系等一系列领域有一定的知识积累。大学生有了好的项目或想法，只是代表"创业的长征路"刚跨出了一步。很多大学生，认为凭一个好的想法与创意就代表一定能创业成功，而在创业准备时对可能遇到的问题准备不充分或根本就没有思考对策与设计好退出机制，所以对来自各方面的反面因素浑然不知，从而导致一开始便遇到各种各样的难题，使创业还没有走多远，即以失败告终。所以创业者不是全才，但要着眼于全才。

（二）创业教育的途径和方法

1. 建立完善的创业教育课程体系

实施创业教育在课程体系的设置上应遵循一个原则，即各学科相互渗透，有效互补。一方面，除开设专门的创业教育课程外，更多的是结合现有的教学，在现有的课程中挖掘、开发、渗透创业教育的内容，从而加强对大学生创业意识的培养；另一方面，专业教育要与专业、学科优势相结合，可以以"挑战杯""创业大赛"等全国大学生课外科技竞赛为契机，把创业活动和专业、学科优势紧密结合起来。

2. 建立创业教育实训环境

创业教育实训环境是围绕创业教育其建立起来的不仅关注对大学生创业理念的培养和教导，更多的是指导他们如何创业、提高其创业技能的硬件环境或载体。

（1）成立创业社团

开展各种创业计划大赛等活动。创业社团可以通过举办"创业论坛""创业沙龙"活动，成立"创业者俱乐部"，开展学术报告、创业交流、创业教育课程讲座等活动形式，为培养学生的创业能力搭建活动平台。

（2）建立学校创业园

创业园是指为大学生提供的、帮助其自主创业的专门活动场所。创业园具有现代性、高新技术性和创新性等特征，通过提供基本的商务服务、中介增值服务和资本运作服务等营造良好的创业环境，来吸引高校中具有技术创新能力和科研成果的师生来开拓创业。高校可通过举办各种创业计划大赛，选取优秀的获奖作品进入学校创业园。创业园是学生创业者将其创业计划变为现实的业务平台。学生要先提交一份商业计划书和一份完整的意向书来说明其创业计划并展现自己的创业能力，通过审核后可以获得一块创业场地，使用时间可以规定为一个学期。同时为每队配备一名指导教师来协助企业的运行和发展。另外，创业园内需要两种支持组织，即智囊团和种子基金。其中智囊团可由杰出的创业者，风险投资家，法律、管理、会计专家等组成，目的是在学生寻找创业机会时为他们提供咨询和辅导，并协助学生发展创意，确定商业模式和战略。种子基金可以为学生创办的企业提供初期资金，建立企业原型、网络安全设计、支付法律费用及吸引其他潜在投资者。有志于创业的创业团队都可申请到一定金额的创业基金。这样既为大学生运用所学知识、提高创业能力提供了条件，也为将来真正创业积累了必要的经验。

（3）把企业引进校园，为学生提供创业实训场所

大学生创业，不单单是高校和大学生之间的教与学行为，还应将企业请到校园中来，创新校企联盟的机制和形式，利用校企各自的资源和优势为大学生搭建一个创业实训的平台。现在很多高校也将企业家请进高校与大学生交流创业经验，如"企业家课堂"等，但多是局限于理论层面。而我们这里所说的"企业进校园"是指企业以多形式、多渠道的途径进入校园，可以充当大学生创业的指导者、培训者、评估者、激励者的角色，在项目和资金的支持下甚至可以做大学生的"老板"。高校可以把企业家请进学校做学生的"老师"，从理论和实践上指导和培训大学生；高校也可以把企业家请进校园做学生的"评委"，来评估学生的作品；高校还可以把企业家请进校园做演讲、办讲座，充当学生的激励者与榜样；当然高校也应该为企业家提供有利的政策与措施，大力鼓励企业家进校园办企业，这样企业可以获利，大学生也拥有了便利的创业实训机会，为大学生搭建了一个创业实训的平台。这样做的主要目的就在于让大学生获得企业在项目运行、财务管理、人力资源培训与管理、市场调研、产品开发等多方面的实际操作能力。

3. 建立创业支持系统

建立创业支持系统是指社会、学校以及与学校有密切联系的能为学生创业提供帮助或服务的支持体系。政府出台的各种优惠政策、企业的积极支持、各种创业基金、创业中心或协会、创业咨询服务、方便学生创业的教育体制等。

三、生命教育

（一）生命教育的含义

生命教育有广义与狭义两种：狭义的生命教育指的是对生命本身的关注，包括个人与他人的生命，进而扩展到一切自然生命；广义的生命教育是一种人的教育，它不仅包括对生命的关注，而且包括对生存能力的培养和生命价值的提升。

生命教育的内容包括以下几点。

1. 生存意识的教育

生命意识的教育即让学生正确理解生命、生存和生活的内涵，也就是尊重生命、珍惜生命的教育，它具体又包括生命安全的教育、生活态度的教育以及死亡体验的教育。

2. 生存能力的教育

生存能力的教育主要在于对环境的适应能力、抗挫折能力以及安全防范和自救能力的提高。

3. 生命价值的升华教育

生命价值的升华教育要重视培养大学生端正人生态度，认真生活，快乐学习和工作，还要注重大学生的审美教育，让大学生在审美过程中体验人生的价值和意义。

生命教育属于思想政治教育范畴，然而，在我国大学生思想政治教育工作中它却一直是一个盲区。随着我国市场经济体制的建立和迅猛发展，近些年来，大学生在学习、就业、情感、人际关系等方面出现了众多问题，犯罪、自杀现象时有发生并有上升趋势，大学生心理问题日渐凸显，人们开始对生命教育的认识引起重视。如何有效地在大学生中开展生命教育是学校教育特别是大学生思想政治教育的一项崭新课题。对大学生进行生命教育，目的是帮助大学生学会尊重生命，欣赏生命，珍惜生命，提高生命质量，创造生命价值，并将自己的生命融入社会主义现代化建设事业之中。

（二）大学生的生命困境

生命不是以突兀的形态存在的，她需要一个永恒的归宿点，使其得到安歇；她需要一个向善的理由和可能性，以摆脱生命价值的虚无；她需要一个良好的导引机制，以使其能顺利成长。对大学生生命困境的各种情形进行归纳，可以归结为生命价值观的偏离、生命抗压能力的脆弱、生命情感世界的危机等。

1. 生命价值观的偏离

生命观主要包括生命价值观、生命质量观、幸福观、死亡观等内容，其中，生命价值观是生命观的核心要素。只有树立了正确的生命价值观，人们才会正确地看待人生中的诸多问题。我国大学生对生命的主流价值观基本上是正确和积极的。但实际上又存在着不容忽视的价值观偏离现象，如对人生目标模糊、生命幸福感偏低、生命神圣感缺失、生活缺乏乐趣和意义、生命价值取向功利化、生命交往趋向封闭、对其他生命体缺乏信任、对未来缺乏信仰、自我中心主义严重，等等。

大学生生命价值观的偏离很大程度上源于大学生自我同一性建构的缺失。自我同一性是指生命个体将"理想的我"和"现实的我""主观的我"和"客观的我"相统一的过程，表现为个体的生命主观感受和外界客观评价相一致的程度。人的一生都在寻求这种同一性，这种寻求即不断"自我追问"的过程。大学生正处于自我同一性形成的关键时期，如果这一时期自我的同一性不能恰当地统合和构建，就非常容易产生自我迷失感，甚至失去人生的动力和奋斗的目标。自我同一性对生命价值观的形成和正确生命行为的择取具有统合和引导作用。因此，如何才能引导青年大学生形成正确的自我同一性是生命教育的重要内容。为此，需要引导大学生确立人生理想，尝试各种可能，积极与人沟通，寻求支持系统，并保持自我发展的开放性和灵活性，从立体和多维的角度看待个体生命行为的绵延。

2. 生命承压能力的脆弱

大学生的压力与焦虑产生的最直接渊源便是人生的挫折。人生不如意之事常十之八九，每个人在人生道路上总会遇到这样或那样的挫折。大学生面临的人生变化和选择相对较多，因而挫折感也更加强烈。不同的人经受同一强度的挫折，会有不同的反应。就像巴尔扎克所说的，挫折就像一块石头，对于弱者来说是绊脚石，让你却步不前；而对于强者来说，却是垫脚石，使你站得更高。这与他们的抗挫折能力有关。挫折承受力是指个体适应挫折、抵御和对待挫折的一种能力。挫折承受力低的人，往往一遇到挫折就会陷入不良情绪的困扰中不能自拔，而不是积极地排解失败感，寻求解决的途径。大学生的抗挫折能力普遍比较低。一些无足轻重的小小的挫折和打击，在他们眼里往往成为洪水猛兽。他们无力应对，难以承受，精神崩溃，意志消沉，自暴自弃，有的甚至对人生失去信心，误入歧途而放弃生命。因此，大学生的挫折承受力会影响他们对生活的体验和信心，从而影响他们健康生命观的建立。

3. 生命情感世界的危机

首先，情感具有两极性，即人们在一定情境中表现出的情感具有对立性——积极性和消极性。积极的情感能够激励人们去顽强拼搏，创造辉煌；而消极的情感则使人的意志消沉，对生活失去信心，降低人的正常活动能力。其次，情感具有稳定性。情感不是一种被动的内心体验，而是主动地调节积极和消极情感而达到一种稳定的平衡状态。长期处于一种过于亢奋或消沉的不平衡状态中并不利于人的正常发展。大学生已经有能力去调节自己的情感以使其保持稳定。再次，情感具有社会性。大学生情感可分为社会情绪和社会情操两部分。社会情绪是指大学生对社会现实和社会现象带有共同倾向的态度和行为反应，是大学生的感性认识；社会情操则是大学生在其社会化过程中逐步形成的对社会的深层次情感体验，是大学生的理性行为。最后，情感具有感染性。

情感危机指当个体的高级需要长期得不到满足、突然被撤销或客观事物虽满足了个体的某种需要却与另一需要相矛盾，而造成个体一段时间内的混乱或不平衡的一种心理危机。大学生的情感需求可概括为爱与被爱（对父母的依赖、对教师的依赖、对异性的交往需要）

和在社会中得到尊重与自我实现的需求,所以,个体情感体系包括亲情、爱情、友情、师生情和自我实现的情感。大学生情感危机是一个综合的概念,体现了大学生情感体系的无序和混乱状态。调查显示,大学生情感问题体现为亲情比较淡漠;渴望友情,但不会珍惜;责任感缺失;心理承受能力较弱。所以,大学生情感危机的内容可概括为亲情危机、爱情危机、友情危机、师生情危机和自我实现的危机等。此外,还有自卑、闭锁、抑郁、虚荣等心理问题既是容易导致大学生情感危机的原因,又是其表现。

(三)加强大学生生命观教育的策略

1.汲取家庭和社会资源,打造生活教育课程

生命来源于也归根于生活,生命教育就是一种生活教育。日常生活的世界是大学生充分展现其生命活动的场所,也是他们体验生命存在价值和寻求生命意义的舞台。大学生的日常活动场所包括家庭、学校和社会,由于大学生已经长大成人,走出家庭并逐渐走向社会,因此,社会生活对大学生生命教育的影响越来越深刻。大学生作为家庭、学校以及社会的一分子,必须在群体生活中找到自己的位置,在社会实践活动中追寻生命的价值,不断增强自己的社会责任感和使命感。因此,家庭生活和社会生活都是大学生生命教育最广泛的课程资源。大学生的生命教育必须积极开发家庭生活和社会生活中的教育资源。如果大学生生命教育课程局限于学校封闭或半封闭的状态,脱离外部的实际环境,将无法满足生命主体的实际需要。所以,生命教育需要学校、家庭和社会形成三位一体的格局和育人模式,其中任何一方都无法唱"独角戏"。

(1)校本资源的设计与开发

生命既是一个完整的统一体,又是各具特色的个体。生命课程既要从生命的整体需要出发,设计共性的课程;又要适应生命的个性化需要,设计多样化的生命教育课程。学校是学生生活、学习和活动的主要场所,相对于生命课程系统而言,它是一个大的生态系统,相对于家庭和社会庞大的生命教育体系而言,它又是一个小的生态系统。因此,学校生命教育系统具有中介系统和转化系统的性质,连接着社会的宏观需求和学生的微观世界,它过滤和整合来自家庭和社会生活的资源信息,开发适合自身需求的校本课程,最终作用于学生的生命成长。因此,学校才是汲取家庭和社会尤其是社会资源的主体。因此学校可以因地制宜地开发适用于所有学生的统一课程,不同学科专业可以根据自身的实际情况,开设具有本专业特色的生命教育课程。我国城市和农村、东部和西部在经济、文化等方面存在显著差异,各个学校的社区环境、办学条件以及师生文化等方面也存在差别,因此,学校需要对影响课程实施的各种因素进行全面的、系统的思考,合理高效地利用社会资源,实现大生态系统内的各个生态因子的协同发展,关注课程生态系统的整体利益。

(2)家庭资源的互动与配合

生命教育不同于其他学科的教育,它更多的是一种综合性的教育活动。生命来自家庭并回归家庭,家庭伴随生命一生,不离不弃;家庭给生命以温暖和慰藉,是生命赖以存在

和发展的亲情土壤和温情环境。家庭是最直接、最深刻、最丰富的和最触动心灵的生命教育资源。家庭教育可以使人更直接地体验亲情与责任，是人的个性和人格形成的首要条件和重要因素。因此，家庭与学校的积极互动与密切配合是很重要的，引导家庭参与生命教育，在家庭中营造生命教育氛围，可以巩固学校的生命教育成果。学校生命教育课程内容的选择应该是结合学生生命个体独特的家庭生活经历，与学生的日常生活建立直接的联系，理解学生的心路发展历程，从而引导学生超越家庭的自然亲情，正确理解生命共同体的内涵，做到由人及己和由己及人。大学生生命教育应重视家庭生命教育的力量，加强与学生家庭的沟通和联系，及时反馈学生成长的相关信息，从家庭寻求学生生命发展问题的根源因素，共同营造生命教育的氛围，做好生命教育的家校衔接，保护学生的生命安全，促进其健康发展。

（3）社会资源的支持与保障

任何个体的发展都离不开社会环境。大学生的生命教育同样离不开社会大环境的支持，很多国家的生命教育最初都是先由社会或宗教团体推动建立的。社会人士的热心参与和积极介入是生命教育得以发展的重要推动力。

2. 开发生命教育人力资源，形成生命教育对话机制

教育是人与人的精神契合，是人对人的交流活动。生命教育是生命对生命的理解，更是生命对生命的碰撞。因此，与所有的教育形式一样，生命教育典型地体现了教育"人为"和"为人"的属性。因此，生命教育内容的实施、课程的开发、实践活动的开展，都离不开生命教育人力资源，即生命教育者（在学校表现为教师队伍）的投入。没有生命教育者的执着追求和坚定信念，就不会有生命教育的显著成效。生命教育者和受教育者之间，只有形成平等和谐的对话关系，才能触动生命的灵魂，激发生命的光彩，因此，生命教育的对话机制是生命教育顺利实施的重要保障。

（1）生命教育师资队伍的建设

目前，由于生命教育在我国教育领域还是一个新生事物，它的教育对象众多，内容涉及面广，方法灵活多样，所以要在高校开展生命教育，需要一定数量、相对稳定的教师队伍。同时教师的专业素质直接影响着生命教育的成效，因此，必须建立一支高素质、具有人格魅力的生命教育师资队伍。

当前，学校开展生命教育，研究得多，实施得少，喊得多，做得少；对生命突发事件和生命乱象，依赖心理学分析得多，依靠生命教育得少，批评的声音多，建设性的言论少。因此，在学校里，生命教育教师基本上呈现出匮乏的状态，没有形成专门的师资队伍，即便有，也是兼职，其知识体系和能力结构都无法满足实施要求，这就急需培养生命教育的师资队伍。首先，建立生命教育师资培训机制。对专业任课教师、生命教育相关学科教师和学生管理人员，除了进行专业培训之外，还要进行生命教育基本理念和实践意义的培训，使他们具有生命意识、生命智慧和生命关怀等思想，并将之融入课程教学和学生管理的各个环节，实现教育的生命化。其次，参照心理咨询师的培训、考核和认证的方式，建立生

命教育教师专业资格认证制度，培养和培训出更多的高水平生命导师。

（2）形成生命教育的对话机制

生命只有在不断的碰撞交融中才能激发出新的活力，才会有一种不断再生的充盈的生存状态。生命间的对话能极大地拓展人的精神生命的空间，使人回到本真的生命状态，给人的生命样式提供多种多样的规定性和可能性。

教育是人与人精神的契合，是人对人的主体间交往活动。教师与学生是不同性质的个体，具有各自不同的生活背景、情感体验、知识结构和认知水平，也会有不同的价值取向和伦理规范，并各自与周围的环境构成生存的小环境。因此，教师与学生、学生与学生之间总会发生形式各异的冲突，阻碍教学的顺利开展和师生关系的和谐生成，只有展开师生平等对话并在此基础上共同体验、理解和实践，才能在生命培育上形成合力，不断构建新的生命意义，实现生命的共同成长，进而建立一种整体和谐、充满人性的人际生态环境。

因此，从生命的角度来看课程实施中的教师，是以课程实施为途径对自身生命及学生生命进行创造的主体。教师应致力于将生命教育课程变成生命与生命对话的过程，引导生命关系走向完整、和谐的过程。

3. 推进教育管理方式的变革

开展好生命教育，我们需要为生命教育活动做好各项支撑性工作，需要紧密融合教化的内在精神，实现管理育人，以具有生命关怀情结的管理方式实现对生命秩序的调控。

（1）提高管理者的素质

首先，管理者与教育者要尊重学生的个性，在教育管理过程中，要注意引导生命、感化生命，以良好的观念、态度服务于学生的成长活动。其次，在管理制度和教育教学制度的制定中，要充分融合生命教化的思想，实现管理制度育人的功能，而不是通过对生命的压制实现对生命的控制，不能为了所谓的秩序、管理效率而抛弃了对生命的人文关怀。在大学生思想政治教育过程中，"人性化"制度最终要代替"枷锁式"制度。再次，管理者需要在学校文化和社会文明建设中，塑造包括课程、礼仪等内容的生命依托要素，使生命教育在日常生活中，以潜移默化的形式发挥作用。最后，管理者需要建立畅通的沟通机制，实现与教育对象的沟通交流，不断完善改变生命教育中的不足，促进教育者向引导者、倾诉者和合作者角色转变。

（2）规范教学管理

在以知识为核心的课堂中，教学目标、教学程序都是预设的，教师在教学中倾向于采用结构化、封闭化和权力化的控制方式。生命教育尊重学生，充分意识到学生生命的本质特征，提倡教学民主，提倡师生的互动和对话。这样就打破了传统的秩序和控制，从而成为开放的、动态的、生成的教育。学校应当积极设计生活化、融入式的生命教育课程，包括教材、活动及资源等，积极推进探索性或研究型教学；积极改变传统的以教师为主体的单向灌输式教学，转向以学生为主体的参与式教学；改变传统的程式化、群体式教育而忽视个体教育的模式，采取个体教育，把群体教育与个体教育结合在一起进行。

（3）加强实践活动

生命的逻辑展开不是理论性的，而是实践性的，生命自身不会呈现意义、实现价值的，只有通过自身的体验、感悟，才能认识到生命的意义与价值。因此，教育管理者要让学生更多地走进生活、走向社会，变"封闭管理"为"开放管理"，通过实践才能思考、判断和体验，使生命获得感动、震撼。

四、廉洁教育

（一）大学生廉洁教育的意义

对大学生进行廉洁教育是全民廉洁教育的一部分，其目的在于培养大学生的廉洁意识，提高大学生的素质，自觉抵制腐败并举报腐败，从而使腐败无处藏身。

1. 有利于净化社会环境

一个廉洁社会的构建，既需要公职人员廉洁自律，也需要社会其他成员遵守道德规范，严格要求自己。

干部廉政教育对抑制公职人员的腐败动机具有重要作用。一些公职人员拥有一定的权力，面对种种诱惑，极易走向腐败堕落。在众多腐败案件中，不健康的社会关系等外部因素是加剧领导干部思想蜕变的重要原因。腐败交易通常存在需求和供给两方面，而且两者之间经常互相激发。所以，只对公职人员进行廉洁教育是不够的，还应从社会环境的净化入手，在全社会营造以贪为耻、以廉为荣的社会氛围，提升整个社会的免疫力。

高校是社会环境的重要组成部分，大学生是未来廉洁社会的主要建设者。在大学生中进行廉洁教育，意义尤其重大。没有廉洁的社会，清廉政治、廉洁政府也就无从谈起。

2. 有利于高校培养目标的实现

人才对于一个国家来说是最宝贵的资源，是保持一个国家综合国力和核心竞争力的决定性因素。高素质人才甚至决定一个组织、一个国家、一个民族的兴衰。我国历来重视人才的培养，为了不断加强和改进大学生的道德教育，提高其道德素质，把他们培养成为合格的建设者和可靠接班人，我国政府把大学生的培养及高等教育改革提到了重要的议事日程。对大学生开展廉洁教育是我国政府综合分析国际、国内形势，为培养全民的廉洁意识所做出的重要决策之一。

高校着力培养德智体美全面发展的社会主义新型人才，要求在校大学生不仅要有健康的体魄，还要有优良的心理素质和道德品质。要实现这个目标，一方面要求大学生要掌握好扎实的专业知识；另一方面要求大学生要自觉砥砺自身品质，不断提高自身素养，自觉抵制社会不良现象的侵蚀。

3. 有利于大学生的健康成长

大学生正处于世界观、人生观、价值观形成的关键时期，其思想容易受外界不良社会现象的侵蚀。尽管当前大多数大学生把对人类和社会的贡献作为衡量自身社会价值的标准，具有崇高的理想，积极规划人生道路，不断提高自己、完善自己。但也有一些大学生看到贪腐给一个人带来的眼前的、短浅的利益，思想观念出现扭曲，内心崇尚这种不正当的牟利手段。所以，高校要通过廉洁教育使大学生深刻认识腐败的危害性、国家对腐败的打击力度，使大学生形成正确的价值观，扫除自身信仰上的迷茫、理想信念上的模糊。

具体到大学生的日常学习生活，也存在一定的腐败隐患，如论文抄袭、迟到旷课、考试舞弊、毁坏图书资源、偷窃公私财物、借钱高消费、违反校规校纪等不诚信现象等，这些现象成为侵蚀大学生品质的不良因素。

大学生要走向社会，成为党政机关、企事业单位的有用人才。对大学生进行廉洁教育，是大学生思想政治教育不可或缺的内容。

当前，大学生廉洁教育在思想政治教育中还处于薄弱环节，高校廉洁教育还没有形成体系，进行廉洁教育的经验还较少，廉洁教育活动还应进一步开展。所以，高校一方面要重视廉洁教育的作用；另一方面要开展廉洁教育理论研究，逐渐丰富完善大学生廉洁教育的内容体系，组织社会实践活动，提高教育的实效性。

（二）大学生廉洁教育的主要内容和途径

大学生廉洁教育的内容既要有别于公职人员廉洁教育，又要有别于社会廉洁教育。高校廉洁教育的内容应当侧重于腐败及反腐败战略理论等方面的知识学习。在内容设计方面，应尽可能地把国内外有关腐败或廉政方面的共同知识等作为廉洁教育的内容，从而建立起既有鲜明的中国特色，又能与全球接轨的大学生廉洁教育体系。高校在利用这个教程进行大学生廉洁教育的同时，可开展其他廉洁教育实践活动与之配合。可采取下列活动形式，如参观纪检监察、检察院等部门，参加研讨会、辩论、演讲以及政府、私营企业、学者和大学生共同参与的会议、反腐报告会等。各专业院系还可从实际出发，结合本专业特点，开展有声有色的活动。

第三章 高校大学生思想政治教育的原则、方法及理念

第一节 高校大学生思想政治教育的原则

一、大学生思想政治教育的基本原则

（一）方向性原则

方向性原则是指大学生思想政治教育的全部活动要始终与社会发展的要求相一致，坚持正确的政治方向不动摇。当前，方向性原则主要体现为大学生思想政治教育要旗帜鲜明地坚持社会主义和共产主义方向，坚持党的基本路线，要与中国共产党的纲领与宗旨相一致。坚持方向性原则对大学生思想政治教育活动具有非常重要的意义。首先，只有坚持这一原则，才能保持无产阶级思想政治教育的本质特色。其次，只有坚持方向性原则才能统一人们的思想与行动，充分发挥思想政治教育的作用。最后，坚持方向性原则是实现思想政治教育价值的根本要求。思想政治教育价值实现与否，必须以教育目的的实现程度和方向原则的贯彻程度来衡量。

要在大学生思想政治教育过程中坚持社会主义方向，首先，必须始终坚持以马列主义、毛泽东思想和中国特色社会主义理论体系作为思想政治教育的指导思想。其次，提高贯彻思想政治教育方向性原则的自觉性。同时，也要帮助大学生认识到，坚持正确的政治方向，有利于个人的全面发展，有利于政治与业务的统一，有利于红与专的统一、德与才的统一，从而坚持向共产主义方向前进。最后，贯彻方向性原则必须讲究科学性。要很好地贯彻方向性原则，就必须将坚定的原则性与方法的灵活性结合起来，努力使大学生的思想政治教育自然地渗透到社会生活的方方面面，从而潜移默化地影响人。要努力探寻方向性原则与思想政治教育具体目标之间的契合点，并以方向原则统摄各种具体目标，使共产主义方向成为大学生思想政治教育的灵魂。

（二）求实原则

求实原则体现了一种科学的工作态度。思想政治教育是一项实实在在的转变人思想的工作，因而任何华而不实和不切实际的做法都难以取得良好的教育效果。大学生思想政治教育的一个重要特点就是具有针对性，要做到这一点，教育者必须遵循实事求是的原则。教育者在进行思想政治教育的过程中，必须从社会发展的现实和受教育者的思想实际出发，运用马克思主义的基本理论去解释分析社会问题和受教育者的思想问题，并从中找出解决问题的基本规律，来指导大学生思想政治教育的活动。求实原则，是指大学生思想政治教育要始终坚持"理论联系实际，一切从实际出发，实事求是"的思想路线和原则。

（三）民主原则

民主原则是指在大学生思想政治教育中，尊重学生的主体性地位，尊重其人格和民主权利，创造条件让大学生充分发表自己的意见并加以正确的引导。民主的实质是平等。大学生思想政治教育中的民主就是教育者与受教育者双方在充分尊重对方的人格和民主权利的前提下，创造条件让双方充分表达自己的思想和意见，并在此基础上正确处理相关问题，共同完成大学生思想政治教育的任务。大学生的思想政治教育并不能直接作用于人的行为，而是先通过教育对象错综复杂的心理品质作用于人的意识，转而影响其行为。作为教育对象的大学生一般都是青年，他们的自我意识已经渐趋成熟，对自己以及自己和周围的关系开始有了独立的认识和评价，较少盲从，主体意识明显。因此，大学生思想政治教育的成效，很大程度上取决于教育对象对教育内容的关心、思考和理解的积极性和主动性是否被调动起来以及被调动的程度。因此大学生思想政治教育必须坚持民主性原则，突出学生的主体地位，教育者与受教育者以平等态度交流思想，互相尊重，创造民主、平等、和谐、生动活泼的教育环境和气氛。

（四）教书与育人相结合的原则

教书与育人相结合的原则是大学生思想政治教育工作的一项基本原则。所谓教书与育人相结合，是指教师在教学过程中，通过各种教学活动和各个教学环节，全面提高学生的素质和能力。教书与育人相结合原则的贯彻实施要做到以下两点。

1. 寓思想教育于教学之中

教书育人，教学是基础，育人是关键。我们要把思想教育工作渗透到各种教学和教学的各个环节中去，把传道、授业、解惑结合起来。这就要求教师在传授知识的过程中，要注意发挥和挖掘教材的思想性、知识性和趣味性，有机地结合社会实际和大学生思想实际，调动大学生的学习积极性，帮助大学生处理好德育与智育的关系，把思想政治教育工作渗透到大学生的各项学习活动之中，使他们酷爱学习，精于专业，从而达到我们所期待的目的。

2. 要正确处理思想政治教育和大学生学习活动的辩证关系

教书与育人，二者是相互联系、相互促进的。无论是自然科学还是社会科学的教师，都要结合教材特点，加强对学生的全面教育和培养，自觉做到教书育人，发挥思想政治教育对大学生学习活动的方向引导作用和内在激励作用。但不能以此孤立地过分突出思想政治工作，过多地增加思想政治教育时间，而削弱知识学习活动。因此，要教好书、育好人，就要正确把握大学生思想政治教育和知识学习活动相结合的程度、方式，以利于大学生思想政治工作作用的发挥和大学生全面发展的需要。

（五）政治理论教育与社会实践相结合的原则

这是我们党长期以来，特别是改革开放以来，对大学生思想政治教育工作新经验的科学总结，具有鲜明的现实性和针对性。

在思想政治教育中既要注重理论教育，又要注重实践教育，强调行为养成，实现知行统一。理论教育是思想政治工作的基础环节，要增强对大学生理论教育的效果，就要从不断地改进学习的方式方法和载体入手，要生动活泼，讲求效果，要入情入理，用事实来教育大家，通过相应的图片和声像，宣传思想理论，通过大家喜闻乐见、愿意接受的活动形式，宣传思想理论，提高大学生的马克思主义基本理论水平。通过组织大学生参加社会实践活动，能进一步加深对理论的认识，巩固和强化理论教育成果，真正提高思想觉悟和认识能力。

（六）灵活变通原则

在高校思想政治教育过程中坚持灵活变通的原则，其实质是要求将思想政治教育目标和内容的规定性与思想政治教育过程和方法的灵活性有机结合起来。大学生思想政治教育过程是沟通人的思想和交流人的情感的过程，是用正确的思想和真挚的情感影响和感化教育对象的过程，而人的思想和情感的丰富性与复杂性，就决定了在进行思想政治教育的过程中，必须避免生硬、呆板、简单、一刀切的倾向，必须根据教育对象的思想实际和个性特征，有针对性地、灵活变通地来安排教育的情境和选择教育的方法。大学生思想政治教育灵活变通原则，还要求根据时代的变化和思想政治教育任务的变化，以及大学生求新求变的思想特点，不断地解放思想，与时俱进，跟上时代发展的步伐，不断地探索高校思想政治教育的规律，创造思想政治教育的新方法。

（七）教育与自我教育相结合的原则

教育是一种社会实践过程。它是由两个相互交织的并行过程组成的：一个是教师（包括各种教育者）的教书育人（传道、授业、解惑）过程，另一个是学生的学习、成才过程。在教的过程中要充分发挥教师教的主观能动性，而在学的过程中则要充分发挥学生学的主观能动性，二者缺一不可。因此，教育不是一个单一的社会实践过程，而是由上述两个子过程交织而成的复合过程。大学生的思想政治教育也是如此。

要正确贯彻教育与自我教育相结合的原则，就要一方面加强教育，充分发挥教育的功能；另一方面，加强自我教育，发挥大学生在自我教育、自我提高中的能动作用，通过他们思想的矛盾运动来达到转变思想、提高觉悟的目的。

（八）尊重爱护原则

在高校思想政治教育过程中贯彻尊重爱护的原则，就是要求高校思想政治教育工作者必须尊重教育对象的主体地位，从关心爱护的愿望出发努力发挥他们的主观能动性，并进行启发诱导，促使他们积极地进行认识交流并提高思想认识水平。思想政治教育活动是主体之间的互动过程，要进行切实有效的思想政治教育，教育者首先在思想上必须树立以尊重爱护教育对象为前提的指导思想。思想政治教育是以帮助教育对象在政治态度、人生道德、人生价值等方面，确立与社会意识相一致的个人意识为目的的一种人类精神活动。对教育对象尊重的含义是教育者要承认教育对象是具有自己个性特征和独立人格的主体。要能够体会教育对象的喜怒悲乐，教育者和教育对象之间应以同志式、朋友式的关系进行交流，从而建立起双方互相尊重、互相交流、互相切磋、共同提高的良好关系。只有确实尊重和爱护教育对象，以真诚关心的态度，以平等的姿态来面对教育对象，才能提高思想政治教育的效果。

（九）差异性原则

大学生思想政治教育本身就是起因于教育对象现实的思想状况与社会的期望目标之间的差异和教育对象之间的思想差异，就是因为存在这种差异，所以社会就提出了对个人进行教育的要求。大学生的思想现状与社会主义发展要求之间，既存在着总方向上的一致性，也存在着具体要求上的差异性。这种差异性是客观存在的，这就是大学生进行思想政治教育的起点，差异性产生的根源和影响因素是多方面的。在高校思想政治教育过程中，承认教育对象思想认识的差异性，是进行良好的思想政治教育的起点。教育者在思想政治教育中，要从大学生的思想实际出发，在密切联系学生思想实际的基础上开展活动。一方面教育者要不断深入学生，不断地研究学生的思想状况，在了解学生思想脉搏的基础上有的放矢地进行教育；另一方面教育者要把握大学生的不同思想层次，做到因层次而异，因人而异，在把握整体思想状况的前提下，教育者还应分析不同个人的层次类型，并对不同的个人和层次类型采取不同的教育方法，充分发挥教育的针对性特点，实现教育的预期目标。

二、大学生思想政治教育原则的特点

（一）辩证性

思想政治教育原则体系是以辩证唯物主义和历史唯物主义为理论指导，对思想政治教育客观规律主观认识的产物。大学生思想政治教育是一个不断发展的过程，新事物、新情况、新问题层出不穷，每个人都不可能穷尽真理认识历史的长河，加之不同个人的认识能力、认识水平又有差异，因而人们对大学生思想政治教育规律和原则的认识都具有相对性。大学生思想政治教育原则之间既有区别又有联系，对各个原则的认识也不能绝对化，要看到它们之间的相容性、交叉性、衔接性。大学生思想政治教育原则是思想政治教育系统内在本质关系的抽象,只有深刻理解思想政治教育过程中的各种关系,所确定的原则才能较为符合实际。

(二)整体性

大学生思想政治教育原则体系的整体性特征表现在以下两个方面。

第一,大学生思想政治教育原则是以大学生思想政治教育规律作为客观依据而构建起来的,各原则之间具有紧密的内在逻辑联系,它们相互作用、相互补益,从而构成一个整体。

第二,大学生思想政治教育原则体系具有"1+1＞2"的整体功能。大学生思想政治教育原则体系虽然由众多具体原则所组成,但这些原则相互关联,不可分割,在运用原则时不能顾此失彼,而应当统筹兼顾,综合运用。

(三)层次性

大学生思想政治教育原则体系是按照由整体到局部、由一般到个别、分层次有序排列的,每个层次的原则都是在一定的范围内和条件下起作用,都有自己特殊的功能和意义。

(四)动态性

大学生思想政治教育原则是一个多层次的动态体系,不是孤立静止、僵死不变的。

第一,随着人们社会实践的发展,大学生思想政治教育的新经验将得到不断总结,新规律将会不断被认知,反映这些规律的新原则也就出现了。

第二,即使思想政治教育的同一个原则,其内涵也会随着实践的发展而不断丰富。

第三,大学生思想政治教育原则的运用也是随着时间、地点、条件的不同而有所不同的。

第二节 高校大学生思想政治教育的方法

一、大学生思想政治教育的过程方法

(一)过程方法的运用

过程方法要求组织处理所有过程都运用"PDCA"的方法。

"P",指策划。根据顾客的要求和组织的方针,建立并完成过程的目标,确定过程方法和准则,确定过程所需要的资源和信息等,这里的顾客是指接受产品或服务的组织或个人,是个广义的概念。

"D",指做。这是指实施并运行过程,即按照策划所建立的过程和目标,确定过程的

方法和准则，提供所需要的资源信息去实施过程，并实现目标。

"C"，指检查。根据方针、目标和产品服务的要求，对过程参数和过程的结果进行监视和测验，并随时报告监视和测量结果。

"A"，指处理。采取措施，以维持改进过程业绩，即依据监视和监测的结果，采取纠正和预防措施，并持续改变过程。

（二）运用过程方法的注意事项和要求

1. 确定组织为取得所期望的结果所必需的关键过程

过程方法要求我们不但要确定全部过程，还要确定这些过程中的关键过程或者说主要过程。组织的过程网络错综复杂，因此应该对关键过程重点控制，要抓住主要矛盾。例如，学校工作中的关键过程就是教育过程，教育过程中的关键过程就是教学过程；又如德育工作的核心是加强理念信念教育。人总是要有点精神的，对于大学生来说，德智体美中，德育为先，处在第一位。思想政治教育中要坚持正确的方向，使理念信念处在第一位，这是符合教育规律的，已被古今中外许多经验证明。

2. 确定主要过程之间的顺序

在识别和确定了组织为取得所期望的结果所必需的关键过程后，还必须确定这些过程之间的先后顺序。过程之间的先后顺序，有时还体现在过程层次上。如政治理论课教育的内容就是有先后层次的。只有确定了过程之间的顺序后，才能明确过程之间的接口，才能为管理关键过程（活动）规定明确的职责。

3. 识别组织为取得所期望的结果所必需的所有过程

即将组织为取得所期望的结果所必需的全部过程加以识别，这些过程可能有的对所期望的结果影响大，有的影响小，有的是简单过程，有的是复杂过程，可采用各种方法识别这些众多的关联的过程，识别这些过程所需的输入、输出及所需开展的活动和应投入的资源。如果遗漏了某一过程，将会对"组织所期望的结果"这一目的构成负面影响。所谓识别过程包括两层含义：一是将组织的一个大过程分解为若干个子过程，二是对现有的过程进行定义和分辨。例如，流水线上的作业过程，可以分解到每个员工所干的工作为止。

4. 确定过程之间的接口和过程之间相互关系

通常一个过程的输出将直接形成下一过程的输入，为使这些过程能受到有效控制，除了对过程进行识别之外，还应确定过程之间接口和过程之间的相互关系，并合理地安排过程的程序，以便容易达到过程策划的结果。

5. 测量各个过程并对各过程进行有效控制

过程一旦建立并运转，就应对其进行控制，防止其出现异常。控制时要注意过程的信息，当信息反映有异常倾向时应立即采取措施，使其恢复正常。操作人员要严格按照规定操作，避免习惯性操作，最终实现输出的增值，达到用户的满意。更重要的是要经常改进过程，通过对过程的测量和分析，发现过程存在的不足或缺陷以及可以改进的机会，对过程进行改进，提高其效率或效益。为判断这些过程是否有效运作，要对其加以监控，组织必须能够获得必要的信息，通过对过程信息的测量和对测量结果的分析，以及针对分析结果而对过程实施必要的调整等，最终实现过程的策划结果和对过程的持续改进。

同时，还应通过对众多关联过程的识别，确定这些过程的顺序和相互关系，规定过程有效运行的方法和准则，测量及分析过程的信息，针对分析结果而对过程实施必要的调整，如采取纠正措施或者预防措施等，达到过程的持续改进，最终实现过程策划的结果。

6. 为管理关键过程（活动）规定明确的职责和权力

当关键过程确定后，就应该明确规定这些过程由谁负责，即明确其职责，并赋予其应有的权力。过程方法强调的是各司其职的理念，即组织中的每一个人都应该首先做好自己分内的事。

要把思想政治教育做到家和落到实处，就必须大力加强队伍建设，为大学生思想政治教育提供坚强的组织保证。大学生思想政治教育工作队伍主要有学校党政干部和共青团干部、政治理论课和哲学社会科学课教师、辅导员和班主任。其中，哲学社会科学教师是大学生思想教育的主要队伍。这几类队伍担负着对大学生进行思想政治教育的主要职责。大学所有教职工都负有思想政治教育的职责，教师是人类灵魂的工程师，他们对青年学生有很强的影响力和感染力，在思想传播方面有很强的作用，所以，这支队伍的建设也具有决定性作用，也应该明确他们的职责与权力。加强队伍建设首先要明确各自的职责和权力，才能把工作做好。

7. 保证实施各过程所需要的资源

为使过程能达到预期的目标或要求，必须对过程的输入、输出及开展的活动和投入的资源做出明确的规定，给出过程控制的准则和方法。

大学生思想政治教育体系由构成立体空间的过程网络组成。高等学校为了提高思想政治教育的质量和效益，必须识别高等学校思想政治教育的过程，确定这些过程的顺序和相互作用，确定为确保这些过程有效运作和控制所需要的准则和方法，确保可获得必要的资源与信息，以支持这些过程的有效运作和监控。通过测量、监控和分析这些过程，并实施必要的措施，以实现大学生思想政治教育策划的目标和持续改进大学生思想政治教育工作。

二、大学生思想政治教育系统方法

大学生思想政治教育工作是一个系统工程而非一个单项工作，其中的各个环节是相互联系的，它是一个非常复杂的系统。

（一）系统方法的价值

1. 可以有效地认识、调控、改造、创造复杂的系统

系统方法是扬弃了传统科学的简单性原则而产生的。20 世纪 30 年代以前，在研究复杂事物和复杂过程时，主要采用从实体上进行还原的分析组合方法，试图在所有的现象中

找到共同具有的物质实体（譬如物质性的原子），把它作为差异的共同基础，至于这些实体所形成的复杂关系则很少受到重视，基本上用线性因果关系加以处理。这就把复杂问题不适当地简单化了。而事实上，世界上的事物和过程是复杂的，是由多种因素或子系统复杂的相互作用所构成的，所以需要系统地思考。在这方面，系统方法提供了解决困难的钥匙。

2. 可以提供制订最佳方案的手段

系统方法为人们提供了制订系统最佳方案以实行组合和优化管理的手段。在认识自然和改造自然中，在认识社会和改造社会中，系统方法可以帮助人们制订最佳方案，优化组合与管理，取得尽可能大的效益，用最少的投入，取得最大的利益。

用系统方法将相互关联的过程加以识别、理解和管理，有助于高校提高实现目标的有效性和效率。大学生思想政治教育的过程是相互关联和相互作用的，每个过程又都会在不同程度上影响着大学生思想政治教育的质量。要对各个过程实施系统的控制，确保大学生思想政治教育预定目标的实现，就需要建立大学生思想政治教育质量系统管理体系，运用系统体系管理的方法，实施对各个过程的控制，这样才能有效和高效地提高大学生思想政治教育的效果。

3. 可以提供新思维

系统方法突破了传统的只侧重分析的机械方法的束缚，指导人们从总体上进行思维，探索科学技术发展的新思路，建立综合学科、交叉学科和边缘学科，促进自然科学与社会科学的统一，促进科学家与哲学家的联盟，帮助人们打破两种科学、两种文化的界限，建立统一的世界图景和文化图景，建立系统的自然观、科学观、方法论和系统的人类社会图景，防止思维的狭隘和偏激。因此，系统方法对于当代大学生思想政治教育来说就显得尤为重要。

（二）系统方法在大学生思想政治教育管理中的应用

通过以上的分析不难看出，系统方法适用于具有高度综合性和动态性的大学生思想政治教育，而且系统方法的基本原则与大学生思想政治教育的特点在许多方面相吻合。大学生思想政治教育工作需要坚持的原则有许多方面。大学生思想政治教育方法方面的原则，主要有以下几个方面。

1. 有序性原则

系统的任何联系都是秩序井然、有条不紊、按等级和层次进行的。而这种有序性的保障就是系统结构，因此只要把握了系统的有序性，也就把握了系统的结构。大学生思想政治教育是非常复杂的，但绝对不是杂乱无章的，而是有秩序、有规律的。各要素的相互关系运用这一原则得以揭示，这就实现了思想政治工作进一步科学化、正确地运用思想政治工作的规律和方法这一目的。大学生思想政治教育的进程系统也是有序的：正确分析具体问题的能力—具备判断是非的能力—掌握科学的思想方法—形成各种正确的思想政治观念—树立正确的人生观、价值观和科学世界观—树立共产主义的远大理想，确立马克思主义的坚定信念。

2. 整体性原则

整体性原则是系统方法的核心。系统的整体功能大于它的各个组成部分功能的总和，在孤立状态中它具有各个组成部分所没有的整体特性。从整体的目标出发是系统方法整体性原则的内容，研究各组成部分相互联系和相互制约的规律是为了使整体达到最优化。但是大学生思想政治教育系统的元素众多、牵涉面广、关系复杂、相互作用繁复，因而，开展和研究思想政治工作坚持整体性原则是十分重要的，要把与人的思想有关系的因素，包括自身的因素、家庭的因素、社会的因素等综合起来，对问题的症结进行考察、思索，考虑所要采取的措施，增强开展思想政治工作的洞察力，提高预见性，这是最富有科学性和艺术性的方法。坚持整体性原则，在当前最主要的是使思想教育与组织管理相统一。思想教育和组织管理是学校的两个子系统。如果这两个子系统的性能相互矛盾，必然产生内耗，使整体产生负效应。

3. 动态性原则

任何现实的系统，一般来说，都是处于动态的"活系统"中。系统是经常处于运动之中的，系统的有序联系是在发展中进行的，系统中一种要素的变化往往会引起另一种要素甚至整个系统的变化。尤其是大学生思想政治教育更是一个动态的"活系统"，因为大学生思想政治工作的对象是活生生的人，是不断发展变化的人，是受周围环境影响的人，是处在生长发育阶段的人。大学生的思想和高校两者都是开放的系统，它和社会生活之间的关系几乎没有时间和空间的距离。从现象上看是紊乱的、无序的；从发展变化的过程来看，它也的确有过无序的状态，但随着人们对思想政治教育规律认识的提高，对学生的影响会越来越走向有序性。因此，大学生思想政治工作规律在思想政治教育者不断探索和发展下，应及时地进行动态调节，使思想政治工作与之相吻合，并以动态的眼光来看待思想政治工作。所以运用动态原则，可以使人们在进行思想政治教育中适时地协调处于不停地发展变化状态的各种要素的结构关系，防止各种元素的畸形组合，实现思想政治教育最佳的动态平衡。由此可见，系统方法不仅是唯物辩证法普遍联系原理的具体化和实际运用，而且是对这一原理的丰富和深化。它的广泛运用促使人们实现了科学方法乃至一般工作方法的现代化。

大学生思想政治教育在应用系统方法时，必须遵循一些科学步骤。第一，必须确定这一系统的最终目标，明确每个特定阶段的中间性目标。第二，必须确定每个局部要解决的任务，研究它们之间和它们与总体目标之间的相互关联和相互影响，对各项具体措施以及发展趋势进行综合考察。第三，将达到总目标以及与其相联系的各个局部任务的可供选择的方案进行分析、比较，选出优化方案。第四，组织实施，并对实施情况进行综合考察，还要随着方案实施状况，不断地进行调整、协调和控制。

第三节 高校大学生思想政治教育的理念

一、改革创新理念

(一)改革创新的基本原则

1. 解放思想、实事求是

只有解放思想、实事求是,摆脱过时的思想观念和陈旧的思维方式的束缚,才能敢于研究新情况,解决新问题,创造新成果。坚持解放思想、实事求是,必须以党的最新理论成果为指导。党的最新理论成果,是在科学判断党的历史方位的基础上提出来的,是我们党艰辛探索和伟大实践的必然结论,不言而喻,也是指引大学生思想政治教育改革创新的根本指导思想。坚持解放思想、实事求是,必须坚持发展的观点,积极适应国家建设的需要。这就要求大学生思想政治教育要适应新的变化,在教育内容、方法手段和管理机制等方面改革创新。坚持解放思想、实事求是,必须从我国的实际情况出发,开阔视野,放眼世界,有选择地吸收外国的有益经验,使大学生思想政治教育得以丰富和发展。

2. 保持优势、创新发展

大学生思想政治教育改革创新是一个复杂的系统工程,既要有创新精神,又要有科学态度。保持优势、创新发展,实际上是强调大学生思想政治教育要在继承优良传统的基础上改革创新,这是大学生思想政治教育发展的客观要求,是一条必须遵循的客观规律。坚持保持优势、创新发展,必须有利于巩固和加强大学生思想政治教育的基础性地位。思想政治教育是大学教育的基础性课题,是大学生进行科学文化学习的前提与基础。大学生思想政治教育的改革和发展必须有利于继续巩固和加强其基础性地位。坚持保持优势,创新发展,必须有利于充分发挥大学生思想政治教育的作用。思想政治教育的作用是否能得到充分发挥,受制于多方面因素。思想政治教育的改革创新,就是要研究在新的历史时期,哪些因素有利于思想政治教育作用的发挥,并对这些因素进行促进和发展。

(二)改革创新的主要内容

1. 拓展思想政治教育的新领域

总体说来,大学生思想政治教育的新领域主要是指两个方面:一是社会主义市场经济环境中的思想政治教育,二是指抵制腐朽思想文化中的思想政治教育。市场经济和思想政治教育之间在本质上是一致的。从市场经济建设过程来看,人们在经济体制转轨过程中产生的一些困惑,利益关系调整过程中的矛盾冲突,必然会反映到大学校园中,这就迫切需要思想政治教育去解决。市场经济中的利益杠杆等原则,给大学生思想带来的负面影响,给大学教育环境带来的巨大冲击,都需要加强和改进思想政治教育来加以扼制。市场经济越发展，思想政治教育就越重要，解决建立社会主义市场经济体制所引发的各种问题，就是思想政治教育改革创新需要开辟的新领域。围绕腐朽思想文化侵蚀开展的思想政治教育，是围绕抵制侵蚀与固守阵地这一对矛盾展开的。必须清醒地看到，敌对势力历来将侵蚀与演变的重点放在青年一代身上。尤其是新的历史条件下，渗透与反渗透、演变与反演变的斗争不会在短时间内停止，只要两种意识形态的斗争在继续，腐朽思想文化的侵蚀就不会停止，这方面的工作就需要不断加强。

2. 形成思想政治教育的新体系

制度建设更具有根本性、全局性、稳定性和长期性。研究和制定政策和制度，是大学生思想政治教育的重要任务，也是大学生思想政治教育的重要内容。21世纪大学生思想政治教育的改革创新，必须把政策制度的调整与完善作为重点。要着眼于新的历史时期和社会主义市场经济环境中出现的新情况，及时进行补充、调整和完善，加快改革步伐，以形成政策制度的新体系。既要及时适应新情况，积极地实验与实施，又要坚持稳妥可靠，深入调查研究，反复科学论证，不能朝令夕改，甚至顾此失彼。要通过相关政策制度的研究和制定，逐步形成一套促进大学教育长远发展、思想政治教育充分发挥作用的政策制度体系。

3. 探索思想政治教育的新手段

科技含量的高低，是衡量大学教育的重要标志之一，也是衡量大学生思想政治教育水平的重要标志之一。要积极吸取现代科技发展的成果，在信息掌握、情况处理、知识传播、思想教育方面，注意发挥计算机网络等现代信息技术和大众传媒的作用。在信息时代，必须积极运用各种先进的科学手段，加大思想政治教育自身的科技含量，把先进的科学手段运用到思想政治教育中。当代高科技的迅速发展，新的科技成果，为思想政治教育提供了新的载体和条件，为精神产品的开发和传播，提供了前所未有的方法和手段。把教育信息和现代高科技技术结合起来，发展思想政治教育的载体，广泛利用现代化媒体，建立"网络思想政治教育"等，都是大学生思想政治教育必须拓展的新领域。

二、全面发展的理念

在大学生思想政治教育中，我们讲全面发展教育，主要目的在于帮助大学生树立全面发展的教育观，引导大学生思想道德素质、科学文化素质、健康素质的协调发展。根据大学生全面发展教育的目的，我们可以把全面发展教育的基本内容归纳为思想道德素质教育、科学文化素质教育、健康素质教育三个方面。

（一）思想道德素质教育

思想道德素质是指个体通过接受一定的教育和参加社会实践活动，经过独立自主、积极理性地思考后形成一定社会或阶级所要求的思想观念和道德准则，并自主、自觉与自愿地做出相应行为的素质与能力。一般来讲，大学生思想道德素质包括思想素质、政治素质和道德素质三个方面。思想道德素质教育是大学生素质教育的灵魂，大学生是我们实现中华民族伟大复兴的希望，他们的思想道德素质状况直接关系全面建成小康社会的目标能否顺利实现。在新的历史条件下，加强大学生的思想道德素质教育，努力提高他们的思想道德水平，对于弘扬中华民族伟大民族精神和时代精神，在社会上形成良好的道德风尚，加快推进社会主义现代化建设具有十分重要的意义。

（二）科学文化素质教育

科学文化素质教育包括科学素质教育和人文素质教育两个方面，这两个方面又是紧密联系、相互渗透、不可分割的。科学文化素质教育的具体内容包括很多方面，从德育的角度来讲，大学生科学文化素质教育的重点在于培养两种精神——科学精神和人文精神。这两种精神是科学文化素质教育的核心。

1. 科学精神的培养

科学精神是人们从科学活动过程中和科学认识成果中提炼出来的价值准则和行为规范，是人类在漫长而艰巨的科学研究探索过程中逐渐形成而不断发展起来的一种主观的精神状态。科学精神激励着人们驱除愚昧、求实创新，不断推动社会的进步。无论是西方的文艺复兴，还是我国的五四运动，无不显示出科学精神的巨大作用和深刻影响。科学精神由于是在科学活动的过程中形成并发展起来的，因此，科学精神的内涵也随着科学活动的不断推进而不断得到充实和发展。在当代，科学精神有着新的时代内涵。科学精神的内涵很丰富，最基本的要求是求真务实、开拓创新。因此，对大学生科学精神的培养，重在培养以下几种精神。

（1）坚定不移的求真精神

科学研究是一种艰苦的工作，通向未知世界的道路绝对不是平坦大道，这条路上布满了荆棘，只有付出辛勤的汗水，矢志不渝，才会获得成功。

（2）尊重事实的务实精神

科学是老老实实的学问，来不得半点虚假和浮夸。只有尊重事实，从实际出发，以实践作为检验真理的唯一标准，才能正确认识客观世界，揭示事物的客观规律。

（3）勇于批判的怀疑精神

怀疑是一切科学创造活动的真正出发点。哥白尼怀疑地心说而最终提出日心说，达尔文怀疑上帝造人说而提出进化论，科学就是在不断怀疑批判前人学说的基础上获得进步和发展的。

（4）勇于开拓的创新精神

创新精神是科学得以创造和发展的精神动力和力量源泉。科学活动是从已知出发去探索未知从而发现和认识世界的，它在本质上是创造性的。提出新问题、解决新问题、得出新成果，是科学工作者的本职，也是衡量他们工作表现、价值大小的尺度。

2. 人文精神的培养

人文精神是一个民族、一种文化的内在灵魂和生命，是贯穿在人们思维和言行中的信仰、理想、价值取向、人格模式和审美情趣。它是特定环境里各类精神价值的综合，是时代文化精神的核心。以人为本、关注人的现实存在和终极价值是人文精神的主旨，也是人文精神得以产生的源泉。人文精神的培养和人文素质的教育在中外教育史上具有悠久的历史传统。当代大学生人文精神培养的基本内容是根据社会发展需要和目前大学生人文素质的现状来确定的，它主要包括独立人格教育、道德理念教育、人生态度教育和终极关怀教育四个方面。

（1）独立人格教育

独立人格是大学生人文精神培育的基础和前提。一个人只有首先在人格上具有独立性和自主性，不盲目地听从别人，有自己的意见和主张，才谈得上具有人文精神。畏畏缩缩、唯唯诺诺、趋炎附势，连人的尊严都丧失了，又怎么谈得上具有人文精神呢？

（2）道德理念教育

一个人不仅要成为一个独立的人，而且要成为一个有道德的人。要教育大学生爱人如己，推己及人，设身处地为他人着想；要"先天下之忧而忧，后天下之乐而乐"，具有仁民爱物的胸怀；要热爱自然，保护环境，维护生态平衡。

（3）人生态度教育

在对人生的态度上，要教育大学生具有积极乐观的人生态度，自强不息，开拓进取。人的一生不可能是一帆风顺的，逆境和顺境总是交替出现，伴随人的一生。要教育大学生身处顺境时，不得意忘形，要居安思危；身处逆境时，不怨天尤人，要坚韧不拔、百折不挠、勇往直前。

（4）终极关怀教育

人文精神是现实性和超越性的统一。它既是一种现实关怀，体现现世性的精神追求；又是一种终极关怀，体现了人对超越有限、追求无限的一种渴望。它具体表现为理想和信念。要引导大学生树立共产主义远大理想，在社会主义现代化建设事业中以自己有限的生命获得无限的人生意义。

科学精神和人文精神是人类精神家园的两大支柱，二者之间是相互联系、相互渗透、相辅相成的。科学精神和人文精神都源于人们对至真、至善、至美的向往和追求，它们在本质上是一致的。科学精神的培育需要人文精神的辅助和支撑，人文精神的培育离不开科学精神的正确指导。离开人文精神的科学精神并不是真正意义上的科学精神，而离开了科学精神的人文精神也只是一种残缺的人文精神。因此，在大学生思想政治教育中，必须将科学精神教育和人文精神教育有机结合，克服只重视科学精神教育而忽视人文精神教育或者只重视人文精神教育忽视科学精神教育的错误倾向。

（三）健康素质教育

健康是大学生成才的重要保障，已成为人们的共识。健康的含义，包括生理和心理两个方面的内容。健康是一种身体上、精神上、心理上和社会上的完满状态，而不是没有疾病或虚弱现象。因此，这里的健康素质教育主要包括两个方面，即身体健康素质教育和心理健康素质教育。身体素质是人素质发展中不可缺少的物质基础，是在遗传获得性基础上发展起来的人体形态与生理功能上的特征，包括生理解剖特征（身高、体重、骨骼系统、神经系统等）和生理机能特征（运动素质、反应速度、负荷限度、适应能力、抵抗能力等）。身体健康素质教育也就是我们通常所讲的体育，从德育方面来讲，身体健康素质教育就是要教育大学生树立"身体是革命的本钱"的观念，促使大学生积极参加体育锻炼，增强体质，做到劳逸结合。只有拥有健康强健的身体，才能开展其他一切活动，才能全力提高其他方面的素质。

心理素质是指在认知、情感、意志过程中所表现出来的求知欲、审美力、乐群性、独立性和坚持力等。它是个人整体素质的一个极为重要的方面，良好的心理素质是大学生学会适应社会、具有良好人际关系、形成健全人格的重要保障。近年来，许多有关大学生心理健康状况的调查资料显示，当代大学生心理矛盾日渐增多，由此引发的心理问题也日渐突出。大学生心理健康问题越来越受到社会的广泛关注，加强大学生心理健康素质教育成为大学生思想政治教育的一项紧迫任务。根据大学生心理健康的基本标准和目前大学生当中普遍出现的心理问题和心理疾病，我们把大学生心理健康素质教育内容分为以下几个方面。

1. 积极适应性教育

进入大学，面对一个与以前截然不同的新环境，许多大学生都会出现程度不等的适应不良症状，这就需要对他们进行积极的适应性教育。要培养大学生适应环境的能力，帮助他们掌握排解心理困扰的方法和技巧，使他们尽快适应新生活，保持心理健康。

2. 健康情绪教育

大学时期是大学生面临的一个特殊发展时期。面对环境的变化和来自社会、家庭的压力，大学生很容易出现迷惘、焦虑、孤独、自卑、苦闷、空虚等心理障碍。这些障碍若不及时清除，会严重影响他们的健康成长和成才。因此，要让大学生了解人的情绪健康的标准及自身情绪变化的特点，学会体察和表达自己和他人的情绪情感，掌握调节情绪的方法，运用有效的调控手段，使自己经常保持良好的心境和乐观的情绪。

3. 坚强意志教育

现在的大学生大多成长环境较为优越，缺乏艰苦生活的磨炼，对生活的期望值过高，缺乏迎接困难的心理准备，不少人意志力薄弱，耐挫力差。对此，应引导大学生充分认识意志在成才上的作用以及自身意志品质的弱点，激发大学生以坚强毅力和顽强精神去克服困难，增强大学生的心理承受力，鼓励他们持之以恒、百折不挠地向着既定目标前进。

4. 健全人格教育

人格障碍是大学生心理健康中比较突出的一个问题，对大学生的健康成长构成了很大威胁，因此，人格教育是当代大学生心理素质教育的核心和关键。要引导大学生气质、能力、性格和理想、信念、动机、兴趣、人生观等各方面平衡协调发展，培养他们适中合理的思考问题的方式、恰当灵活的待人接物的态度，使他们能与社会的步调合拍，也能与集体融为一体。

5. 人际交往教育

良好的人际关系是维持大学生心理健康的前提，所以要帮助大学生掌握人际交往艺术，学会与人沟通、互助和分享；善于在群体中发挥自己的才干，达到高水平的自我实现；在与人交往的过程中养成宽宏大度、尊重他人、乐于助人的良好品质。

三、开放理念

随着经济的快速发展和时代的进步，全球化已经成为趋势，各种思潮和文化也随着经济全球化而互相影响、相互碰撞。在市场经济的影响下，西方自由、民主、平等等多元化价值理念全面冲击大学生思想政治教育。在各种思潮的影响下，大学生思想政治教育再也无法像以前一样，期望在一个相对封闭的环境中来开展，刻意截堵各种观念思潮的入侵更是螳臂当车。为此，大学生思想政治教育必须顺应时代潮流，树立开放教育理念，积极应对挑战，把大学生思想政治教育自觉融入时代潮流之中，使之永远立于不败之地。

（一）开放理念的基本内涵

开放的理念是指教育者不断开阔视野，勤于思考，吸取国内外优秀的文化传统，引导当代大学生努力培养宏观意识、开放的心态、遵循国际准则等意识，使大学生思想政治教育顺应时代和世界的潮流。

1. 宏观意识

宏观意识问题实际上是一个大局观的问题，不谋全局者不足谋一域，不谋万世者不足谋一时。所以，大学生思想政治教育工作要从现实的大局出发，统筹历史、现实、未来，形成宽广的视野。

在教育内容上，一方面，我们需要培养大学生用前后联系的观念看问题，善于从历史中分析问题的根源，并结合具体现实的问题，深入反思和剖析；另一方面，我们需要培养大学生的世界眼光和全局意识，使其认识到民族和国家的发展离不开世界，使其养成将民族和国家问题放到世界大背景下进行思考的习惯。

培养大学生纵览古今、纵览全局的意识折射出思想政治教育工作的开放性，这证明我们愿意从封闭的状态中走出来，用更加科学的理念指导思想政治教育工作。

2. 开放的心态与意识

全球化是当今世界发展的基本趋势，各国之间相互依存度增强，为寻求更好的发展，各国以一种开放心态积极参与国际竞争与合作。在这种背景下，大学生思想政治教育要保持一种对别的国家、民族的新鲜感和敏锐力，不断吸取别国思想政治教育的经验。

在教育内容上，要注重对大学生进行开放性教育，使其对别国文明持理解、认同、尊重、宽容的态度，并且要引导大学生学会从更广阔的视野上去理解自己所处的位置，看待和分析自己所面临的各种机遇和挑战。一个大学生只有将自己的个人命运与民族、国家的命运，与人类发展的命运，与整个地球的命运紧紧地联系在一起，才可能成"大器"。我们要塑造和培养的，就是懂得从我们民族、国家生死存亡的战略高度，从人类共同发展的大趋势中去奋斗、去拼搏的大学生。

3. 遵守国际基本准则的意识

世界经济、文化的交融，需要共同的规则。而我国正处于社会转型期，法律还不健全，社会出现了一些"规范"的"真空"地带，这造成了人们或不知所从，或言行不一。

规范意识不强是当代大学生的一个比较明显的缺陷，因此，在大学生思想政治教育中，对大学生进行开放理念和规范意识的教育是时代的必然要求，而这没有长期的遵纪守法意识的培养是不可能实现的。应当说，这也是开放理念的基本要求。

（二）树立开放理念的意义

在大学生思想政治教育工作中树立开放理念，对我们整体的思想政治教育工作具有重要意义。

1. 有利于深化大学生思想政治教育教学改革

第一，大学生思想政治教育虽然要结合我国国情，提出为我国社会主义建设服务的任务与要求，但在国际化潮流下，思想政治教育也需要考虑与国际接轨的问题，我们不但要培养合格的中国公民，还要培养合格的世界公民，这是大学生思想政治教育工作需要确立的新理念与新意识。大学生思想政治教育的民族性和世界性并不矛盾，反而是相互促进的，民族性越强就越具有国际意义，反之，不走向世界的封闭性并不利于民族性的进一步强化。

第二，在大学生思想政治教育中树立开放理念，对思想政治教育对象具有重要的实践意义。我们的思想政治教育必须从当代大学生的情感态度与价值观的实际出发，在目标、内容、方式、途径上符合大学生的特点。大学生思想政治教育工作中开放理念问题的提出，符合当代大学生的实际，它对改进大学生思想政治教育工作无疑具有重要的现实意义。

处于新时代的大学生乐于接受新鲜事物，敢于尝试新的生活方式，富有竞争意识、平等意识和开放意识，具有较强的公民责任感。新形势下如何把握时代脉搏、紧跟时代潮流，以一种崭新的面貌和进取的精神来面对开放的世界，这是教育界十分关注的问题。对我国大学生思想政治教育而言，若不变革思想政治教育的内容与方法，还是用陈旧、过时的方式开展思想政治教育工作，就很难想象会在当代大学生中产生良好的思想教育效果。

2. 有利于加快中国对外开放的步伐

大学生思想政治教育的一项重要内容，就是从中国的历史进程，特别是近现代历史的进程中充分认识改革开放的优越性，从而坚定走建设中国特色社会主义道路的信念。近代以来，中国与世界呈现了一种双向互动关系，中国取得了飞速发展。当前中国正处于走向世界的黄金机遇期，需要"开放型"的人才贡献力量，大量"开放型"人才的培养又必然推动中国走向世界。

第四章 高校大学生思想政治教育的目标和价值

第一节 高校大学生思想政治教育的目标

一、当代思想政治工作目标的内涵

思想政治工作面临着一个全新的环境。国际上，和平与发展成为时代主题，世界格局由两极世界转向多极世界，再加上经济全球化浪潮的影响，世界政治、经济、文化格局，包括意识形态领域等方面都发生了重大变化；国内，我国正处于一个社会转型期，经济体制正由传统的计划经济转向社会主义市场经济体制，党的工作以经济建设为中心。新时期加强和改进思想政治工作，就是为了更好地统一全党、全国人民的思想，培养"有理想、有道德、有文化、有纪律"的社会主义新人，调动广大人民群众的积极性，进行以经济建设为中心的社会主义建设事业。

这一时期思想政治工作目标的内涵，是依据社会的发展需要和人的发展需求确立的。它以客观条件为依据，受客观条件的制约和检验，是科学的、明确的。

（一）反映了时代要求和中心任务的需要

当代高校思想政治教育工作的最终目标是为社会主义建设事业服务的，它紧跟时代步伐，反映了我们党和国家奋斗目标的时代要求，反映了党在新时期的中心任务的需要。我党的最终奋斗目标，是要达到并实现共产主义，从社会主义的初级阶段走向社会主义高级阶段。马克思主义社会经济学对共产主义制度的阐述和构想是，共产主义社会的实现不是一蹴而就的，它和任何新生事物一样，都要经历一个从萌生、发展、成熟到最后终结的曲折过程，这个过程对于共产主义社会而言，是一个漫长的历史发展过程，它不是一下子就走向成熟的，中间会经历许多历史阶段，每个历史阶段的发展目标不同，因而任务、特征、难易程度和历程等也不同。我国对于共产主义的理解和实践有着鲜明的中国特色，在每一个发展阶段，我国社会的经济、政治、文化的发展水平不同，党和政府会根据这些具体的现实情况的不同，确定出每个时期的中心任务。根据目前我国各个方面的发展情况，可以明确我国当前并将在未来的很长时间内都处于社会主义初级阶段，这个大前提，决定了我国建设社会主义现代化，最终实现共产主义要先踏实走过这个社会主义初级阶段，而不能逾越这个历史阶段。在这个初级阶段中，党提出了相应的基本路线与纲领，即把我国建设成富强、民主、文明的社会主义现代化国家的奋斗目标。为了和社会主义初级阶段的国情相适应，思想政治工作的总体任务和具体任务就要有一个明确的定位，不仅应努力提高人们对社会发展规律的科学认识，激发人们为实现远大理想而奋斗的热情、毅力和斗志，还应围绕现阶段党和国家的中心任务，坚持科学发展观，怀有中国梦，在坚持人民群众是实践的主体、是历史创造者的基础上，发挥人民群众的能动作用，引导并带领群众既要搞好物质文明建设，又要搞好精神文明建设，在谋求经济发展的同时还要达到人的精神文化和其他素质（包括道德素质、思想文化素质、心理素质等）的提高，真正起到宣传群众、动员群众、组织群众的作用，使思想政治的最终成果达到从群众中来到群众中去，真正做到帮助群众、依靠群众，帮助广大人民群众达成共识，共同投身于建设有中国特色社会主义的事业中，满足党和国家的需要。反之，如果我们不能让群众积极地加入建设队伍中来，不能让群众理解、支持党的政策，把思想政治工作搞成形式主义的说教，甚至说假话、空话、大话，导致了群众严重的抵触情绪，不信任党、不理解党领导的事业、不能与党和政府同心同德为共同的事业而奋斗，就表明我们的工作出了大问题，必须进一步加强与改进。

（二）它反映了工作对象的思想政治品德现状和发展的需要

高校思想政治教育工作的最终目的是为社会主义建设事业服务的，因此，它的首要目的是提高人们的思想觉悟和认识水平。使理论能够结合实际，用到现实的生活中来，用马克思列宁主义、毛泽东思想、中国特色社会主义理论体系武装人们的头脑，提高人们的思想道德素质，从而加强人们认识世界、改造世界的能力。高校思想政治教育工作的展开涉及传播者和工作者两个具体的对象，思想政治工作其实质就是思想政治的授受过程，因此，思想政治工作目标和高校思想政治教育工作对象的客观状况有着很密切的联系。工作对象的客观状况具体包括三个方面：一是工作对象自身的思想政治品德现状；二是工作对象思想政治品德的形成、发展和变化规律；三是工作对象把思想政治品德"外化"为实践、知行统一、行为践履的客观状况。所以在实际工作中，我们必须对工作对象及广大人民群众的思想状况做详细考察，既要认识到一些不良的思想行为，如极端个人主义、拜金主义在相当范围内的泛滥，又要认识到人民群众有高度的自我教育和改造能力，可以通过细致到位的思想政治工作克服这些不良思想倾向的影响，这样才能科学地把握现阶段思想政治工作目标的内涵要求。反之，如果对工作对象的思想实际了解不深、掌握不多，甚至一无所知，对工作对象的思想行为发展趋势不能准确预测，那就好像农民不懂庄稼、医生不懂病人、教师不懂学生一般，便会出现思想政治工作者把工作内容强加于对象，使工作陷入唯心主义泥潭的局面。其实，这种现象在实际工作中并不少见，有些思想政治工作者，不仔细研究工作对象的客观状况，不以改造工作对象的思想行为为己任，在他们的工作中，不针对工作对象的思想状况，体现不出工作对象的个性特征，当然也实现不了提高工作对象认识水平的目标要求。我们加强和改进思想政治工作，就必须认识到思想政治工作目标反映的这一要求，从而摈弃那种空对空的工作方式。

总之，思想政治工作的目标是依据并顺应社会发展的客观要求提出的，是为完成认识世界和改造世界从而推动社会发展的历史使命提出的，它反映了客观世界发展的本质规律。科学的思想政治工作目标，面向着客观世界、依赖于客观世界，客观世界规定了目标的内容和性质。目标所体现的党和国家的奋斗目标、工作对象的思想状况、历史实践的需要，都要受到社会客观条件的制约。我们只有根据目标所反映的客观要求加强和改进思想政治工作，才能使工作紧跟形势，体现出时代特色，适应需要，推动社会发展。

二、当代政治思想教育目标的内容

（一）思想道德目标

思想政治教育在思想道德方面也有着重要作用。要使人们在继承传统美德的基础上，发扬社会主义道德，树立以为人民服务为核心、集体主义为原则的道德观，从而能正确处理个人、集体、国家之间的利益关系，当个人利益与集体利益、国家利益发生矛盾时，自觉地以个人利益服从集体利益、国家利益，从而使良好的社会公德、职业道德和家庭美德在全社会得到进一步的弘扬。

（二）观念能力目标

思想政治工作应进一步解放人们的思想，克服旧观念的束缚，帮助人们树立适应社会主义市场经济发展的竞争、自主、平等、创新、开拓等新观念；培养人们的观察能力、分析能力、辨别能力、创新能力等，特别应帮助广大人民群众自觉识别抵制封建主义、资本主义腐朽思想、迷信思想的侵蚀，树立科学观念；新时期思想政治工作还应注意人们的心理健康问题，帮助人们加强在激烈竞争的环境中的心理承受力和心理调适能力，使之具备良好的心理品质，培养自尊、自爱、自律、自强的优良品质；我们还应注重工作对象的善恶观念和审美能力的提高，帮助人们树立正确、健康的审美观，提高人们辨别美丑、创造美的能力。

第二节　高校大学生思想政治教育的价值

一、高校思想政治教育的特征

高校思想政治教育的意识形态本质，是阶级社会和阶级斗争的产物。研究高校思想政治教育是为了更好地发挥它的价值，明确它的基本特征，学以致用。思想政治作为无产阶级政党的一项重要而特殊的活动，它具有以下基本特征。

（一）客观性与主观性的统一

1. 客观性

高校思想政治教育活动是客观的实践活动，因而，高校思想政治教育价值具有客观性。高校思想政治教育价值的客观性，指高校思想政治教育价值是客观的，是不以价值主体或评价主体的意志为转移的客观存在。这里主要包含三个方面的内容。

第一，高校思想政治教育价值的主体是人，其具有客观性，这个客观性是人在自然界这个整体的客观存在决定的。

第二，高校思想政治教育价值客体具有客观性。单个的人聚在一起就组成了社会，这就决定了整个社会的客观性，这就使高校思想政治教育作为客观的社会活动同样具有客观性。高校思想政治教育价值客体虽然带有一定的主观选择色彩，但教育活动的组织者和参与者都具有客观性，教育活动的内容、方法、运行状态、外部环境都是看得见、摸得着的客观存在。

第三，高校思想政治教育价值的主客体关系具有客观性。整个世界是客观存在的，作为世界中的一个部分的联系也是客观存在的。高校思想政治教育价值不是实体范畴，而是关系范畴，存在于主体与客体的相互作用中，体现为客观对主体产生的各种影响，如当前深入学习科学发展观的宣传教育活动对我国构建社会主义和谐社会带来了巨大作用和影响，这是人们可以体会到的感性存在，具有不以个人意志为转移的客观性。

2. 主观性

高校思想政治教育价值的主观性，指高校思想政治教育价值的存在及其性质要受到主体尺度的制约和影响。这里主要包含三个方面的内容。

第一，高校思想政治教育价值主体的不同思维方式、认识水平和实践能力等客观情况影响着高校思想政治教育价值。如社会主义法制教育对知识分子能够产生正面价值，而对于一些已经习惯于用宗族伦理来判定事物的农民来说则可能产生零价值甚至是负价值。

第二，高校思想政治教育价值主体的不同需要及其在多大程度上意识到这种需要影响着高校思想政治教育价值。不同的主体需要和意识程度能够产生不同形态和大小的高校思想政治教育价值。

第三，高校思想政治教育价值主体的变化发展影响着高校思想政治教育价值。同一高校思想政治教育价值主体在不同时期、不同环境下会产生不同的需要，需要的改变直接影响着其接受政治观念的侧重点，从而产生不同的价值。

（二）社会性和历史性的统一

1. 社会性

意识源于客观的实践活动。高校思想政治教育作为意识范畴同样离不开客观的社会实践。从高校思想政治教育诞生的那一刻起，就与人类政治社会化需要的实践活动紧密相连。高校思想政治教育本身是一种实践活动的特性决定了它是一种客观的社会现象，因此其价值又具有社会性。高校思想政治教育价值的主体和客体以及主客体的关系、根源、评价标准和评价目标也具有社会性。这里主要包含三个方面的内容。

第一，高校思想政治教育价值关系带有社会性特征。高校思想政治教育是客观实践的产物，经历了长期的发展变化，它是社会长期发展的产物。它实质上是人的社会活动，在活动中建立起来的价值关系，只能在社会中而不是在自然界中存活。

第二，高校思想政治教育价值的根源来自社会性需要。有了人的实践活动，才有高校思想政治教育，也才会反过来指导人的实践活动，从而彰显高校思想政治教育的价值。追根溯源，高校思想政治教育的根本目的是指导人的实践活动，从而满足人内心的生存或发展需要。根据联系普遍性的哲学原理可以知道，这种需要与主体周围的社会环境密切相关，从某个角度反映了社会状况。

第三，高校思想政治教育价值的评估是一种社会性活动。高校思想政治教育本身是一项客观的社会实践活动，因而，它的评估活动也是一项客观的社会实践活动。高校思想政治教育价值评估的主体是统治阶级或社会集团，它们在一定程度上代表了社会发展的意愿、标准和尺度。如果高校思想政治教育起到了应有的、良好的作用，它在一定程度上还代表了社会的整体需求，各种要素均呈现鲜明的社会性属性。

2.历史性

高校思想政治教育价值的历史性，指其随着历史的发展演变而产生相应变化。这里主要包含三个方面的内容。

第一，高校思想政治教育价值主体随历史变迁而变化发展。作为价值主体的人同时也是社会的一员，在社会不可逆转的发展潮流中，人的认知、情感、信念、意志、行为都会随之变化。

第二，高校思想政治教育作为价值客体随历史演变而发展变化。社会进步推动生产力和科学技术不断向前迈进，多媒体的应用、网络的普及、以人为本的理念使高校思想政治教育充满着时代性和生命力。

第三，高校思想政治教育价值随实践的深化而发展变化。在人们实践能力逐步提高的大背景下，原有高校思想政治教育价值在社会中的地位会发生改变，如高校思想政治教育发展价值将受到更多重视，新的价值表现形式也会纷纷出现，如高校思想政治教育的生态价值和人才开发价值等。

（三）阶级性和实践性的统一

1.阶级性

高校思想政治教育是统治阶级为了维护其统治而开展的社会实践活动。因而，高校思想政治教育的价值自然而然地附带阶级性的特征。具体而言，高校思想政治教育价值的阶级性是指高校思想政治教育价值能够满足一定阶级或政治集团的需要，并且帮助该阶级维护统治政权和统治利益。高校思想政治教育的价值具有鲜明的政治性。不同时期、不同社会状态下的高校思想政治教育由于其价值阶级性的不同，因而也有着不同的内涵和作用。我国的社会主义性质决定了我党是为无产阶级服务的政党，中国共产党长期重视高校思想政治教育，从来不回避自身的政治性，公开宣称它是为夺取政权、巩固政权服务的。在实践中，我们始终坚持以马克思主义理论为指导，把造就和培养社会主义新人、促进人的全面发展作为高校思想政治教育的根本目标。

2. 实践性

高校思想政治教育只有经过具体实践才能彰显它的价值。高校思想政治教育价值的实践性，指通过具体的社会实践活动，来展开高校思想政治教育活动，从而实现它的价值。这里主要包含三个方面的内容。

第一，高校思想政治教育价值的产生根源于社会实践。主客体关系必须在实践者与实践活动的关系中确立。通过主体的实践活动来实现高校思想政治教育的价值，而主体在这一过程中谋求需要的满足。

第二，高校思想政治教育价值的存在和发展有赖于社会实践。没有实践，如同没有了土壤的大树，高校思想政治教育就会像空中楼阁一样飘摇不定，缺乏生长基础，既不能将已有的价值关系继续维持下去，也不能推动这个已有的价值关系向更好的方向发展。

第三，高校思想政治教育价值评价只能在实践中完成。要对高校思想政治教育价值做出公正客观的判断，只有通过参与客体的实践活动、考察主体的实践行为等途径来完成，其过程本身更是一项实践性活动。

二、高校思想政治教育价值的类型

划分或分解是逻辑学中明确事物外延的有效方法，能够帮助我们进一步认识事物的本质属性，高校思想政治教育价值内容丰富、形式多样，可以按照不同的标准和视角将之划分为不同的类型。

（一）按层次分类

1. 理想价值与现实价值

按价值的实现与否分，高校思想政治教育价值可分为理想价值和现实价值。

理想价值，是指将来有可能实现但目前尚未实现的价值。当前我国高校思想政治教育理论价值是在中国特色社会主义理论体系指导下，具有共产主义道德品质的广大人民群众在促进社会全面发展的同时实现自身的全面发展。

现实价值，是指已经实现或正在实现的价值。高校思想政治教育对象思维观念的转变、心理困惑的消除、良好习惯的养成都是现实价值的外在表现。

高校思想政治教育的现实价值和理想价值相互联系、相互促进。现实价值是理想价值的实现基础，主体只有在现实价值实现后才具备获得理想价值的条件；理想价值是现实价值的目标指向，对现实价值具有激励、促进和引导作用。

2. 直接价值与间接价值

高校思想政治教育的价值有的是以直接的方式实现的，有的是以间接的方式实现的，从这个角度划分，可分为直接价值和间接价值。下面分开来介绍。

高校思想政治教育直接价值是指高校思想政治教育活动满足人的意志、观念、情感、信仰等精神因素需要，不需要中间环节而直接引起教育对象的思想变化。教育者将社会要求的政治思想、道德规范传递给教育对象，调动他们的工作创造性和劳动激情，促进他们思想道德素质的提高，使其精神状态发生积极改变，这都属于高校思想政治教育的直接价值。高校思想政治教育间接价值需要经过直接价值的转化才能实现，它指的是教育对象在高校思想政治教育的激发下，将精神动力转化为良好行为，以此促进社会的进步和发展。高校思想政治教育是作用于人脑的实践活动，因而，可以说高校思想政治教育直接作用于人的思想，也就是精神世界；间接作用于人的行为，也就是物质世界。

物质世界和精神世界本身有着千丝万缕的联系，因而，高校思想政治教育的直接价值和间接价值也有着密切的联系。直接价值是间接价值的基础和起点，它为间接价值提供支撑，间接价值是直接价值的拓展和延伸。高校思想政治教育要在实现直接价值的基础上实现间接价值，在实现间接价值的过程中体现直接价值。

3. 长期价值与短期价值

按价值的持续时间分，高校思想政治教育价值可分为长期价值和短期价值。高校思想政治教育长期价值是指高校思想政治教育活动可以在较长时间内产生良好的教育效果，对人和社会的影响较为深远，比如马克思、恩格斯等革命导师的经典著作和奋斗精神，影响着许多人的一生，引起了世界格局的巨大改变，具有经久不衰的独特魅力。高校思想政治教育短期价值是指高校思想政治教育活动能够在一个较短的时间内取得成效，满足主体的需要。比如在关键时刻对主体进行高校思想政治教育，能够迅速调动起主体克服困难的勇气和完成任务的积极性，使其顺利完成既定目标。尤其是在处理突发性事件和群体性事件上，短期价值更不可小觑。

高校思想政治教育的长期价值和短期价值都非常重要，我们应当从短期价值着手，在其基础上进行持续性的教育和引导，力求实现长期价值；在长期价值的实现过程中，尽可能多地创造短期价值，在多次价值实现中强化高校思想政治教育效果，满足人和社会不同方面的需求。

4. 继承性价值与发展性价值

按价值的实现效果分，高校思想政治教育价值又可分为继承性价值和发展性价值。高校思想政治教育继承性价值是指高校思想政治教育活动使国家和社会的良性运行状态得以维持，保证人的思想道德品质不受干扰和破坏。在国际政治、经济势力相互博弈，东西方文化交融激荡的时代背景下，如何充分发挥高校思想政治教育的继承性价值，保持中华民族的传统美德和奋斗精神显得尤为重要。高校思想政治教育发展性价值是指推动社会向更高目标或更好状态迈进，推动人的思想道德水平不断提升，帮助人和社会取得创造性成果。通过高校思想政治教育，中国人民与时俱进、不断创新，确立了构建和谐社会的目标，树立了全面建设小康社会的信念，形成了奥运精神和抗震救灾精神，充分展现了高校思想政治教育的发展性价值。

继承性价值是发展性价值的来源，一定时期的发展性价值总是在继承性价值的基础上产生，并最终因时间的流逝成为另一个时代的继承性价值。发展性价值是继承性价值的延伸，高校思想政治教育只有不断寻求发展性价值，才能真正体现其"经济工作和其他一切工作的生命线"作用。

（二）按形态分类

1. 正面价值与负面价值

按价值的性质分，高校思想政治教育价值可分为正面价值和负面价值。正面价值是指高校思想政治教育活动较好地实现了国家和社会的高校思想政治教育目的，推动人的思想政治品德向更高层次发展。在我国，高校思想政治教育者按照党和国家的总体目标，根据教育对象的实际需求选择有针对性的内容和方法开展高校思想政治教育活动，大多都能取得正面价值。

2. 真实价值与虚假价值

按价值的真假分，高校思想政治教育价值可分为真实价值和虚假价值。可以这样理解，任何实践活动都不一定会取得预定的成果，对于高校思想政治教育而言，这个道理同样适用。高校思想政治教育真实价值就是指高校思想政治教育达到了预期的目的，高校思想政治教育的属性和功能方面实现了人和社会的需要。真实价值必须符合两个条件：一是教育对象具有接受高校思想政治教育的内在需要；二是高校思想政治教育对号入座，其属性正好能与所面对的教育对象的需要相契合，自身功能也得到充分发挥。高校思想政治教育虚假价值是指人和社会某种需要的满足，并非来自高校思想政治教育的自身属性和功能，而是从其他附加物中获得的。忽视主体尺度和客体属性的结合，顾此失彼，或二者全然不顾，就会导致高校思想政治教育真实价值的缺失。比如有的高校思想政治教育者一味迎合教育对象的口味，满足教育对象猎奇、搞笑、放松心情等的需求，形成了轻松活跃的课堂气氛并获得教育对象的良好反馈，这种情况在判断价值有无时具有一定的迷惑性。实际上高校思想政治教育的理论品质被掩盖而没有发挥其应有作用，无法触及和关注到教育对象内心的高校思想政治教育需要，从而产生了"故事代替理论、笑声代替思考"的高校思想政治教育虚假价值。

3. 目的性价值与工具性价值

按价值的取向分，高校思想政治教育价值可分为目的性价值和工具性价值。目的性价值是指高校思想政治教育引导人正确地认识自身发展诉求，充分发挥人的主体性、能动性和创造性，最终实现人的全面发展。工具性价值是指高校思想政治教育作为无产阶级统治的工具，培养出符合社会主义国家意志和社会要求的人，以此来维系社会生存、促进社会发展、实现社会有效管理。工具性价值与目的性价值在高校思想政治教育中内在统一、不可分割。单一追求目的性价值容易无限扩大人的主体属性，掉入"人本主义"的深渊，丧失社会主义教育的政治优势；极端强调工具性价值则会陷入以阶级斗争为纲的错误思维，将阶级统治作为教育的唯一功能，漠视人的主体性，背离高校思想政治教育的本质。

4. 显性价值与隐性价值

按价值的表现方式分，高校思想政治教育价值可分为显性价值和隐性价值。显性价值是指高校思想政治教育效果通过语言或行为向外界充分呈现，成为价值判断和评估的依据。通过高校思想政治教育，人们认识到自身的不足或错误，继而做出明确的语言或行为反馈，如工人们纷纷表示要在生产中提高责任意识、保证产品质量，学生们下定决心努力学习、争取最好成绩等。隐性价值是指高校思想政治教育效果相对而言比较隐蔽，它并没有表现在表面，像显性价值一样，通过某种途径或载体表现出来，而是对其效果暂时无法妄下结论，处于无法评判或考量的隐蔽状态。比如一些高校思想政治教育对象在接受高校思想政治教育后，虽然在思想观念上有了一定的效果和变化，但是没有通过他的行为表现出来，也没有明确的教育效果的信息反馈。此时，人们就无法很快获知高校思想政治教育活动是否起到了有效的作用以及起到多大的作用，因而也就无法判定和衡量其价值。这种潜藏的价值状态就是高校思想政治教育的隐性价值。

（三）按群体分类

社会、集体和个体是现实世界中的不同实践主体，所有的实践活动都是由这三类主体完成的。社会活动的主体多种多样，高校思想政治教育作为一种客观的社会实践，其活动主体也具有多样性，从这个角度可以将高校思想政治教育价值划分为社会价值、集体价值和个体价值。

1. 社会价值

是指高校思想政治教育以其属性和功能对社会主体需要的满足。

（1）政治价值

高校思想政治教育是阶级社会的产物，因而，在高校思想政治教育各种各样的价值当中，政治价值居于首要地位，并起着导向作用，它决定着一个人的政治立场，折射出我国的社会主义性质，并引领人民走向社会主义的高级阶段。高校思想政治教育是作用于人脑的实践活动，它通过传播主流政治意识，使个体达成一致的政治认同，从而为政治统治的合法性提供辩护；同时，它对精神文化进行一定的约束，通过营造舆论氛围，以求赢得民心，继而引导政治行为，达到维护社会政治稳定的最终目的；通过政治文化的传承、创新和变革，和谐政治关系；通过培养一代新人，造就政治人才，构建合理完善的政治机构，促进政治关系的再生产。总而言之，高校思想政治教育在维护当前政治、促进上层建筑发展过程中，起着十分重要的作用。其表现为：加强高校思想政治教育可以扩大政治认同，形成政治共识；维护政治稳定，平衡利益冲突；营造舆论氛围，进行社会动员；造就一代新人，促进政治发展。总之，高校思想政治教育正是通过培养人、造就人，提高人的素质，促进社会的政治发展。

（2）经济价值

是指高校思想政治教育通过调动受教育者的积极性，促使其主动参与经济建设以促进经济发展的价值。

市场经济受价值规律的制约，因而，市场经济是自由的经济，如果没有了政府的宏观调控，缺乏必要的社会规范和道德的监督和约束，那么就很容易造成市场秩序混乱不堪、不正当的经济竞争频繁发生，以至于出现经济垄断的极端局面，这就很难确保人类自然资源和生态环境的合理使用，最终导致经济发展停滞，高校思想政治教育对社会主义市场经济发展的促进作用在于以下方面。

第一，培养具有良好品德的经济建设人才。高校思想政治教育虽不传授经济领域的专业知识，但可以对经济建设人才进行经济道德、规范、法则等教育，指导他们开展符合国家和人民利益的经济建设行为，为社会主义经济发展提供人才保证。

第二，优化经济发展环境。高校思想政治教育和经济发展的关系上文已经有所阐述，由上文可以得出，高校思想政治教育关系着精神文明建设的同时，还关系着经济文化、经济伦理和经济思想，它引导人们进行合理的经济竞争，并提倡人们树立合理、科学的消费观，响应党的号召，为自然、社会、个人谋求全面、协调、可持续的发展，有助于形成有利于经济进步的认识环境、道德环境和社会心理环境，从而为人类更好地发展做出贡献。

（3）文化价值

高校思想政治教育的文化创造主要在于对教育事业的整体促进和对社会主义人才的培养。

第一，文化选择价值。高校思想政治教育的文化选择主要表现在两个方面，一是肯定选择价值，二是否定选择价值。肯定选择就是吸收、继承和弘扬与高校思想政治教育目的和方向一致的文化因素，否定选择就是排斥、抵制和摒弃与高校思想政治教育目的和方向相悖的文化因素。

第二，文化创造价值。高校思想政治教育帮助成才者选择成才目标、养成良好的思想政治品德、进行创造性思维训练，培养具备创新精神和创造能力的社会主义建设人才。

（4）生态价值

高校思想政治教育的生态价值是由高校思想政治教育实践活动创造的，最终也要转化为现实的生态行为。高校思想政治教育从正反两个方面发挥作用。

第一，对良好生态行为的导向和强化。高校思想政治教育通过组织环保宣传活动，倡导正确的生活方式，鼓励公众全面参与生态环境建设并树立榜样，努力在全社会形成提倡节约、爱护生态环境的行为导向。

第二，对不良生态行为的辨别和纠正。高校思想政治教育提倡人与自然和谐共处的原则与方法，辨别各类行为是否有助于保持生态平衡，及时发现并纠正违背生态科学发展规律的错误行为，指导人们在实际生活中互相监督和自我约束。

第三，在高校思想政治教育中，引导人们树立科学的生态世界观，增强生态责任感，是高校思想政治教育生态价值的重要方面。

2. 集体价值

整个社会群体中，除了个体以外，群体占相当大的比重。所谓集体就是由多位成员组成的集合体，高校思想政治教育的集体价值是指高校思想政治教育活动对这个集合体的存在和发展需要的满足。集体价值的大小就是这个满足程度的大小。个体价值与集体价值的关系正如个体与集体的关系，个体价值凝聚成集体价值，并推动着集体价值更加优化。主要表现在以下几点。

第一，强化集体认知。高校思想政治教育让每一位成员都充分认识到集体是连接个人与社会的重要纽带，是个体自我价值实现和全面发展的平台；认同集体价值观念和行为准则，认可其对成员的制约和影响；支持集体发展规划，确认集体目标的科学性和合理性。

第二，深化集体情感。集体情感是集体成员对集体态度的一种体验，不是理性的推导，而是日积月累形成的非理性结果，而高校思想政治教育的人性化优势能够使集体成员渴望成为集体中的一分子并以此为荣，在集体面临困难时不离不弃、共渡难关。

第三，坚定集体信念。高校思想政治教育能够维护集体成员的忠诚度、责任感和荣誉感，增强自信心和自豪感，鼓舞成员以高昂的斗志齐心协力地应对外来竞争，坚信集体目标一定会实现。

3. 个体价值

高校思想政治教育的个体价值，就是指高校思想政治教育对以个人为单位的个体需要的满足。具体说来，这个个体价值的内容包括个人利益能否实现、个体需要满足的程度等。高校思想政治教育往往被看成统治阶级巩固统治的手段和方法，而个体价值让人们清楚地认识到高校思想政治教育不仅关乎遥远的上层建筑，而且关乎自身的实际利益。它不是一种外来的甚至强加于人的东西，而是与人自身的生存和发展息息相关的。现代高校思想政治教育的个体价值具体表现在以下几个方面。

（1）决定个体政治方向

在新世纪新阶段，加强对个体的高校思想政治教育，提高个体的思想政治素质，把个体的思想和行为引向积极、健康的方向，有利于保证我们在日益激烈的国际竞争中保持优势，巩固我们在国际中的地位。就国内状况而言，它有利于我们继续坚持走社会主义道路，全面建设小康社会，加快推进社会主义现代化进程，并培育社会主义建设的接班人，完成中国梦的伟大复兴。高校思想政治教育通过先进理论的灌输教育，使个体形成科学的世观、人生观、价值观，促进个体加快社会化，成为这个时代的要求，也是高校思想政治教育的必然逻辑。

（2）激发个体创造力

高校思想政治教育在培养、激发和增强人的能力尤其是创新能力方面发挥着重要作用。它通过运用多种手段，激发人的行为动机，启发人的思想觉悟，调动人的积极性、主动性和创造性，帮助价值主体形成和提高自己的创造力，并在此基础上促使个体价值的实现。

（3）促进个体人格完善

高校思想政治教育依据人的思想动机与行为的相关性，一方面，通过普及科学知识，灌输科学理论，使受教育者不断明确自己的奋斗方向；另一方面，坚持理论联系实际，加强社会实践活动，通过这种特殊的实践形式，使人们意识到思想政治教育的巨大作用，从而实现高校思想政治教育的价值和受教育者自身的价值。

第五章 高校大学生思想政治教育立体化模式

第一节 高校大学生思想政治教育立体化模式的理论

一、现代教育理论

(一) 确立统一价值观

由于受传统"社会本位说"的影响，在思想政治教育领域存在着片面的"唯社会价值观"，人为地把社会价值与个人价值对立起来，过分强调社会价值，忽视甚至否定个人价值。在这种思想指导下，思想政治教育目标只强调社会要求，忽视甚至否定个人的内在需要；思想政治教育功能只重视思想政治教育在促进社会发展方面的社会功能，忽视甚至贬低思想政治教育在促进个人发展方面的个体功能，致使思想政治教育难以吸引受教育者的积极参与，因而收效不大。事实上，人是社会发展的手段，更是社会发展的目的。思想政治教育通过培养具有主体性的人来促进社会发展，而社会发展的最终目的也是为了人更好地发展。社会价值与个人价值是辩证统一的，如果割裂二者的关系，片面强调一方而忽视另一方，其结果，不仅人的主体价值得不到发展，人的社会价值也得不到充分体现。因此，在思想政治教育工作中必须克服片面的"唯社会价值观"，确立社会价值与个人价值相统一的科学价值观，在满足社会发展需要的前提下，充分尊重和兼顾个人的内在需要，促进社会价值与个人价值协调发展。

(二) 确立任务观

思想政治教育的最终目的不仅在于为教育对象提供理论的灌输，更重要的在于教育对象能在生活实践中践行思想政治品德行为。因此，培养人的主体意识、主体能力是思想政治教育主题的应有之义。我们必须克服片面的只灌输社会规范的任务观，同时，也要防止忽视甚至否定社会灌输规范的倾向，确立灌输社会规范与培养能力和发展个性相统一的新观念。在改进灌输方法、提高灌输效果的同时，重视社会实践的锻炼，着力培养人的能力和个性，促进人的全面发展。受传统教育思想的影响，思想政治教育的全部任务仅归结为"传道"，即灌输社会规范，视受教育者为社会规范的接收器，而不重视能力和个性的培养。

因而，在思想政治教育中简单说教、硬性注入的现象普遍存在。

事实上，完整的思想品德系统是一个由心理、思想和行为三个子系统有机结合而成的三维立体结构，具备思想政治品德知识，为人的思想政治品德行为和习惯提供了基础和前提。在教学内容上，要不断根据社会发展出现的新形势、新特点、新要求，更新和充实教学内容，使教学内容贴近时代、贴近社会、贴近教学对象思想实际，坚持与时俱进，由不同层次的内容相互作用，共同构成思想政治教育的内容整体，统一于思想政治教育目标之上。马克思主义基本理论教育是根本内容，它决定着思想政治教育整个内容的根本性质，体现着社会主义事业接班人和建设者的根本素质；政治观、世界观、人生观、价值观和理想信念是核心内容，是社会主义事业接班人的必备素质；爱国主义、道德规范和法律意识是基本内容，是合格的社会主义事业建设者的基本素质。同时，随着社会的发展进步，思想政治教育内容也处在不断变化发展之中，是稳定性和动态性相结合的有机整体。在新形势下，大学生思想政治教育与大学生的学习、生活和就业问题结合得更加紧密，其内容和目标都与以往相比发生了重大变化。大学生思想政治教育的内容为适应社会形势的变化和发展，应逐步扩大其所包含的范围，并不断地更新思想观念，扩充知识体系，使其内涵更为丰富。

思想政治教育内容，是指根据一定的社会要求和针对受教育者的思想实际，经教育者选择设计后有目的、有步骤地输送给受教育者的思想意识、价值观念、政治观点和道德规范等信息。要使教育对象符合教育目标的要求，坚定政治信念，端正思想观点，建立道德理念，优化心理品质，形成行为规范，都取决于采用什么样的教育内容。作为思想政治教育"血液"的教育内容，是思想政治教育的重要组成部分，是教育目标的具体化，是教育主体与教育客体互动的一种中介，是确定教育原则和方法的前提，是增强思想政治教育实效性的基本条件。思想政治教育内容结构是指思想政治教育内容的构成要素及其相互关系。思想政治教育内容包括哪些基本要素，理论界的认识并不完全一致。现在，认为思想政治教育内容包括政治教育、思想教育、道德教育、法纪教育和心理教育的"五要素说"正越来越得到广泛认同。因此，笔者认为，思想政治教育内容是由政治教育、思想教育、道德教育、法纪教育和心理教育五大要素组成的既相对独立又有机联系的逻辑结构系统。

二、思想政治教育原理

思想政治理论课立体化教学既是培养大学生综合素质和能力的重要途径，也是实现大学生思想道德修养"知与行"统一的重要手段。因此，在立体化教学中无论是教学目的和教学内容的选择，还是教学手段和方法的运用，大学生都始终处在主体的地位。思想政治理论课立体化教学旨在通过思想政治理论课教学活动进一步巩固大学生掌握的理论教学基本知识、基本理论和基本原理，把感性认识上升为理性认识，并提高大学生运用马克思主义理论分析和解决问题的能力。思想政治教育的价值和归宿就是以人为本。思想政治教育的对象是人，它是教育人、说服人、塑造人的工作，它是建构在"人"的基础上的社会实践活动，它肩负着关注人的自身发展、解读人的存在意义、建构人的精神家园、促进人的全面发展的历史使命。人的价值问题既是思想政治教育价值的逻辑起点，也是思想政治教育价值的最终落脚点。因此，只有坚持以人为本，思想政治教育才能卓有成效，才能产生亲和力和影响力，取得实效。

以学生为本，创新思想政治理论课教学最关键的是思想政治理论课教师要热爱和尊重学生。我们的教育实践一再证明，爱一个学生就等于培养一个学生，所以当教师必不可少甚至几乎是最主要的品质，就是要热爱和尊重学生。真正的教育存在于人与人心灵距离最短的时刻，存在于无言的感动之中。要抓住学生的心灵，思想政治理论课教师必须要对自己所讲授的内容真信、真懂、真用，做到为人师表，热爱和尊重学生，以人格教育人格、以性情培养性情、以心灵感动心灵，这是实施以学生为本的思想政治教育教学创新的核心和精髓。

当代大学生都出生在改革开放以后，他们的成长伴随着中国经济社会的巨大发展，承受着社会发展变革带来的巨大冲击。特别是处于经济全球化、政治多极化、信息网络化、文化多元化这一时代大背景下的当代中国，经济体制深刻变革，社会结构深刻变动，利益格局深刻调整，思想观念深刻变化。与之相伴，利益多元化、思想多样化，各种社会思潮涌动，各种文化相互碰撞、激荡、交融。原有的价值理念和道德标准受到了严峻挑战。人们的思想观念、价值取向、社会交往、生活方式都发生了深刻变化，纷繁复杂的社会现象和问题会使大学生产生许多新的认识问题和思想困惑。面对复杂多变的社会问题，部分大学生疑惑不知所措、困扰不知所解、茫然不知所选、迷途不知所向。

因此，思想政治理论课教学如何以更加贴近大学生的精神成长需要，更好地展示理论的现实力量，将改革开放和科学发展的理论内涵、思想魅力和实践展开引入教学过程中，以更加客观地传递事实逻辑的方式和内涵进行思想政治理论课教学，即如何把思想政治理论课的课堂伸向蓬勃开展的经济社会实践，加强当代大学生与广阔社会天地之间的联系，不断创新讲述方式和价值传递方式，而不是枯燥无味地照本宣科，这是思想政治理论课教学方法创新的迫切要求和重要环节。

始终坚持"以学生为本"的教学理念是教育发展的本质要求。在这日新月异的时代里，对于走在时代前沿的当代大学生来说，他们对事物会有不同的认识和看法，由于大学生的情绪波动易受环境因素的影响，其性格尚未稳定和完善，存在盲从、自卑、傲气和依赖心理，致使在思想政治教育工作中出现诸多障碍。如果思想政治教育工作依然采用传统的单向传授法，而忽视师生间情感互动交流的教育方法，则明显不利于当代大学生的心理健康发展。所以说，坚持"以学生为本"是思想政治教育能否顺利发展的前提和基础，应把大学生的核心作用和个性差异两者相互结合起来，全面提高大学生的综合素质。大学生思想政治教育方法创新工作，应坚持以学生为主体，不仅需要依赖心灵沟通法，还需要逐步引导大学生进行自我教育和自我管理，运用自我督促法，提高大学生的学习主动性和创造性，将教育理念和教育实践经验贯穿于思想政治教育方法创新工作的始终，实现大学生自我教育，全面提高大学生综合能力素质，使思想政治教育方法创新工作得到改善和提高。

第二节 高校思想政治教育立体化模式的构建

一、构建的目的性原则

目的性原则是思想政治教育目的的要求，也是思想政治教育基本规律的具体体现。目的性原则就是要求思想政治理论教育立体化教学模式为实现思想政治教育根本目的服务。因此，思想政治理论教育立体化教学新模式要明确思想政治教育的根本目的，处理好思想政治教育课堂理论教学、实验教学、实践教学和网络教学之间的关系，实现各教学协调统一，共同为思想政治教育总目标服务。

思想政治教育为什么存在和发展，也就是思想政治教育的目的是什么，是说明思想政治教育存在的必要性的重要因素，更是规定思想政治教育目的的首要条件。把"培养阶级或阶级社会需要的人才"作为思想政治教育的目的是可取的，我们从几个方面对这个目的进行分解，即思想政治教育的目的性主要体现在：①思想政治教育为阶级、政党的统治服务的目的。②思想政治教育为社会稳定和发展服务的目的；③思想政治教育为人的完善和发展服务的目的。从这三个层面全面认识思想政治教育的目的，有助于对思想政治教育目的形成正确的认识。

思想政治教育并不是人类社会先天就有的，而是伴随着阶级和国家的产生而产生的。思想政治教育作为一种实践活动贯穿于阶级社会的全部历史，虽然在不同历史时期、不同的地域，思想政治教育存在的样态不同，但其主要代表的是统治阶级的利益，并且由统治阶级组织实施，是统治阶级维护其统治的最得力的工具。思想政治教育不仅承载着意识形态，更重要的是把意识形态传播出去，从而对社会成员的思想观念等方面产生实质性的影响。思想政治教育在传播意识形态方面有自己独特的优势，思想政治教育具有亲民性。思想政治教育并不是以上传下达的指令形式存在的，而是渗透于各阶层民众之中，结合民众具体的生活实际进行实践活动，接近群众、服务群众，必然得到群众的广泛支持。思想政治教育具有广泛性。思想政治教育普遍存在于人们生活的各个领域，学校、社区、军队、农村、企业等，它存在的广泛性同时决定了思想政治教育影响范围的广泛、影响作用的巨大。它的方法具有多样性，思想政治教育并不是简单地宣读政治指令和相关文件，而是以多彩的形式开展的，其中举办研讨会、组织参观纪念馆、开展文娱演出甚至播放具有教育意义的影片，都能成为其教育的有效形式。由于思想政治教育的亲民性、广泛性以及存在形式的多样性等特点，思想政治教育无疑是传播意识形态最有效的手段。

维护社会稳定的途径有很多种，思想政治教育属于其中既主要又关键的部分。阶级社会，虽然以阶级对立和斗争为最明显的标准，但除却阶级斗争之外，社会各阶级之间，社会成员之间都存在着联系，在很多方面更存在着共同的利益。这些联系和共同的利益将各种不同的力量整合于社会这个大家庭中，这些不同的力量能否在社会中发挥各自的作用并且做到和谐共处，是决定社会稳定和动荡的关键。同时社会的稳定又是统治阶级实现政治统治的前提和人们安居乐业的保证，因此只有发挥国家的社会职能，保障不同群体的利益，才能维系社会的稳定。要充分发挥国家的社会职能，实现不同社会成员对社会的认同，首要工作就是教导社会成员掌握社会共同的价值观念，遵守社会的制度和规范，思想政治教育是完成这项任务最有效的途径，它在对人们传授知识的同时，也将社会的规则和主流价值传递到了人们心中，使人们能够做到遵守社会规范，严格要求自己，维护社会整体的稳定和发展。

社会稳定和发展都离不开社会管理，社会稳定和发展又能推动社会管理的实现。谈到社会管理，事实上，更多的是对社会中的人的管理。对社会中的人的管理，最重要的一个方面就是对社会中人的思想的管理。思想政治教育对人们的思想进行管理主要是通过帮助人们实现政治社会化，提升人们的精神境界，为人们提供榜样模范，激励人们不断进取和奋斗实现的。思想政治教育就是通过对人们思想的管理来帮助实现社会管理的。思想政治教育通过影响人们的思想，从而规范人们的行为，实现对人的思想和行为的管理，由于社会是由个体的人组成的，所以，思想政治教育间接地实现了对社会的管理，这不仅帮助人们不断地发展和完善自身，同时也激发了他们为整个社会服务的潜能，为社会的健康发展提供了坚实的保障。总之，思想政治教育在社会发展的层面上始终发挥着重要的作用，它是保证社会稳定、推动社会发展和实现社会管理的重要力量，也是我们从社会的维度对思想政治教育目的的第二层解读。

在阶级社会中占社会绝大多数的并不是统治阶级，而是以公民身份存在的普通民众。这些普通民众的思想状况和政治社会化程度直接决定着整个社会的思想道德发展水平，影响着国家的稳定和发展，从而直接关系着统治阶级利益的实现。因此，思想政治教育要实现的最基础的目标就是培养合格的社会公民，即通过一定的方式将社会的主流理念传授给社会成员，以使他们认同并接受统治阶级所确认的思想、意识、价值、观念、规范、行为方式等内容，并乐意承担一定的社会责任和义务，从而接受和维护统治阶级的统治。同时，思想政治教育在为统治阶级培养合格的社会公民的过程，也是帮助人们不断地实现政治社会化的过程。在阶级社会中，人要生存和发展都必须经历政治社会化，接受社会主流的价值理念和制度规范，支持现行的法律制度和行政制度，并且参与到政治生活之中，帮助社会维护稳定的秩序。政治社会化是人们在阶级社会中生存的保证、发展的前提，也是培养合格的社会公民的重要途径。

在统治阶级看来，思想政治教育无疑是培养他们接班人的最有效的办法。思想政治教育对统治阶级的接班人的培育，首先是社会所需要的人才，最基本的是思想观念、政治观点、道德品质符合社会的要求。除此之外，对他们的要求绝不是"接受或不反对统治阶级的统治"，而是在阶级统治的过程中发挥巨大的能动作用。他们首先不仅要接受思想政治教育，而且要在内心上对阶级的统治达到认同的程度；不仅要赞成和支持统治阶级的思想观念，更要投入到宣传和普及这些观念的行动之中；不仅要将统治阶级统治中的优点发扬光大，同时也要保持警醒，对于存在的缺点和弊端及时地发现和纠正；不仅要不断学习已有的经验，还要在实践中不断地发展和创新。只有这样才符合统治阶级接班人的合格标准，这也是思想政治教育为统治阶级服务的另一个重要表现。

思想政治理论课教学方法的创新就是要研究如何通过对大学生进行健康向上的兴趣、情感、意志等方面的教育，引导学生去追求一种理想的精神境界和行为方式，进而形成更高层次的思想品德、价值观念和积极作为的人格特征，引导其个性充分和谐的发展。众所周知，对大学生开设思想政治理论课程的目的和任务是要紧扣大学生成长中遇到的问题，有针对性地开展马克思主义世界观、人生观、价值观和法制观的教育，引导大学生树立远大理想，陶冶高尚情操，认同并遵循体现中华民族传统和时代精神的核心价值标准与行为规范，养成良好的思想道德素质和行为规范，增强社会主义法制观念，做"有理想、有道德、有文化、有纪律"的社会主义建设者和接班人。可见，思想政治理论课的任务和内容具有政治性和导向性的特点。思想政治理论课的教学目的和教学内容内在地决定了思想政治理论课教学要将世界观、人生观、价值观、法制观问题始终潜移默化地渗透在教学的全过程，努力达到论理而不说教和润物细无声的教育效果。而思想政治理论课程教学方法的改革和创新就必须服从和服务于这一教育教学目的和内容。

二、构建的主体性原则

主体性原则就是要求思想政治教育立体化教学模式充分体现出学生主体性的原则。立体化教学模式的出发点和归宿就是要求从教材、教学内容的选择到教学方法、教学手段、教学评价的运用都要体现学生的自主性、参与性、选择性，体现以人为本、以学生为主体的教学观。要求教学内容在选择和使用上要符合思想政治理论课的教学目的、教学大纲和素质要求，要有利于大学生主体性的发挥。在教学方法和手段上，要注重发挥学生的积极性，激发学生参与教学活动。在教学评价上，要采用有利于学生自主学习的评价方法。

思想政治教育工作，实质上就是以人为工作对象，做人的思想转化工作。思想政治教育是思想政治教育者帮助思想政治教育对象提高思想道德素质的过程，是将一个不适应或不完全适应社会发展需要的人，培养成能够适应一定社会发展需要的合格社会成员的过程。以人为本，就是要重视人的价值，肯定人的作用，承认人的力量和能动性，以人为根本。主体性思想政治教育模式坚持以人为本原则，就是要把以有利于学生全面发展作为最根本的标准，它是指在思想政治教育活动中，坚持一切从人出发，尊重人、理解人、关心人，充分调动和激发教育对象的积极性和创造性，以达到人的全面发展为目的的观念。以人为本，要求在思想政治教育出发点上尊重教育者和教育对象的主体地位，了解学生特点和学生需要，从学生的内在需要出发，帮助学生形成正确的需要层次和需要结构；在思想政治教育目标上不仅考虑社会规范和要求，更要突出培养学生全面发展、培养学生主体性的要求；在思想政治教育方法上实现由外部灌输向注重学生自我实践体验的转化；在师生关系上实现主客对立向师生互动的转变等。"为了一切学生，为了学生的一切，一切为了学生"，正是以人为本思想在高校主体性思想政治教育模式的体现。

高校思想政治教育要想真正富有成效，就必须坚持以人为本，从学生需要出发，把学生的需要作为工作的出发点和归宿，尊重、研究、满足学生的主体需要，从而使学生的主体需要更好地发挥对行为的驱动作用，以增强高校思想政治教育的有效性。如果思想政治教育者不考虑学生的主体需要，一味地凭自己的主观意愿进行机械灌输，那么，这种在没有学生认同的情感基础上的教育，是不可能收到良好效果的。大学生的主体需要是丰富而又具体的，主要包括学习需要、生活需要、情感需要、发展需要、就业需要等。同时，不同层次的人有不同层次的需要，一个人不同时期需要的重点不同，即主要需要不同。

在思想政治教育立体化模式构建中以充分发挥大学生的主体性为根本导向。大学生思想政治教育既是教育者施教的过程，也是大学生接受教育和进行自我教育的过程，教育者教育作用的发挥，与大学生自身的主观努力是分不开的。所以，教育者选择和运用思想政治教育方法时，要把大学生的因素考虑进去，把其当作思想政治教育的主体因素对待，而不把其视为单纯的被动接受客体。其一，要认同和尊重大学生的主体地位。这要求教育者在选用思想政治教育方法时，应根据大学生的实际情况有针对性地选取合适的方法，立足大学生实际情况决定所采用的方法。此外在方法运用过程中，还应根据大学生的情况随时进行必要的调整调节。其二，要对大学生的主体意识予以重视并善于激发。主体意识是人对自身主体的地位、能力和价值的认识，实践活动中人的主体意识越强，越容易自觉地发挥能动性。践行大学生思想政治教育以人为本的方法理念，就应该在方法的运用过程中创设良好的情境和条件，促使大学生主体意识充分发挥作用。其三，还要关注和发挥大学生的主体能力。教育者要充分关注和发挥大学生的主体能力，这也是教育方法取得有效性的重要保障。教育者在教育方法的选择和运用中，要从大学生的实际情况出发，以充分发挥他们的主体性为根本导向，尊重他们的主体地位，有针对性地立足其实际情况决定所采用的方法。此外在方法运用过程中，还应根据大学生的情况随时进行必要的调整调节，并努力创设良好的情境和条件，促使大学生的主体意识充分发挥作用，这是当前大学生思想政治教育践行以人为本方法理念的基本要求之一。

以促进大学生的自由全面发展为归宿。人是教育的基础，也是教育的根本，教育的本质就是育人，人既是教育的出发点也是教育的归宿。思想政治教育贯穿于人的自由而全面发展整个过程的始终，而人的自由全面发展是其必然的归宿和终极目的。因此，思想政治教育促进大学生全面发展的重要途径。促进大学生的自由全面发展是思想政治教育的最高目的,而作为有目的地培养大学生思想道德素质的社会活动,在其教育方法的制定、选择和运用的过程中,应当立足实际,以学生为本培养全面发展的人,关注时代对人才的需要,以广大学生的成长成才作为出发点和归宿,以实现大学生的全面发展为目标。在价值取向上实现思想政治教育的社会价值和个体价值的统一,使思想政治教育方法更能贴近大学生学习和生活的实际。

三、构建的实践性原则

思想政治教育立体化教学模式突出的特点就是实践性。所谓实践性,它主要区别于课堂理论教学,是利用课堂以外的时空组织的教学活动,教学方式、教学手段与课堂理论教学相比,主要采取参观、实地调研、现场参与、共同研讨等形式。内容形式上更加丰富、具体、感性,不再是强硬死板的概念、判断、推理等逻辑形式,而是活生生的事实、图像、景观和强烈的现场参与感,有利于巩固知识、理论、原理,促使感性认识上升到理性认识。在实践教学过程中,教学双方地位和角色关系较课堂教学更具有平等性、民主性、互动性,学生不再是处在被动的地位,而是积极主动地参与教学活动,这样有利于激活学生的主体性,加快学生知与行的统一。

高校思想政治理论课作为高校教学体系中的一门基础学科,是高校马克思主义理论教育的主渠道、主阵地,其教学效果的好坏直接影响着当代大学生的世界观、人生观和价值观。为更好地促进高校思想政治理论课实践教学的实施,我们把思想政治理论课实践教学的内涵定义为:思想政治理论课实践教学是依据思想政治理论课教学目标,在理论教学基础上,在教师的指导下组织和引导大学生亲身参与各种社会活动与调查研究,以在活动中获得思想道德方面的直接体验,深化理论认识,提高自身综合素质能力为目标的各种教学方式或环节的总和。

四、构建的系统性原则

系统性原则就是要求思想政治教育内容与教育方法的系统化结合以及教学方法本身的系统化构建。思想政治教育学界存在的不足之一在于孤立地研究思想政治教育方法和思想政治教育内容,既没有深入具体和针对性地分析思想政治教育方法和思想政治教育内容,也没有很好地将两者结合起来加以考察和研究。要知道只有当既有思想政治教育方法又有思想政治教育内容,而且思想政治教育形式和内容相互适应时,思想政治教育才会有效果。

思想政治教育内容适当是指时代性、对象性和政治性的有机统一。思想政治教育是党的工作的重要组成部分,为党的中心工作和中心任务服务。中国共产党在不同历史时期的中心工作和中心任务是不同的。所以,思想政治教育的内容就必须随着党的中心工作和中心任务的变化而变化。同时,确定思想政治教育内容也必须注意教育对象的差异性,做到有的放矢,有针对性地安排教育内容,先进性与广泛性的原则要求我们在思想政治教育过程中根据不同群体、不同层次的教育对象的不同特点和不同要求，区分教育内容的层次性。

总之，思想政治教育要以中国特色社会主义理论体系为指导。思想政治教育方法适当是指时效性、对象性和生动性的有机统一。时效性就是要注意思想政治教育工作的时代背景、物质条件和科学技术的发展状况。思想政治教育方法必须随着时代的发展变化而变化，随着为之服务的中心工作和中心任务的变更而变更。思想政治教育方法的对象性是指思想政治教育必须考虑到教育对象的差异性、教育内容的不同，有针对性地开展教育活动。不同对象、不同内容当然要有不同的形式，相同对象、相同内容有时也要采取不同方式。思想政治教育形式的生动性就是指在思想政治教育工作中要通过丰富多彩、生动活泼、寓教于乐的教育活动，采用为教育对象喜闻乐见的教育方式。

思想政治教育方法和思想政治教育内容两者的协调是指教育内容和教育形式的统一性、兼容性、互补性。思想政治教育过程中时代（效）性、对象性必须同时兼顾，即思想政治教育方法和思想政治教育内容必须同时兼顾时代（效）性、对象性。不能为生动而生动，更不能为形式生动而丢失政治内容。思想政治教育的政治性并不表示僵化、古板、缺乏生气、活力，相反，越是深奥的道理、政治性越强的内容，更需要有为广大人民群众所容易接受的形式，这样才能达到灌输的目的。

思想政治教育要取得预期效果，不是一件容易的事情。思想政治教育方法、内容与效果之间存在着诸多情况，会出现多种不同的结果，思想政治教育只有采取合适的形式，安排恰当的内容，并处理好形式、内容的辩证关系，才能取得实效。这一理论得到了历史和现实的印证。因此，广大思想政治教育理论研究者和实际工作者，在思想政治教育理论研究和实际工作中，必须关注思想政治教育形式、内容与效果之间的内在联系，需要处理好思想政治教育方法与内容的辩证关系，认真研究"四种情况"和"六种表现"，找到思想政治教育的最佳内容与形式以及最优组合，从根本上解决现实中出现的思想政治教育低效甚至无效问题，从而使思想政治教育获得最大效能，达到最佳效果。

所以，思想政治理论课的课程性质和教学内容内在地决定了思想政治理论课的教学方法具有不同于一般自然科学专业知识教育的功能和特点，后者所研究的是自然现象，本质上是实证科学，即它要回答的是自然界中的客观事物"是怎样的"。其教学方法注重的是对知识的认知和接受，它更多具有启迪智力的功能，而思想政治理论课教学着眼于启迪人的心灵世界，建构人的生活方式，从而实现人的人生价值。因此，思想政治理论课教学方法更多的是一种启迪心智和精神引领的功能。它不仅要求接受和理解，更注重力行、实践和内化。而且要使学生掌握的理论知识具有向实践迁移的价值，即其教学目标不仅要解决学生对社会道德基本要求和法律规范的知不知、懂不懂的问题，还要解决信不信、行不行的问题。

广义的立体化教学情境和交互式的教学活动，是指学校教学中一切相关事物的相互作用与影响，包括课内互动和课外互动，如备课活动互动；讲、评课互动，学生作业互动、测验互动，信息反馈互动等。狭义的立体化教学情境和交互式的教学活动，是指课内师生之间发生的各种形式、各种性质、各种程度的相互作用与影响，也即教师和学生这两类角色相互作用和影响的过程。笔者认为，立体化教学情境和交互式的教学活动是指在教学活动中，师生之间、学生之间借助沟通、交流、合作的方式，充分发挥双方的积极性、主动性，为课堂教学营造一个愉悦、真诚、和谐的多元互动环境，促使学生主动参与和全身心投入课堂学习，激发学生的学习热情，拓展学生学习思维方式，从而达到相互促进、有效完成教学任务的教学方法。立体化教学情境和交互式的教学活动既不同于传统的以教师为中心的"灌输"式教学法，也有别于放任学生自发学习的"放羊"式教学方法。它既要求教师关注学生的学习兴趣进行有针对性的教学，也要求学生在教师的精心指导下按教学计划的要求系统地学习。

第三节　高校思想政治教育立体化模式的实现途径

一、社会服务学习模式

"服务学习"作为一种新型的学习模式，源于20世纪80年代的美国，近年来发展迅速，引起世界上一些国家和地区的广泛参与。志愿服务作为服务学习的主要形式之一，以在校大学生为参与主体，经过近几年的快速发展，已成为高校社会实践的一种重要形式，在高校思想政治教育开展中不可或缺。将服务学习模式引入高校思想政治教育，一方面有利于我国高校志愿服务实践的研究；另一方面为高校开展思想政治教育提供了一种新途径。

（一）社会服务学习的内涵

服务学习是将服务与学习相融合的教学方式，从广义上讲，学生所参与的一切对其知识、能力、品德产生影响的活动都可视为服务学习。但从严格意义上来说，服务学习更注重服务与系统化的学习紧密联系，即过服务实践与知识理论学习的相互融合来丰富学生的知识，完善学生的品格，提高学生的技能和公民能力。这一过程中，服务与学习密不可分，学习与服务并重是服务学习的主要特征。

社区服务重在公益性，这种活动与教学、课程没有任何直接的联系，也不需要学生事后进行自我反思、讨论等，而服务性学习既是一种公益活动，更是一种实践教学方法，它的核心是课程、服务与反思的结合，它的服务活动是精心组织的，有明确的学习目标，重在使学生在服务过程中把在学校学的知识运用到实践中去，并对所做所见进行反思，以巩固加强所学知识。

（二）社会服务学习的教育功能

当前高校思想政治教育取得的成果有目共睹，然而伴随社会多元化发展和高等教育普及化趋势，高校思想政治教育在实施过程中暴露出许多问题。为实现高校思想政治教育的有效性，高校思想政治教育必须开辟新的途径。随着我国社会的发展，志愿服务成为大学生参与和实践公民责任的新方式，成为思想政治教育有效的途径。因此，高校思想政治教育提倡社会服务学习模式。

（三）社会服务学习模式构建

高校思想政治教育活动的开展主要有两种方法，分别是在第一课堂进行授课和在第二课堂的日常思想政治教育工作中开展课外活动，在高校思想政治教育中引入服务学习的模式是将服务学习分别与两种通道形式相融合。

高校思想政治教育主要采取授课方式，融服务学习于第一课堂的思想政治教育中，要求学生根据课程学习内容，参与一定的社会实践服务，实现理论的内化与外化，通过课程学习与社会服务的整合实现思想政治教育的有效性。值得注意的是，思想政治教育服务学习应着重与高校思想政治教育理论课相结合，改变以往高校思想政治教育理论课单纯说教的形式，使学生学会将理论应用于实践中，学会思考与反思，达到教书育人的目的。

高校思想政治教育也广泛开展于第二课堂的日常思想政治教育工作中，高校有计划、有组织地将志愿服务活动与思想政治学习相结合，即在学校有关政策和规范的指导下，由相关部门或学生自己对服务活动进行设计、策划与组织实施。区别于一般的实践活动，服务学习活动必须有学校配备或学生邀请的指导教师对学生进行培训与监督，并引导学生反思，给予学生评价。

为了高校思想政治教育服务学习模式的顺利发展，我们必须克服现实中存在的诸多困难，创造优良的外部环境。优化高校思想政治教育的外部环境需要多方资源注入和支持，离不开政府的重视和社会的支持，离不开学校教育观念的更新，更离不开三方共同协调和努力。指导服务学习模式的开展是一个长期的过程，所以我们应对高校思想政治教育服务学习活动进行科学的规划。高校思想政治教育在加强服务学习理论研究、奠定发展基础后，要整合各方力量，努力创造具有自己特色的高校思想政治教育服务课程，逐步实现高校思想政治教育的目标。

伴随着高校思想政治教育服务学习环境的改善和规范的合理化，高校的思想政治教育服务学习模式应该努力适应各方面的需求，向组织合理化、制度规范化、活动广泛化的总趋势发展。当前，高校思想政治教育服务学习模式才刚刚起步，缺少合理的规章制度，许多问题都需要规范化的制度来解决。在合理的规范的指导下，高校应进行科学化的组织，实现高校思想政治教育服务学习活动的社会化。

二、网络教育模式

高等院校是我国社会"网络化"的发展前沿，随着网络在我国的日益普及和发展，上网的大学生将不断增加，网络对当代大学生的行为模式、价值取向、政治态度、心理发展、道德观念等将产生越来越大的影响。要运用技术、法律、行政手段，加强校园网的管理，严防各种有害信息在网上传播，牢牢把握网络思想政治教育主动权。这给我们指出了网络思想政治教育的工作方向，即要占领网络阵地的制高点，必须一方面抓网络建设，一方面抓网络管理。

（一）高校网络思想政治教育体系建设

校园网是为学校师生提供教学、科研和综合信息服务的宽带多媒体网络。网络时代，大学思想政治教育的先导性、实效性、主导性正面临严峻挑战，只有努力在信息高速公路上"跑"好思想政治教育的"车"，才能变被动为主动，开创学生德育工作的新局面。学校首先要实施铺"路"工程，大力加强校园网络基础设施建设。加强校园网络建设是建设主题教育网站或网页，积极开展网络思想政治教育活动的基础和前提。从总体规划角度来看，校园网建设应包括基础设施建设、网上教学软件建设和有关人员培训三项内容。因此加强校园网络建设，也主要从这三个方面入手。

1. 加强基础设施建设

基础设施建设是校园网的物质基础，包括硬件和软件两大部分。其中硬件部分由主干网和子网中有关设备及连线组成，而软件部分则由操作系统及大量校园网应用软件组成。当今世界计算机技术、通信技术、网络技术发展迅速，机器设备日新月异，要保持网络的优势，必须要把重点放在网络的基础设施建设上。校园网络硬件建设包括布线、服务器、工作站、交换机、路由器等设施和系统软件平台。其中最重要的是布线工程。未来的网络是一个光传输网络，速度和质量在现在和不久的未来的网络中都将是一个重要的决定因素。因此，布线工程必须做长远考虑。网络硬件建设固然重要，但网络应用软件的建设也不可忽视。要正确处理好硬件和软件的关系，单纯追求硬件设备上的档次和规模，而忽视软件建设，盲目认为学校设备高档就是教育的现代化，这是校园网建设的大忌。从某种意义上讲，硬件水平只是一个投入的问题，而软件水平的提高远比硬件水平的提高要复杂得多。要采取"点上深入，面上拓展"的策略，就要在"用"字上下功夫，重视校园网络关键性的应用软件配置的建设，避免低水平重复开发教学软件所造成的人才和网络资源的浪费。因此，一方面要充分利用高校自身的技术人员和网络资源优势，以及硬件同步建设，自主地逐步设计出有自己特色的应用系统；另一方面可引进现成的系统平台。

加强网络安全建设也应该是校园网络建设的基本要求。随着网络迅速普及，安全性越来越引起人们的重视。如果硬件不安全，会造成网络瘫痪；软件、数据不安全，会造成重大的经济损失和不良的影响。网络的安全性对学校更是具有特殊的重要意义篇，因为学校是培养高素质人才的阵地，反动的、不健康的信息的流入，将严重危害当代大学生的身心健康。因此在建设校园网的过程中一定要加强网络的安全建设。

2. 加强网络教学软件建设

网上教学软件建设是校园网的核心内容。其任务十分复杂和繁重，需要长期、艰苦的努力才能使校园网名副其实地融入日常教学活动之中。配置、开发教学软件的设备至少应包括以几个部分：非线性编辑系统、多媒体教学软件制作系统、光盘刻录系统。

3. 加强相关人员培训

人员培训是校园网能否正常运行的关键。校园网的出现是一件新鲜事物，学校各级领导和广大师生从观念与技术上都需要有一个适应过程，为此在安排培训对象和培训内容上应有针对性。具体设想如下：①对主管校园网工作的各级领导，重点放在观念转变和对本校校园网的总体规划以及总体框架的培训上。②对校园网的管理和维护人员，应使他们参加建设的全过程，由网管人员自己完成校园网络的系统集成，这样既锻炼了网管队伍，又可以节省不少的经费，培训网管人员对校园网各硬件设备的连接及各种网管软件的使用与维护。③对教学人员和学校其他职员，根据上报需求的不同，进行分层次培训。④开展现代教育技术培训班，目的是使广大高校教师人人都能熟悉并使用现代教育技术手段，正确使用多媒体教室的各种教学设备，能利用计算机信息网络获取信息、收发电子邮件，具有运用多媒体教学软件和管理软件进行辅助教学和管理的能力，了解计算机及信息网络的安全保护知识和法律法规，培训对象为全体教职员。⑤开展老教师计算机普及班，目的是使老教师能了解计算机的基础知识，掌握常用字表处理软件的使用。⑥开展计算机基础知识培训班，目的是使教师掌握基本软件操作技术；能熟练运用多媒体教学软件进行辅助教学，能运用计算机多媒体技术开发、制作简单的教学辅助软件；能运用计算机及信息网络进行教育科研；能顺利通过教师计算机考核，培训对象为全体中青年教师。⑦教学课件制作培训，目的是培养一批能开发、制作本专业教学课件的骨干教师，为高校开发学科课件系列打好基础，培训对象为部分中青年教师。对学生，可由高校有关组织出面举办网络信息技术的相关讲座，采取多种方式组织学生学习网络知识。通过学生利用计算机完成课题的过程，培养学生的创新精神和动手能力。

（二）加强思想政治教育主题网站和网页建设

我国目前高等学校思想政治教育网络工作已经取得了很大成效。总的来说，学生在网上制作思想政治教育专题主页和建立思想政治教育专题网站比较多，而校园的思想政治教育专题主页和网站、思想政治教育工作者自己本身的专题主页和网站比较少。因此，网上的思想政治教育专题或非专题主页和网站的水平，就整体而言不仅参差不齐而且缺乏鲜活的个性化、生动活泼的育人界面，需要不断提升理论深度。因而，大力加强思想政治教育专题网站或网页建设，成为高等学校思想政治教育工作者的紧迫任务。

1. 加强网站和网页建设

加强网络阵地建设，建设有特色、有吸引力、有影响力的思想政治教育网站是一项基础工程。应大力拓展网上思想政治教育阵地，用马列主义、毛泽东思想和中国特色社会主义理论体系去占领网络阵地。当前，尤其要注重学习中国特色社会主义理论体系重要精神以及科学发展观的深刻内涵，确保思想政治教育进网络有一个正确的舆论导向；要引导学生树立正确的世界观、人生观、价值观；要围绕一些重大的政治问题，旗帜鲜明地发表评论，进行积极引导，对错误言论要敢于批评，要及时纠正错误信息。

2. 贴近校园建设

在网上建立思想政治工作的平台，充分发挥"渗透式"隐形教育的功能。例如，各个高校网站上的BBS、聊天室、短视频平台及其他相关栏目或版块，也是加强高等学校思想政治教育进网络工作的有益尝试。

3. 搭建校园立体平台建设

利用校园新闻资源，整合校报、广播、电视台等媒体，搭建校园网络新闻立体平台，做好典型宣传、热点透视和舆论引导工作，从而形成网上网下思想政治教育的能力。

三、校园文化教育的模式

校园文化是校园环境的核心内容，校园文化迅速发展为自觉、稳定而有组织的文化阵地，是一种特殊的社会文化现象，它是以中国特色社会主义文化为根基，以学校文化活动为主体，由全校师生员工共同创造的、充满时代气息和校园特点的人文氛围。

（一）文化教育的基本原则

1. 主导原则

校园文化建设必须始终坚持社会主义意识形态的主导地位，坚持党的基本路线和基本方针，坚持先进文化的前进方向，坚持社会主义价值取向，坚持用科学理论武装师生头脑，坚决抵制腐朽文化侵蚀大学校园，为大学生思想政治教育营造良好的校园文化氛围。

2. 系统原则

校园文化是一个复杂的、开放的、多元并存的系统，具有整体性、结构性、层次性和开放性的系统特征。要使校园文化建设有目的、有计划、有组织，具体来讲应该从学生文化到教职工文化、从物质文化到精神文化、从课内文化到课余文化、从通俗文化到高雅文化、从学习区文化到生活区文化统筹考虑、整体设计，以达到整体优化的功能。

3. 自主原则

校园活动特别是学生科研及课外活动应尽量由大学生自己独立组织、安排，充分尊重他们的创造精神，培养他们自我教育、自我管理、自我服务的能力。

4. 教育原则

开展校园文化活动是一种潜移默化的思想政治教育，应真正寓教育于各类活动之中，全员参与、全方位构建。校园文化是对青年学生进行素质教育的有效途径，在组织学生开展校园文化活动中必须注意其知识性、趣味性、科学性。

5. 创新原则

文化的核心和生命在于创新，校园文化也不例外。校园文化建设必须不断更新思想政治教育和管理的理念，着力于培养学生的综合素质，特别是培养学生的创新精神和创新能力，激发学生的创新潜力，着力于创新校园硬件和软件环境，只有这样才能使校园文化永葆生机和活力。

（二）校园文化建设的实践路径

大学生思想政治教育既面临良好的机遇又面临严峻的挑战，重视校园文化建设势在必行。校园文化重在建设，贵在坚持、与时俱进，难在开拓创新。创新是加强和推进校园文化建设的关键出路。在新世纪新阶段，我们要弘扬求真务实的科学精神，积极探索校园文化建设工作的新思路、新观念、新形式和新方法，努力开创大学生思想政治工作的新局面。

1. 校园文化建设的核心

校园文化建设必须为社会主义现代化建设服务，为高校的育人目标服务，着眼于大学生思想政治教育的现状，展现新时期高校的人文精神和大学生积极向上的良好风貌。校风建设是校园文化建设的核心，校风建设实际上就是学校精神的塑造。好的校风具有历史传承性，大学在其沿革中积累下来的宝贵财富和精神食粮是激励师生孜孜以求的内在动力。校风最集中的体现是学风和教风。教风是主导、学风是主体，要抓好校风建设首先必须抓好教风建设，而抓好领导作风建设是抓好教风建设的重中之重。我们要开展师德教育活动，并结合形势和文化建设的侧重点充实学习内容，要把学习与学校的实际工作结合起来。要充分利用专题讲座、学习交流会、图片展、知识竞赛等各种载体开展形式多样、符合学生特点的学习宣传活动，在学生中形成爱党爱国、遵纪守法、尊敬师长、团结互助、勤奋好学、积极向上的良好风气。

2. 开展丰富多彩的文化活动

高校校园文化建设要重视品牌文化建设，精心策划与部署，同时投入相应的物力、财力和人力，组织适合本校办学特征的全校性的大型活动，如德育节、科技节、体育节、合唱节等，让其成为学校校园文化的标志，成为实施大学生素质教育的一道亮丽风景线，激活校园大众文化。校园文化存在于学校全部教育与管理行为之中。除了组织大型活动之外，还要综合协调教师的业余生活和学生的课外活动，激活大众性生活文化。要针对当前学生活动的实际，探索通过社团文化、班级文化、寝室文化、食堂文化建设，促进学生在较长时期的潜移默化的过程中既增长才干，又接受主旋律文化。善于结合传统节庆日、重大事件和开学典礼、毕业典礼等，开展特色鲜明、吸引力强的主题教育活动。

3. 完善校园文化活动设施

第一，开展丰富多彩的校园文化活动，体现群众性。为加强学生人文素质教育，各高校特别是一些以理工科见长的高校应该对各专业有针对性地开设人文选修课，开设强化班；举办各种形式的人文素质讲座，组织人文精神大讨论。以网络为载体，积极主动、全方位地将学校丰富的思想政治教育内容搬上校园网，积极营造高品位的校园人文环境。

第二，在校园文化物质建设方面，高校要精心设计，科学布局，处理好建筑风格上传统与现代的关系，实现山水园林、人文景观和自然景观的完美结合，使其既有传统的韵味，又体现时代气息，根据自身特色，突出深邃的文化底蕴。

第三，在校园文化制度建设方面，高校应强化制度建设，保持依法治校；在管理原则上坚持兼容并蓄，有容乃大；在管理方法上坚持收放有度，粗细相宜；在管理制度上不断建立、完善检查防范督促机制。

4. 加强校园文化管理

高校校园文化建设要注重校园文化的教育性，多引导、少随意，多严谨、少盲目，多积极、少消极。也要注重校园文化的学术性、突出学术氛围，举办各种学术讲座，聘请专家学者介绍学术动态、进行学术咨询、指导学术研究，体现出高校校园文化与其他社会文化的明显不同之处。

第六章　新时代大学生思想政治教育教学理念

第一节　影响大学生思想政治教育创新的因素

一、客观环境因素

客观环境是指当前客观存在的不以人的主观意志为转移的社会环境因素。教育者和受教育者同处一个时代，有着共同的时代特征，同时因其各自成长的经历及家庭等因素的影响，教育者与受教育者又有着各自不同的成长印记。这里将客观环境因素分为"大"环境因素和"小"环境因素进行分析。

（一）实施思想政治教育的"大"环境因素

思想政治教育的"大"环境因素是指当前客观存在的不以人的主观意志为转移的国际和国内的社会环境因素。人都是生活在一定的国际和国内背景下的，并且处在一定的、具体的社会环境之中。环境是人格形成的必要条件。对于培养人的思想政治理论课来说，良好的思想政治教育环境是思想政治理论课顺利进行的前提条件。思想政治教育环境就是影响思想政治教育开展、影响人思想品德形成的一切因素的总和。

当思想政治教育环境的影响与思想政治理论课教育目标要求的方向一致或基本一致时，环境的作用就会加速或强化思想政治教育的效果；反之，思想政治理论课教育目标的要求与环境的影响就会在受教育者的内心中产生矛盾甚至冲突，影响思想政治理论课的效果。例如，看见有人摔倒了，需要帮扶的时候，我们是伸出救助之手，还是视而不见？当别人需要帮助或遇到困难时，我们的主流价值观倡导人和人之间要互助友爱、助人为乐，但现实情况中，有人因伸出援助之手而被误解或吃官司还可能承担法律责任的现象又常有发生。作为一个善良的人，如何选择呢？在现实社会中，环境因素的作用可能是多方向性的，与思想政治理论课教育目标要求的方向之间的一致性是偶然的、暂时的。只有在思想政治理论课教育目标指导下，人为地调控思想政治教育环境因素，教化与内化才可能保持作用方向上的一种动态适应，社会期望的理想品德才可能顺利实现。这就决定了思想政治理论课教学必须注意客观环境对思想政治教育的影响。

（二）实施思想政治教育的"小"环境因素

从学生个体活动的空间来考察，客观环境因素包括家庭环境因素、学校环境因素、身边的社会环境因素及网络环境因素。其中：家庭环境因素对人的影响的初始性和持续性，在人的思想品德的形成中起奠基作用；学校环境因素则由于其影响的系统性和集中性，在人的思想品德形成中起主导作用；而身边的社会环境因素则基于其影响的广泛性和渗透性，在人的思想品德的形成中起导向作用；在互联网发达的今天，互联网改变了人们的生活方式，网络环境也是作用于学生的最具有潜力和影响力的客观环境。上述四个方面作用的客观性决定了不管人们意识到与否，它们都会以自己特定的方式制约人的思想品德的形成，并且上述几个方面的影响作用在现实中经常存在的不一致更牵制了思想政治教育合力的形成。思想政治理论课教学就是要在有限的时间和空间内，通过教学协调各种影响因素的作用方向以促进思想政治教育目标的实现。

（三）客观环境变化对思想政治理论课教学提出的挑战

人的思想是客观现实的反映，这是马克思主义的基本观点之一。在全面建成小康社会的关键期，我国社会的主要矛盾已经转化为人民日益增长的美好生活需要和不平衡不充分的发展之间的矛盾。新时代思想政治教育的环境发生了新的变化，高校的思想政治工作面临着一系列新情况、新问题，对思想政治理论课教学提出了新的课题与要求。思想政治理论课能否解答新时代新问题，能否解答学生关注的发展性问题，能否解答社会发展中的不和谐问题，如何引导学生把个人需要与社会需要有机地统一起来等，这些方面都是思想政治理论课面临的不可回避的现实问题，因而思想政治理论课承担着相应的责任与使命。

思想政治理论课教学在关注教材所呈现的内容的同时，必须关注教学所处的客观环境，从实际出发，研究新情况、新问题以及变化了的外部环境，增强思想政治教育的时代感。

二、主观环境（条件）因素

（一）教育者

思想政治教育的任务是培养当前社会所认可的社会化的人，整个思想政治教育的过程是由教育者、教育内容、教育形式和受教育者等基本要素构成的。教育者的职责就是从实际情况出发，有针对性地进行马克思主义理论和党的路线、方针、政策教育，走中国特色社会主义道路。因此，教育者在思想政治教育的过程中是实施教育的主体，起着主导作用。教育者是受教育者实现思想政治教育目标的引路人。

在履行思想政治教育工作具体职责的过程中，教育者发挥其主观能动性：一方面可以对客观环境做出选择和调节，创造较好的环境和条件；另一方面通过自身对教育内容的理解和对受教育者的了解及认识，制订切实可行的教育计划，有意识地选择教育的方式、方法。但是，教育者自身的政治觉悟、思想素质、知识结构和能力水平等多方面素质，又影响着教育者上述主观能动性的发挥，进而影响教育者对思想政治理论课教学的实施。

（二）受教育者

思想政治理论课是落实立德树人根本任务的关键课程。青少年阶段是人生的"拔节孕穗期"，最需要精心引导和栽培。然而，思想政治理论课的教学效果是不以教育者个人的主观意志为转移的，因为受教育者既是教育的客体，也是自我教育的主体。受教育者个体的思想意识、道德品质的形成是社会理想品德外在教化与自我内化综合作用的结果。成功的思想政治教育离不开道德的外在教化，更离不开个体对理想品德的自我内化。由于大学生的年龄特点和知识结构特点，人生观、价值观已初步形成，内在的自主意识也基本形成，这一阶段是人社会化的关键时期，因而大学生的道德意识培养有别于中小学阶段，这就是大学思想政治教育的特点。同时，由于高职、高专院校学生的培养目标区别于其他普通高校大学生，这也决定了高职、高专院校学生思想政治理论课的特殊性。

高职、高专院校学生的心理素质、思想状况和文化教养等内部条件制约和影响着学生个体对外来影响的选择与接受。虽然受教育者的心理素质、思想状况和文化教养最初也是在外部环境的熏陶下逐渐养成的，但是其一经形成就具有一定的相对性和能动性作用。这种能动作用使得个体对后继的外部环境影响形成了特定的判别尺度和取舍能力，制约着外部环境因素影响作用的发挥。特别是在外部环境作用存在多方向性和不一致性的情况下，对其取舍与扬弃的主要动因就取决于受教育者内部条件对外来影响的判断和认同。正如马克思主义哲学指出的那样，外因是事物变化发展的条件，内因是事物发展变化的依据，所以从思想政治教育施教者的角度看，思想政治理论课教学必须重视学生的这一特点和规律。思想政治理论课教学创新要重视学生的主体作用，调动学生的内在积极因素，解决思想政治教育外在要求内化的问题。

（三）教育者与受教育者的相互影响

一个人自我道德人格和品质的形成，要靠外在的道德教育和内在的自我努力两种因素。在这个过程中，形成道德人格的内在因素和外在因素的联结，需要道德主体自觉，也就是说这种联结是有意识的或通过意识而实现的。然而，某个人形成自己道德人格的内在因素，对于他人道德人格的形成同时也就是外在因素。从广义上来说，外在的道德教育包括除了受教育者自身以外的一切因素，即在德育过程中，教育者与其他的受教育者也不过是作为一个重要的外在因素出现在受教育者的环境之中。从这个意义上看，受教育者的思想品德本身就是环境的产物。但是，受教育者并不是消极地顺应环境、反映环境，在与环境发生作用的过程中，人作为主体，始终具有主导的能动作用，对环境给予的影响、制约进行着选择、认同和改造。这就是说，人不同于其他动物，他有着自觉的能动性，而且随着实践经验的逐渐丰富，其自觉能动性就越是增强。人的这种本性，决定了人从一开始对于社会道德教育就不是原封不动地全盘接受，而是有选择、有取舍的。道德教育究竟能起到多大的效果，在于受教育者能够接受多少。从这个意义上来说，受教育者内在的心理素质、思想状况和文化教养等实践经验是影响个体良好道德品质形成不可忽视的内部条件。显然，外在环境影响客观上的多样性和多方向性以及受教育者接受环境影响时主观上的多选择性，使得人的思想品德的自然形成过程具有效果上的不确定性。无疑，这种不确定性对有确定目标的思想政治教育工作是非常不利的。

受教育者既是教育的客体，又是自我教育的主体。当学生经过教育者的启发、引导，主观能动性被调动起来以后，由客体又变成主体。思想政治教育过程不是单向传递思想道德规范的过程，而是教育者与学生思想情感交流的双向活动过程。在实际工作中社会和家庭成员的某种影响，积累了一些道德经验（具有主体意识），因而学生具有能动的、积极的反作用，能够改造外在的教育影响。如果教育者所实施的教育影响和学生的思想状况一致，就会取得较好的教育效果，即学生对某一思想准则和道德规范就会认同与接纳；反之，就有可能产生漠不关心或逆反心理，就有可能对教育采取拒绝和排斥的态度。如何把外在的教育影响变成学生自身的需要，是培养学生良好品德的关键。只有解决好这个问题，才能真正培养学生良好的品德。思想政治理论课教学的出发点和最终目的就是要帮助学生实现道德内化。思想政治理论课教学不要流于形式，也不要满足于常规的灌输和简单的说教，而应遵循道德内化的规律，重视知、情、意、信、行诸要素在品德发展中的作用和相互关系，进行思想政治理论课教学创新。

（四）大学生思想变化的时代性

社会存在决定社会意识。随着社会的发展，大学生的思想、需要、观念也在不断变化。思想政治教育必须从大学生的客观实际情况出发，以新的思路和方法解决新的问题。在新形势下，学生的思想更加活跃，观念不断更新，且复杂多样。

1. 思想观念多元化

随着生产方式和生活方式的改变，渠道的多样化、信息影响的多元化等，持有不同的价值评判和价值期待，大学生的思想观念日益显现出多变性的态势。一方面大学生求知欲强、思维活跃、易于接受新鲜事物；另一方面他们正处在人的社会化的关键时期，自身的人生观、价值观、道德观处于趋于成熟阶段。如何发挥思想政治教育的积极导向功能，给高校思想政治工作带来了新的挑战，提出了新的要求。这就要求新时期的思想政治理论课必须深入研究人的思想变化规律，把握不同时期、不同生活环境下人们思想活动的脉搏，使正确思想观念的教育和引导适应大学生不断变化的思想实际。

2. 主体意识明确化

大学生的年龄及知识层次状况决定了大学生具备一定的信息选择能力和自我教育能力。但是，在思想观念多元化和环境影响全方位的形势下，选择科学的思想教育方法，明确思想政治教育的导向，以正确的舆论引导人，大力弘扬爱国主义、集体主义、社会主义的主旋律，践行社会主义核心价值观，仍是大学生思想政治教育的重要内容。思想政治教育要不断创新：一方面要巩固和发展马克思主义在意识形态领域的指导地位；另一方面要把多种价值取向、多种文化观念统一到新时代中国特色社会主义现代化建设上来，统一到实现中华民族伟大复兴的中国梦上来，从而使大学生独立自主的思想选择不偏离正确的方向，在丰富多彩的思想选择中形成有利于社会进步的强大思想合力。

3.义利观念趋于合理化

社会的发展是为了最大限度地满足人们正当的、合理的需求。物质资料的满足是人生存和发展的基础。就业是民生之本，在改革开放和发展社会主义市场经济条件下，大学生对社会前途的关心更多地与自身利益联系到一起，这就要求新形势下的思想政治教育必须高度重视人们的物质利益，尤其是根本利益问题，以马克思主义的利益观引导人们正确认识和处理物质利益与精神追求的关系、局部利益与全局利益的关系、眼前利益和长远利益的关系、个人利益与集体利益的关系，这样的引导必须解放思想、实事求是，必须具有针对性和说服力。

第二节 大学生思想政治教育的根本任务——立德树人

明确"为什么要学生学""学生为什么要学"的问题，有利于解决教师"怎么教"的问题，这是一个问题的两个方面。大学生学习思想政治理论课的主动性、积极性如何呢？高中阶段以前的教育要通过教育培养和选拔人才，升学率、考入名校率的指挥棒变相导致教育实践中历来重视智育、轻视德育，即便是重视德育也没有把德育放在应有的地位。高考指挥棒的惯性思维自然使得大学生在大学期间也不重视思想政治理论课，大学生缺乏学习的主动性、积极性。另外，进入大学前学生接受的思想品德课教学往往等同于一门知识性的课程，缺乏思想性，空洞说教色彩浓厚，严重影响了学生学习思想政治理论课的兴趣。

一、教师要明确为什么开设思想政治理论课

（一）"为谁培养人"的需要

思想政治理论课突出育人的政治性、思想性。立德树人是大学教育的根本任务，大学教育不仅要教会学生学习、谋求一技之长，而且要引导学生学会做人，成为社会主义建设者和接班人。青少年阶段是人生的"拔节孕穗期"，最需要精心引导和栽培。青年的价值取向决定了未来整个社会的价值取向，而青年又处在价值观形成和确立的时期，抓好这一时期的价值观养成十分重要。这就像穿衣服扣扣子一样，如果第一粒扣子扣错了，剩余的扣子都会扣错。人生的扣子从一开始就要扣好。

思想政治理论课不同于一般的知识性课程。思想政治理论课的核心是加强马克思主义理论教育，引导学生树立共产主义远大理想和中国特色社会主义共同理想，践行社会主义核心价值观，增强"四个自信"，引导学生"明大德、守公德、严私德"，坚定理想信念。

思想政治理论课教师要从建设教育强国、办好人民满意的教育，努力培养担当民族复兴大任的时代新人，培养德智体美劳全面发展的社会主义建设者和接班人的高度，认识到思想政治理论课的重要作用。从供求关系来看，高校开设思想政治理论课并不是因学生想学而进行教学，而是从国家发展的高度和为社会培育合格人才的角度，以历史使命的责任感、紧迫感开设和建设思想政治理论课。同时，思想政治理论课承担了为青少年学生"答疑解惑"和"人生导航"的作用，所以开设思想政治理论课也是学生自身成长成才的需要。

（二）"培养什么人"的需要

高校思想政治理论课是对大学生进行思想政治教育教学的主渠道和主阵地，对提高他们的思想政治素质，把他们培养成中国特色社会主义事业的建设者和接班人，具有重大而深远的战略意义。思想政治理论课承担着把大学生培养成为德智体美劳全面发展的社会主义建设者和接班人的特定教学任务。我国是中国共产党领导的社会主义国家，这就决定了我们的教育必须把培养社会主义建设者和接班人作为根本任务，培养一代又一代拥护中国共产党领导和我国社会主义制度、立志为中国特色社会主义事业奋斗终生的有用人才。这是教育工作的根本任务，也是教育现代化的方向目标。社会对大学生"德与才"的要求既有特定性，又有多方面性。所谓特定性是指社会对人才需求的价值取向是特定的，即成为社会主义可靠的接班人；所谓多方面性是指社会对大学生成才的具体方向需求是多方面的，即成为社会主义各行各业合格的建设者。随着我国高等教育从精英化向大众化的发展，高校教师要有一种强烈的责任感，大学是"真正"素质教育的场所，学生在大学学习阶段，是知识得到增加、兴趣得到释放、能力得到提升的重要时期，恰恰也是青年学生人生观、世界观成熟的关键时期。

大学生对学习思想政治理论课缺乏原动力、积极性和主动性，教学存在现实的困难。思想政治理论课教师应该正视和重视这种现实，并从这种现实出发思考如何开展教学。高校思想政治理论课教学的核心价值目标就是要引导和帮助大学生理解、接受和认同马克思主义立场、观点与方法，增强大学生对中国特色社会主义的道路自信、理论自信、制度自信和文化自信，坚定中国特色社会主义共同理想，引领大学生立志为中国特色社会事业主义奋斗终生。

二、学生要明确为什么学习思想政治理论课

学生明确"为什么要学"思想政治理论课，有利于激发学习的积极性和主动性，充分发挥学习主体的主观能动作用。

（一）自我人生价值实现的需求

教师首先帮助学生明确"为什么要学"的问题，把它变成学生成长中的主动需求，从外在的灌输变成内在的自觉，这也是思想政治理论课教学的最高境界，实现"要我学"向"我想学""我要学"的转变。

自我实现的需求是最高层次的需求，自我实现的需求是在努力实现自己的潜力，使自己越来越成为自己所期望的人物。

（二）个人成长社会化的需求

人的本质不是单个人所固有的抽象物，在其现实性上，它是一切社会关系的总和。人是特定历史环境下的产物，人离不开他所生活的时代和环境，不同时代的人们都有不同时代的烙印。人的本质是一切社会关系的总和。一个人要安身立命、成长成才、贡献社会，需要不断地调整自身与他人的关系，不断实现人的社会化。其中最为重要的，就是要正确认识自己、认识他人、认识社会，学习掌握运用道德和法律规范，正确调整自己的行为。人要顺应时代，自我人生价值的实现离不开社会客观环境。中国特色社会主义进入新时代，意味着近代以来久经磨难的中华民族迎来了从站起来、富起来到强起来的伟大飞跃，迎来了实现中华民族伟大复兴的光明前景。国家的繁荣富强、国际影响力的提升，为现时代的每一个中国人提供了前所未有的发展环境，大学生的成长成才诉求与国家发展对人才的需求有着高度的契合。

三、坚持以新时代中国特色社会主义思想为指导

培养什么人、怎样培养人、为谁培养人是中国特色社会主义教育要着力解决的根本问题、核心问题。新时代要努力培养担当民族复兴大任的时代新人，培养德智体美劳全面发展的社会主义建设者和接班人。办好思政课，用新时代中国特色社会主义思想铸魂育人、立德树人，是实现这一育人目标的根本途径。

办好思想政治理论课关键在教师，关键在发挥教师的积极性、主动性、创造性。思想政治理论课教师要给学生心灵埋下真善美的种子，引导学生扣好"人生第一粒扣子"。第一，政治要强，让有信仰的人讲信仰，善于从政治上看问题，在大是大非面前保持政治清醒。第二，情怀要深，保持家国情怀，心里装着国家和民族，在党和人民的伟大实践中关注时代、关注社会、汲取养分、丰富思想。第三，思维要新，学会辩证唯物主义和历史唯物主义，创新课堂教学，给学生深刻的学习体验，引导学生树立正确的理想信念、学会正确的思维方法。第四，视野要广，有知识视野、国际视野、历史视野，通过生动、深入、具体的纵横比较，把一些道理讲明白、讲清楚。第五，自律要严，做到课上课下一致、网上网下一致，自觉弘扬主旋律，积极传递正能量。

第六，人格要正，有人格，才有吸引力。亲其师，才能信其道。要有高尚的人格，用高尚的人格感染学生、赢得学生，用真理的力量感召学生，以深厚的理论功底赢得学生，自觉做表率，做让学生喜爱的人。

思想政治理论课教师要从以上六个方面下功夫，才能胜任思想政治理论课，才有可能帮助学生明确"为什么要学"思想政治理论课的问题。

因此，思想政治理论课教师应深入关注当代大学生成长发展的合理利益诉求，以满足

大学生长远的、根本的现实生活利益需求为切入点，引导大学生认识和领会马克思主义中国化最新理论成果与自我人生价值实现的内在联系，从而实现大学生对思想政治理论课教学内容的情感共鸣与价值认同。

第三节　大学生思想政治理论课的教学目标——全面发展

一、思想政治理论课的教学目标

思想政治理论课是对大学生进行思想政治教育的主渠道，是落实立德树人根本任务的关键课程。思想政治理论课要围绕立德树人这个根本任务实施教学，促进学生实现三个层次目标：第一层级——知识目标，理解掌握基础理论；第二层级——价值目标，认同科学理论，形成正确的政治观、国家观、价值观、发展观等；第三层级——行为目标，能够运用理论指导实践，解决现实发展中遇到的问题，实现知行合一。三个层级，层层递进，体现学生从被动接受到主动选择，指导实践的质的飞跃的理想化的过程。

（一）知识目标：理解掌握基础理论，就是要对思想政治理论有较好的把握、认知

思想政治理论课教学知识目标要根据不同课程的内容和要求有所侧重。通过"思想道德修养与法律基础"课程的学习，帮助大学生确立坚定的马克思主义理想信念，树立中国特色社会主义的共同理想，继承和弘扬爱国主义传统，树立正确的人生价值观，培育高尚道德，提高法律素养，教育引导青年大学生做出适应国家及时代发展要求的选择，成为德智体美劳全面发展的社会主义建设者和接班人。

（二）价值目标：认同科学理论，形成正确的价值观

大学生通过知识层面的学习、历史的回顾以及现实的感悟，深入理解国家发展强大与个人前途命运之间的关系，只有国家繁荣富强才有人民的幸福安康。大学生只有认同马克思主义理论，才有可能以此指导自身实践。学生是否形成了正确的政治观、国家观、价值观，是评判学校思想政治理论课教学实效的最根本标准，事关"培养什么样的人""为谁培养人"的问题。

（三）行为目标：能够运用理论指导实践，实现知行合一

知识目标和价值目标是否实现，是通过行为目标体现出来的。行为目标是内化的价值目标外化出来的结果，表现在：大学生坚定中国特色社会主义的理想信念，能够正确运用马克思主义立场、观点和方法，评析社会现象；能用所学知识对历史和现实问题进行正确的判断；能用积极、务实的心态认识和处理理想与现实的矛盾和问题；能够运用马克思主

义基本立场明辨各种社会思潮。只有真正实现了价值目标的外化，才能实现思想政治理论课立德树人的教育目标。

现上述三个层次目标进行思考，要遵循思想政治工作规律，遵循教书育人规律，遵循学生成长规律，不断提高工作能力和水平。实现理论和现实、抽象和具体、知识学习和方法运用的有机统一，提高思想政治理论课教学的针对性、实效性。

二、怎样实现教学目标

从思想政治理论课的功能来看，开设思想政治理论课既是国家和社会发展的需要，也是大学生成长成才的需要。从国家和社会层面来看，这种需要是显现的、有意识的、迫切的、不容动摇的。从大学生成长成才的层面来看，这种需要是隐性的、无意识的、不迫切的，往往是被忽视的。思想政治理论课教学创新研究力求实现前面两个方面需要的统一，尤其是帮助大学生认识到学习的必要性与重要性，以增强学习的主动性。

高校大学生不同于中小学生，他们经过十几年的学习，已经形成与其年龄、经历相关的一些认知，具有一定的行为选择和辨别能力，这是接受大学阶段再教育影响的"先前知识"，思想政治理论课教学要充分了解和把握学生的这一特点。同时，高职、高专院校学生与本科院校学生相比又有着自身不同特点，主要表现在：在学习习惯上，主动性和自我约束能力较差，基础知识相对薄弱；在成长目标上，动力不足，缺乏目标引领，得过且过，成才意识较弱；在成长心理上，受应试教育影响，带有自卑情绪，缺乏自信。这是高职、高专学生成长过程中存在的负面影响因素。换个角度也可以发现，高职、高专学生活泼好动，希望被理解、被重视、被认可的心理较为强烈，这是高职、高专学生成长过程中存在的积极影响因素。

思想政治理论课教学要从思想观念上认识到高校人才培养的目标，充分了解和把握学生的这些特点，通过教学理念更新，找准不同层次院校思想政治理论课教学改革的着力点，从学生特点出发，化消极因素为积极因素，侧重从教学内容、教学方法和考核方式等方面进行全面改革，重视教学内容的设计，采取适宜的教学方法，科学合理地评价学习效果。

第四节 以"三个转变"促进"三个转化"实现理念创新

基于大学生的成长成才诉求与国家发展对人才的需求有着高度的契合这一思想认识，我们要确立"学生为本、育人为本"的教育理念，高校思想政治理论课教学应主动适应新时代要求，让学生在教学过程中有更多的获得感。我们试图通过以教师的"三个转变"和学生的"三个转变"促进"三个转化"，进行教学改革创新。

一、实现"三个转变"

（一）教师的"三个转变"

思想政治理论课的实施，依赖于教师的教学活动，教师的教育观、教学观、学生观影响着教师教学活动的设计。

教育是指人着眼于他人的素质、能力而进行的影响其精神世界或心理状态的信息传递活动。其中，信息传递者称为教育者，信息传递的对象称为教育对象。狭义的教育是指教育者或教育机构有组织、系统地实施的教育活动，即正规教育，如学校教育。从教育的定义可以看出，教育者在教育活动中起着主导作用，规划和管理着教育活动的方向和目标以及传递信息的内容和方式。

所谓教育观是指关于教育现象和问题的基本观念体系。诸如对教育的本质、目的、功能、体制、内容、方法、教师和学生等每一方面的基本看法。教育观受一定的政治、经济制度和生活水平等制约，并受意识形态、文化传统及科学技术等影响，具有历史性和时代性，在阶级社会中常带有阶级性。不同人的教育观带有个体认识差异的特点。教育观表现为人们对教育者、教育对象、教育内容、教育方法等教育要素及其属性和相互关系的认识，还有人们对教育与其他事物相互关系的看法，以及由此派生出的对教育的作用、功能、目的等各方面的看法。传统的教育观念表现为重视智育轻视德育、重视知识轻视能力、重视理论轻视实践、重视记忆轻视思考、重视规则轻视创新，等等。现代教育观念以立德树人为宗旨，培养创新精神、创新思维。

所谓教学观是指基于教学活动，教师对与教学相关问题的认识和看法。也就是说，教师对教学目标、教学对象、教学过程以及教学活动主体等问题的认识和看法。它表现在教学过程中教育者和受教育者的地位如何，通过教学实现什么样的教学目标等。教师有什么样的教学观就会有什么样的教学行为。传统的教学观忽视学生作为学习主体的主观能动性，倾向知识的灌输，忽视学生能力的培养和非智力因素的培养，现代教育理念是培养德智体美劳全面发展的社会主义事业的建设者和接班人，现代社会的发展需要人们具有创新思维和勤于学习、脚踏实地的精神，学校的"教"不能停留在具体知识层面，现在的"教"是为了学生学会面对以后的"没人教"，教学生"学"是为了教会学生如何"学"，如何运用已知探索未知，如何运用现有知识分析复杂鲜活的社会现象。学生的学习精神、学习思维、学习方法的培养离不开学生自身的参与，教学过程中教师在关注知识传授的同时，更多地要关注学生的学习过程、学习方法、主流价值观以及科学思维的养成。以学生进步发展为宗旨，树立学生主体地位，确立一切为了学生发展的思想，在教学活动中逐渐形成共识，从关注物转向关注人，从关注学习结果转向关注学习过程，从关注知识传授转向关注学习方法的培养，实现"以教育者为中心"转向"以学习者为中心"。

所谓学生观是指关于学生的本质属性和特征的基本观念体系。诸如教育工作者对学生的本质、特征、成长发展过程等每一方面的基本看法。学生观形成于教育教学实践之中，受一定社会的政治经济制度、文化传统、教育传统所制约，并受教育工作者自身世界观和对学生身心发展规律的认识水平的影响。它制约教育工作者对学生采取的态度和方法，并在一定程度上影响教育的目的、目标、内容和方法等。学生观体现了教师对学生在教育过程中所处位置和作用方面持有的看法。

思想政治理论课教学效果表现在学生外化出来的行为习惯是否符合教育目标，学生是教学活动主体，积极的参与者、实践者，作为教师应该不断更新观念，从学生实际出发，用全新的教育理念实施教学，用平等的方式对待学生，共同参与课堂教学。因此，教师从实现教育观、教学观、学生观"三个转变"的理念创新来实施教学创新，即教育观念从重视知识传授向立德树人教育理念转变，从注重学生外在知识掌握多寡向注重学生内在成人转变。

教学观念从重视理论轻视实践、重认知轻思想向思想引领、价值判断、人生选择思维方式方法的培养转变，从教师单纯地教向师生互动交流转变，教学课堂从有形的固定教学时间向无形的开放式空间拓展转变；学生观念从忽视学生的主观能动作用，教学生学和被动接受的地位向充分认识大学生的主体地位、自己学会学和主动接受教育的地位转变，从强调学习结果向重视学习过程转变，以学生发展为中心，学生成绩从单纯知识评价向知识、能力与日常行为表现相结合转变。

（二）学生的"三个转变"

在教师"三个转变"思想的推动下，力求实现学生的"三个转变"，即从知行分离向知行统一转变，从"封闭"德育学习环境向"开放"德育学习环境转变，从他律向自律转变。学生不再仅仅是为了学习而学习，而是在学习中学会思考，在学习中学会选择，明辨是非，形成一定的信仰。

二、注重"三个转化"

任何一个教学活动都离不开教学的基本要素——教师、学生及教学内容。而当具体到一门课或一类课程的教学活动中时，教学的基本要素表现为教师、学生和教材三个方面。教学活动使教材、教师和学生发生联系，其中教师与学生是教学活动两个重要的主体，影响着教学活动的开展方式及教学效果。思想政治理论课是进行大学生思想政治教育的主渠道。各个高校按照中宣部和教育部的要求在高校按时开设课程，思想政治理论课有着相对完善的教材体系。

高校思想政治理论课主要是通过有效的教学活动把教材主要思想转化为学生的认知，进而转化为学生的信仰，这也是思想政治理论课要实现的效果。要实现这一任务，从施教者主体（教师）的角度来看必须研究教材体系及学生现有的认知体系各自的特点，研究教材体系及学生认知体系发生联系的桥梁——教学体系。通过教学创新,实现教材体系向教学体系转化,教学体系向学生认知体系转化,学生认知体系向学生信仰体系转化。

(一)注重"三个转化"的意义

1. 提高高校思想政治理论课教育教学实效性的必然要求

思想政治理论课不同于其他专业课,思想政治理论课在向学生传授知识的同时,注重"成人"教育,使社会期望的思想、政治、道德等观念在大学生身上展现出来,使大学生成为社会主义事业合格的建设者和可靠的接班人。思想政治理论课是大学生思想政治教育的主渠道,为了实现上述目标任务,思想政治理论课教育教学必然要研究教材体系向教学体系转化的问题,以提高教学实效。

2. 遵循大学生认知规律的必然要求

人的思想政治品德的形成,离不开社会环境的作用和思想教育的影响,同时,它也是个人自主性作用的结果。在教材与学生之间,有效的教学活动是学生领会教材精神并实现自身转变的途径。从学生实际出发,深入浅出,使教材阐述的抽象理论、道理具体化为解决现实问题的强大武器,这必然要求教师做好从教材体系向教学体系的转化。

3. 教师劳动特殊性的必然要求

教师劳动是创造性的劳动,根据教育对象不同层次的特点,开展有针对性的教学,需要教师在把握教材主旨的基础上实现对教材的加工与创造。

4. 高职、高专院校特殊性的必然要求

思想政治理论课作为全国本科和专科学生的公共必修课,使用同一版本教材,就高职、高专院校和本科院校相比较而言,二者在学校定位、办学方向、培养目标、人才规格、师资力量、教育对象层次及学时分配上均存在着诸多不同。因此,在研究教材体系向教学体系转化的基础上,研究高职、高专院校教材体系向教学体系转化的问题具有特殊的意义。

同时,思想政治理论课一方面存在着教材基本理论多,涵盖知识和信息量大,教学课时少,教师知识、信息量有限的矛盾,另一方面存在着如何用教材抽象的理论解决"鲜活"的现实问题的矛盾。思想政治理论课教师在教学实践中因个体素质差异难免存在教学的随意性,进而导致教学缺乏应有的科学性。

(二)促进"三个转化"的实现

要实现"教材体系向教学体系转化,教学体系向学生认知体系转化,学生认知体系向学生信仰体系转化",首先要处理好教材、教学及学生三者之间的关系,既不能机械地把教材内容等同于教学内容、把教学内容等同于学生接受的内容,也不能甩开教材内容自己安排教学内容。教材体系是教学的基础,教学体系是教学的关键。研究思想政治理论课教材体系向教学体系及认知体系转化,首先要解决"转化什么"的问题,即教学内容设计,通过教学内容的设计,突出教材重点,解决难点,避免面面俱到。其次是教学形式设计,通过教学形式设计,对选取的教材内容进行艺术加工、整合,解决教材高度概括、抽象与生活鲜活、生动的问题。最后是教学方法、手段设计，通过方法、手段的设计，教材内容能够成为学生乐于接受的内容。

第七章 新时代大学生思想政治教育教学机制

第一节 高校大学生思想政治教育机制相关概述

一、高校思想政治教育机制创新的必要性和可行性

（一）思想政治教育机制创新的必要性

1. 高校思想政治教育机制创新对高校教育主体的意义

目前，随着高校思想政治教育工作者队伍与管理格局的不断优化，思想政治教育的育人目标能否实现、思想政治教育的育人功能能否得到发挥，关键是要建立一个行之有效的思想政治教育机制。通过思想政治教育机制的创新，积极推动思想政治教育者与学生的管理者相结合，把思想政治工作的韧性导向与学校的规章制度结合起来，思想政治教育没有很好地处理好教育与管理的关系，导致思想政治教育与管理的脱节，从而削弱了思想政治教育工作的有效性。思想政治教育机制创新对高校教育主题有积极的意义。第一，有利于高校思想政治教育队伍建设。如上文所述高校思想政治教育队伍存在着问题。理论课教师素质参差不齐，缺乏优秀中青年学术带头人，都是不争的事实。思想政治教育机制创新，有利于把广大思想政治教育工作者的积极性充分调动起来，让他们真正感觉到自己工作的重要性。有利于提高高校的各专业任课教师、行政管理人员及后勤服务工作人员的责任意识，做到爱岗敬业、为人师表，以良好的思想政治素质和道德风范熏陶和教育学生，在大学校园里真正形成教书育人、管理育人、服务育人的良好氛围。第二，有利于提高高校思想政治教育的效率。要不断创新高校思想政治教育机制，就必须加强高校思想政治教育者与学生会和学生社团的联系，搞好学生调研与预测，对学生的信息反馈情况及时进行分析，从而把握学生的思想动向，及时发现在校学生思想倾向性、苗头性的问题，努力做到超前预测，防患于未然，不断提高思想政治工作的效率，充分发挥思想政治教育者的育人作用。

2. 高校思想政治教育机制创新对高校接受主体的意义

思想政治教育工作是非常重要的，高校学生思想政治教育工作，更是任重而道远。只有坚持实事求是、理论联系实际，从高校的具体实际情况出发，不断地继承和发扬思想政治教育工作的优良传统，创新高校思想政治教育机制，并且积极探索思想政治工作的新思

路、新方法、新途径，高校学生思想政治工作就能够实现预期的效果，为目前高等教育的改革、发展奠定良好的基础。另外，思想政治教育机制创新对大学生发展也有着积极的意义。第一，思想政治教育机制的创新，使得学生对思想政治教育理念和目标的认识发生改变。把学生培养成为一个综合型的人才，以推动社会发展，成为建设社会主义和谐社会的主要力量。高校思想政治工作关系高校培养什么样的人、如何培养人以及为谁培养人这个根本问题。要坚持把立德树人作为中心环节，把思想政治工作贯穿教育教学全过程，实现全程育人、全方位育人，努力开创我国高等教育事业发展新局面。第二，高校大学生对思想政治教育的认识随着思想政治教育机制的创新发生了改变。引导高校大学生树立正确的世界观、人生观和价值观，时刻把马克思主义理论记在心中，把建设有中国特色社会主义的理论体系和爱国主义等重要的思想理论作为高校思想政治教育的主要内容。把改革创新作为时代精神，把社会主义荣辱观作为时代主题的背景下，对当代大学生进行社会主义核心价值观教育，更加有助于大学生坚定政治信仰、增强社会责任感，以此培养出在思想上追求上进的优秀青年。第三，思想政治教育机制的创新，特别是利用网络进行思想政治教育，来开拓大学生的视野，目前，由于互联网技术的飞速发展影响大学生的身心健康，许多不良信息的迅速传播，尤其是拜金主义对大学生的心理发展和价值取向带来了巨大的负面影响，导致许多在校大学生不断产生追求物质利益的想法。因此，对高校大学生进行思想政治教育能够引导学生树立正确的人生目标，也能够引导思想政治教育者不断创新思想政治教育的教学方式方法，不断提高思想政治教育的效果。一方面，大学生应密切注意品德和道德修养，课堂教学作为思想政治教育的主要教育方式，内容应该更加丰富多彩；另一方面，在高校，思想政治教育队伍素质必须不断地提高，要求思想政治教育工作者定期进行深造，使思想政治教育工作者的工作氛围达到最优化。

（二）高校思想政治教育机制创新的可行性

1. 高校思想政治教育机制创新的理论依据

创新是一个民族进步的灵魂，是一个国家兴旺发达的不竭动力。当今世界的竞争，归根结底，是综合国力的竞争，实质则是知识总量、人才素质和科技质量的竞争。国家对高校思想政治教育工作的重视为高校思想政治教育机制创新研究提供了政策支持和政治保障，规定了实践准则，并且进行了理论定位。

第一，加强和改进高校思想政治工作的基本原则是：①坚持党对高校的领导。落实全面从严治党要求，把党的建设贯穿始终，着力解决突出问题，维护党中央权威、保证党的团结统一，牢牢掌握党对高校的领导权。②坚持社会主义办学方向。坚持马克思主义指导地位，坚持以人民为中心的发展思想，更好地为改革开放和社会主义现代化建设服务、为人民服务。③坚持全员全过程全方位育人。把思想价值引领贯穿教育教学全过程和各环节，形成教书育人、科研育人、实践育人、管理育人、服务育人、文化育人、组织育人长效机制。④坚持遵循教育规律、思想政治工作规律、学生成长规律。把握师生思想特点和发展需求，注重理论教育和实践活动相结合、普遍要求和分类指导相结合，提高工作科学化精细化水平。⑤坚持改革创新。推进理念思路、内容形式、方法手段创新，增强工作时代感和实效性。要推进高校思想政治工作改革创新，强调要贴近师生思想实际，以改革创新精神做好高校思想政治工作，建立健全校领导、院（系）领导联系师生、谈心谈话制度，在平等沟通、民主讨论、互动交流中进行思想引导，有的放矢、生动活泼地开展工作，发挥师德模、名师大家、学术带头人等的示范引领作用。要加强互联网思想政治工作载体的建设，加强学生互动社区、主题教育网站、专业学术网站和"两微一端"建设，运用大学生喜欢的表达方式开展思想政治教育。要强化社会实践育人，提高实践教学比重，组织师生参加社会实践活动，完善科教融合、校企联合等协同育人模式，加强实践教学基地建设，建立健全国家机关、企事业单位、社会团体接收大学生实习实训制度，开设创新创业教育专门课程，增强军事训练实效，建立健全学雷锋志愿服务制度。要在服务引导中加强思想教育，把解决思想问题与解决实际问题结合起来，做到既讲道理又办实事，加强学生学业就业指导，帮助大学生顺利完成学业，加强人文关怀和心理疏导，促进大学生身心和人格健康发展，加强对家庭经济困难学生的资助工作，积极帮助解决教师的合理诉求。积极发挥共青团、学生会组织和学生社团的作用。要健全高校思想政治工作评价体系，研究制定内容全面、指标合理、方法科学的评价体系，推动高校思想政治工作制度化。

第二，高校思想政治教育及其机制创新研究的基础性指导。教学观察是教师互相学习、交流的重要途径，也是开展教学和研究，探索教学方法和教学规律的主要形式。因此，在高校应该推广这种教学方法，以促进观察，并在交流讲座结束后组织有关教师进行研讨。参加学习的思想政治课教师应该积极地对观察对象提出意见和建议，因为这是一个难得的机会，要取他人之长补自己之短。可以通过观察其他人的教学风格、教学技能和方法，以改进自己的教学方法，提高自己的教学效果。思想政治教育与教学只有坚持理论与实际教学相结合的原则，才能提高针对性、实效性，只有做到实际的理论和历史实际、社会现实、学生的实际情况结合起来，课堂教学才有说服力和感染力，以便学生真的喜欢思想政治教育。这是学生一生的财富。这样能够促进思想政治教育工作者不断积累教学经验，提高自己的教学水平。

2. 高校思想政治教育机制创新的现实基础

近年来，各高校越来越重视思想政治教育，重视培养社会主义事业的优秀建设者和接班人，不断完善高校思想政治教育机制，并且取得了显著的效果。随着市场经济的快速发展，目前的思想政治教育机制已无法满足高校思想政治教育的需要，所以我们要创新思想政治教育机制，而以往的思想政治教育机制所取得的成果恰好为此提供了现实基础。

二、高校思想政治教育机制创新的原则及举措

（一）高校思想政治教育机制创新的原则

思想政治教育的原则反映了思想政治教育活动的客观规律，是思想政治教育机制活动、思想政治教育机制运行必须遵循的基本准则，同时它又是思想政治教育方法的理论依据。思想政治教育机制的运行主要遵循以下几个原则。

1. 整体优化的原则

高校思想政治教育在创新思想政治教育体制中肩负着重要的历史使命。能否完成历史重任，需要切实履行高校思想政治教育的社会职责，那么关键是要形成高校思想政治教育整体和谐的力量。高校思想政治教育的力量一旦不和谐或分散了，高校思想政治教育的效果就会明显被削弱，反之增强高校思想政治教育形成的整体和谐力量，就会大幅度地提高高校思想政治教育的社会效应。过去，高校思想政治教育多半是在封闭的环境里完成的，没有形成较为系统的整体优化的思想以及开放的观念，更多是依靠高校思想政治教育工作者自身的力量进行工作，力量相对薄弱，效果也不尽如人意，有的时候往往因为自身的工作努力程度不够而被外界误解，使得思想政治教育者的工作往往得不到认可。随着改革开放的深入发展、管理科学的出现和应用，高校思想政治教育的环境发生了变化，并且校内外关系越来越密切，高校党委对思想政治教育也越来越重视，同时促进校内外的整合与合作，相对形成了高校思想政治教育的和谐力量。一方面，高校思想政治教育主体注重改善学校内部环境，主要表现在把"三育人"结合起来，形成高校思想政治教育的内部育人合力；另一方面，高校思想政治教育还要注重改善外部环境，在党和政府的领导下，不断把学校育人、社会育人和家庭育人结合起来，形成了外部育人合力。通过高校思想政治教育力量和资源的内外整合，更有效增强了高校思想政治教育的整体和谐，会使整个高校思想政治教育的社会效应发生较大的变化，从而促进高校思想政治教育向好的方向发展。实践证明，高校思想政治教育的整体效应是由高校思想政治教育的合力直接决定的，只有高校思想政治教育的合力得到提高，高校思想政治教育的整体局面才能从根本上发生改变，所以要创新思想政治教育机制首先必须进行整体优化。

2. 科学管理的原则

"管理"从字面上看有"管辖""处理"之意，即对一定范围内的人员及事物进行安排和处理。高校思想政治教育的管理确保了高校思想政治教育功能的发挥、根本目标和根本任务的实现。因此，要想建立一个行之有效的思想政治教育机制，就必须加强高校思想政治教育的管理，把依法治教和以德治教结合起来，贯彻落实高校各项规章制度。第一，思想政治教育科学的管理体系。首先是要在党委的统一领导下，做好学校思想政治工作。依据思想政治教育的目标和发展规律，调节思想政治教育系统资源，实现思想政治教育效率的过程，形成全校教职工全员参与，有人抓、有人管、有人做，各尽其责，"抓""管"有序的管理体系。这种管理体系应该以学校的党委领导为核心，去"抓"；两条主线去"管"，即学校党委—学生工作处（校团委）—学院党总支、分团委、学生会—班级和行政一条线（学校校长—教务处—院系—教师—学生）科学化管理；还要建设好三支队伍：主要是指专兼理论课教师、辅导员和后勤保障人员，学生的思想政治教育和管理工作都是由这三支队伍来具体负责实施的；还要落实好思想政治工作得以实施的重要支柱，即六个机构和一个组织，包括思想政治理论教学部、学工处、团委、教务处、保卫处、后勤部门，学生党支部即一个组织。党委是高校思想政治教育管理体系中的领导核心，要深入"抓"；两条主线落实好"管"；避免造成管理的失误、执行能力出现问题，有充分跟进和协调落实的能力；思想政治教育理论教学部和学校党委的基层组织，要引导学生确立正确的人生观、价值观、世界观，积极推动全校的学生思想政治工作。第二，完善管理的理论体系。虽然高校教育管理过程中逐步建立了内容体系、工作体系和管理体系，还必须逐步建立大学生思想政治教育工作的理论体系，以便更好地指导实际工作，实现科学管理学生的思想政治教育工作。在高校，研究学生思想政治教育的课题项目较多，然而作为一个完整的体系，要高度重视下面的三个问题：一是明确大学生的思想政治品德培养目标。目标的确立，才能明确教育任务。任何育人工作都必须有明确的培养目标，大学生的思想政治品德培养目标的确立，要把握根本的目标即培养社会主义合格接班人，还要根据学生的实际情况制定不同的具体培养目标。二是掌握当前高校学生的自身特点，密切关注大学生的心理和思想的变化与发展规律。由于每个学生有着不同生活环境、社会地位、学习条件，这就导致他们在思想和心理上具有差异性。只有认真对待学生的特点和差异，才能做好学生思想政治教育工作。三是，对大学生思想政治品德进行考评。据大学生思想政治品德的培养目标，确定学生思想政治品德的衡量标准，对他们进行思想政治品德的考评，作为评价高校学生思想政治教育效果和评估学校教育质量的重要评价标准之一，并且把考评结果纳入学生的个人档案。

3. 职责明确的原则

高校思想政治教育工作队伍是加强和改进高校思想政治教育的重要组织保证，承担着思想政治教育的理论传输和思想宣传的重要任务。高校思想政治教育队伍更是我党的路线、方针政策的贯彻者和实施者。他们是思想政治教育的执行者，离开执行者，思想政治教育是无法继续开展的。然而，随着我国市场经济的飞速发展，高校思想政治教育工作队伍的建设受到了较大影响。例如，高校思想政治教育工作队伍不被重视、工作环境相对较差、职责划分不清、工作制度不完善。思想政治理论课教学在大学生思想政治教育中起着重要的作用，他们根据学科和课程的内容、特点，主要负责对大学生进行思想政治理论教育和人文素质教育。高等学校哲学社会科学课程负有思想政治教育的重要职责，其他各门课程都具有育人功能及思想政治教育价值，要为人师表，榜样示范，要以高度负责的态度，率先垂范、言传身教，大学生思想政治教育的骨干力量，辅导员和班主任，他们始终奋斗在大学生思想政治教育工作的第一线。辅导员有针对性地开展思想政治教育活动，班主任负有在思想、学习和生活等方面指导学生的职责，进行直接的思想政治教育，在学习指导与管理中贯穿思想政治教育，以及在实践活动中实施思想政治教育。

目前一些高校思想政治教育的队伍职责模糊，使得高校思想政治教育工作甚至被其他工作替代的现象,学生的思想政治辅导员变成了单纯的生活辅导员,用日常事务管理工作代替了思想政治教育工作,思想政治教育没有达到预期的效果。这种现象的出现,迫切要求我们组建起高校思想政治教育的专职队伍。这支队伍通过严格的教育和培训,逐渐成为高校思想政治工作的专家,从而推动高校思想政治教育工作迅速走向规范化。同时要加强专业教师队伍的素质建设,利用其思想政治教育资源,不断提高任课教师的育人功能,努力为思想政治教育创造一个良好的环境,使所有的思想政治教育工作人员都能够工作条件舒心,有发挥自己能力的平台,有让人羡慕的地位,有良好的发展空间。在当前情况下,高校应从实际出发,由党委进行统一领导,学校各方整合,建立起来一个职责明确的工作机制,从而形成一个覆盖全校的思想政治教育工作的工作局势。

4. 协调发展的原则

在高校进行思想政治教育的过程中,遇到矛盾和冲突是常有的事,这就需要协调来解决问题。协调的作用就在于它能够协调思想政治教育主体和接受主体的关系和矛盾,舒缓接受主体的心理状态,协调思想政治教育主体和接受主体之间的物质利益关系,加强其稳定性和团结性,减少不必要的消耗。促使相关部门相互协调,在高校思想政治教育系统管理的过程中形成齐抓共管的局面,然而高校思想政治教育系统管理机制首先必须强调党的领导,然后再强调行政负责,还要强调人人有责,对思想政治教育工作抓管有序、和谐一致,最终形成合力。党委要起思想政治教育工作的领导核心作用,大学生思想政治教育工作职能部门是学生工作处,对广大学生进行思想政治教育是它的主要职责之一,高校的思想政治教育管理工作是党政群团的一项重要工作。要想做好大学生思想政治教育工作,除了学生工作部门的努力,学校的其他职能部门也应该从育人这一目的出发进行积极配合,在精神和物质方面都应该给予大力支持,充分发挥高校各职能部门的思想政治教育功能,充分调动全校的教职员工积极性,参与思想政治教育工作。校党政领导要高度重视,深入抓好思想政治教育工作,院党总支书记、教学副院长、政工干部、专业教师、辅导员要参与并落实管理工作。校行政机关工作人员和后勤服务人员也要配合,努力开拓思想政治教育的新局面。与此同时,还应充分调动广大学生参与思想政治教育的积极性,学生虽然是被管理的对象,但是要尊重学生的自主权利,他们也是思想政治教育的接受主体,使大学生意识到在学校自己不仅仅是被管理者,同时他们也是学校的主人,是思想政治教育的主体,这样学校的各项规章制度才能够真正落实,思想政治教育管理的功能才能真正得到发挥,管理育人、全员育人的目标才能够实现。建立良好的高校思想政治教育机制,是顺利进行思想政治教育的有效保证,在思想政治教育机制运行过程中,必须坚持党的领导,发挥学校党委领导及其系统的作用,提高思想政治教育工作队伍的整体素质,制定并不断地完善学校关于思想政治教育的规章制度,只有这样,高校思想政治教育各个要素的功能才能得到最大的发挥,使整个系统收到最佳的效果。因此,在高校思想政治教育的过程中,思想政治教育的协调功能是不可忽视的。

(二)高校思想政治教育机制的创新举措

我们所处的时代,是一个改革开放的时代,创新是一项开拓性的工作,创新就要不断解放思想、实事求是、与时俱进,必须通过实践来实现,坚持理论与实践的统一、内容与形式的统一。因此,要创新高校学生思想政治教育机制,就必须强化与时俱进与开拓实践意识,做到坚持以马克思主义理论为指导,紧密联系我国社会主义建设实际,联系高校不断发展的实际,联系学校师生的实际状况,对思想政治教育理论灵活运用,对实际问题进行深入思考,认识新问题,剖析新问题,提高解决新问题的能力,优化动力机制,完善管理机制,建立思想动态监测机制,营造良好的激励机制,完善保障机制等,从而实现对思想政治教育机制的创新。

1. 优化动力机制

高校思想政治教育机制的运行是一个动态的过程,是通过人为而形成的,因此,一定存在一种动力推动着思想政治教育机制稳定向前发展,这种动力结构主要包含内动力和外动力两个方面。内动力主要是指由诸多要素构成的机制本身,外动力指除思想政治教育机制以外的但对其有一定影响的所有力量。思想政治教育机制离不开这些动力因素,否则就会停止运行,甚至瓦解,所以加强思想政治教育工作者的调适作用,不断完善教育主体和接受主体的协调关系,优化动力机制十分必要。第一,掌握大学生接受思想政治教育的思想基础。学生是思想政治教育的接受主体,接受主体的社会性决定了它必须接受思想政治教育。人的自我价值是个人与社会的关系问题,个人的自我价值只有在社会中才能得到实现,接受思想政治教育成为人格完善的途径,这样才能更好地实现个人的社会价值。因此,思想品德教育是思想政治教育接受主体对自我社会价值实现的内在动力。大学生只有在客观上接受思想政治教育,才能得到社会的认可,才能实现个人的社会价值,这些是确定其自身行为评价的依据。每个人都有自己的理想,都有自己的理想人格追求,都有适应社会要求的美好愿望,这些成为接受思想政治教育的思想基础和心理动力。另外,大学生接受思想政治教育的外在动力是社会主义市场经济环境的需求。从某种意义上讲,社会主义市场经济是法制经济,即便是法制经济,也必须有伦理道德的支撑,否则就会发生悲剧。目前,在市场经济竞争越来越激烈的前提下,一个人的道德形象和诚信度已逐渐成为人们衡量竞争力的标准,而当代的大学生普遍存在自我意识的矛盾,因为理想与现实必定存在一定的差距,所以当他们发现现实生活的方方面面与理想不一致的时候,就会觉得迷茫。总结起来,大学生自我意识的矛盾主要表现为以下几方面:理想中的"我"与现实中的"我"的矛盾;自尊心与虚荣心的矛盾;交往需求与自我封闭的矛盾;追求上进与自我放纵情性的矛盾等。所以加强思想政治教育的调适作用,对学生及时地引导,这样才能确保提高其人格需要,改变学生的道德观,增强学生的意志力,从而塑造完善的社会所需要的人格。因此,只有掌握社会生活的各项道德规范要求的大学生才能达到行为上的自律,自觉地接受思想政治教育也是必不可少的,以适应社会经济发展的需要。第二,不断完善教育主体与接受主体的协调关系。思想政治教育接受过程始终存在着各种矛盾，而矛盾斗争是思想政治教育机制运行的推动力。而教育主体与接受主体之间的矛盾是主要矛盾，不断完善教育主体与接受主体的协调关系，就是实现学生从客体到主体的教育理念的转变，应该倡导的主体性教育是培养型的。事实上，高校思想政治教育接受过程一方面要靠教育工作者的积极努力来实现，另一方面是大学生通过主观能动性来实现的。接受思想政治教育是一个逐渐深化、充满矛盾的漫长的过程。人们每次接收到思想政治教育事实信息，都会形成相应的道德烙印。思想政治教育过程是教育主体与接受主体互动交往过程，从施行思想政治教育的过程来说，教育者是教育的主体，学生是教育的客体；从受教过程来说，学生是接受教育的主体，施教者则是接受的客体，双方的交互影响作用，分别形成互为主客体关系的两个认识活动往复循环，这个过程很复杂，既要调动学生的主动性，要深刻地了解，又要开发学生的潜能，做到深层次的吸收，当思想政治教育的内容与接受主体原有的思想信念不一样时，对于部分接受主体来说要放弃原有的个人思想观念，才能接受新的教育内容，形成新的思想观念。教育主体是教育的发动者、定向者，只有努力解决这一矛盾，才能推动思想政治教育机制的良性运行。因此，教育主体为了能够发挥更大的作用，首先必须提高教育主体的自身素质，其次创造良好的教育环境，是教育主体进行思想政治教育必不可少的客观因素，也是促进接受主体吸收思想政治理论以及形成正确观念的重要因素，所以，通过这些中介作用，使教育主体和接受主体之间的关系越来越密切，相辅相成，促进二者共同进步。

2. 完善管理机制

高校思想政治教育机制创新的出发点和落脚点，是提高大学生的政治思想品德，为保障高校思想政治教育机制构建起来后有效运行，完善其管理机制是十分重要的。第一，进一步明确思想政治教育目标管理。目标管理既是基本的管理内容，又是一种管理制度和管理思想。从管理学的角度来分析思想政治教育的目标管理，是指通过目标的制定、分解、落实，使思想政治教育工作者共同参与，从而实现科学管理的形式和方法。作为一种管理思想，强调以目标为核心，建立必要的制度、工作岗位、工作职责、责权分解和绩效考核等。高校思想政治教育的目标具有层次性的特点，在我国，高校思想政治教育的根本目标是提高大学生的思想道德素质，促进其全面发展。在教育实践中，要将高校思想政治教育的根本目标，按不同阶段和不同层次分解成多个子目标，具体问题具体分析，结合大学生的自身特点，制定出多层次的远期规划和近期具体目标体系，把这些目标按照合理的标准有机地联结起来，然后按照从低到高的次序，一级一级、一步一步加以实现。并随着高校的具体实际情况，不断制定思想政治教育工作各阶段的目标，既要防止过高，又要防止过低，否则目标的权威性就受损。目标的设置应该是对现实综合的、全面的、多指标的反映，其实现是一个动态的过程，遵循阶梯原则机型目标管理，效率就会大幅度提高。第二，分解考核目标，促进管理的科学化。思想政治教育管理是一种整合思想政治教育资源的活动，需要借助一些具体手段。一是对思想政治教育的考核，把高校思想政治教育长期目标和教学管理综合目标考核体系相结合，把思想政治教育效果的好坏作为评价标准之一；二是要明确思想政治教育岗位责任目标，各尽其责、任务明确、职责清晰，在工作中避免推诿等不良现象发生，并严格按照岗位职责来评价思想政治教育者的工作效果，这样才能确保每位思想政治教育工作者更好地为学生服务；三是要组织考核和评价目标，具体问题合理对待，不能搞"一刀切"，以避免给师生心理上带来消极影响。第三，明确考评内容，促进管理的制度化。思想政治教育目标的考核和评价，是实行目标管理的重要环节，定期考评，促进管理的制度化。制度化管理意味着标准化、程序化、透明化，制度化管理更加便于师生进行考核，从而促进师生不断改善和提高效绩。目前来看，可以客观地反映高校思想政治教育工作的效益，其评价标准应体现在以下几个方面：一是要考核高校思想政治教育工作的领导是否坚强有力，是否能够带领广大思想政治教育者运行思想政治教育机制，能否实现思想政治教育的保证作用，有没有形成健全的领导体制、工作机制和高素质的专兼职工作队伍，促进各项教学工作的顺利进行和健康发展；二是看思想政治教育过程是否不断创新，有没有与时俱进，能否解决大学生中出现的各种思想问题；三是看能否巩固思想政治教育的地位，以育人为目标，保证和推动学校的发展和稳定；四是看大学生思想状况，如学风是否端正、责任心是否增强、心理是否健康、是否形成了良好的道德品质。在评价过程中，要做到所有师生员工共同参与，多层面地听取意见，把握评价的准确性。

3. 建立思想动态监测机制

第一，对思想政治教育者的思想实施动态监测。对思想政治教育工作者队伍进行整体把握，可以结合高校人事制度改革，逐步建立起择优上岗的队伍建设机制，建设好一支工作热情高、业务能力强、思想积极进步的思想政治工作队伍，是改进和加强高校思想政治工作的关键，同时保证思想政治教育队伍充满活力。一是要提高认识，搞好远期规划。规划建设好思想政治教育工作队伍，组织部门能及时掌握带有倾向性的思想问题，并妥善处理。建立思想动态监测机制工作过程中的信息收集、信息传递、信息分析等工作环节，对教师的心理活动规律进行收集探讨和分析，准确把握思想动态。二是强化机制，确立制度。培养和造就一支适应新形势的高校思想政治教育工作队伍，必须逐步形成思想政治工作人员相对稳定、合理分流的良性运行机制。三是要创造条件，提高待遇。有效改善职工的工作环境，从政策上切实解决好专职思想政治教育工作人员的职称和待遇问题，使他们感受到无比的优越感、自豪感，得到社会的充分尊重。要利用政策的杠杆作用增强吸引力，使思想政治教育工作成为大家重视的工作岗位。第二，对在校大学生的思想实施动态监测。自20世纪大学生动乱事件以来，大学生突发事件时有发生，无不向人们昭示这样一个事实，是否能在大学生思想矛盾初见端倪时，及时察觉，采取果断措施处置，避免情况的恶化。坚持尊重他人、服务他人、发展他人的思想政治教育优良传统，提升为加强和改进大学生思想政治教育的指导思想，高校思想政治教育工作系统要在大学生中及时收集思想动态信息，分析处理其思想动态，准确地把握潜在的和倾向性的问题，应尽快建立起大学生思想动态预警机制，提高思想动态的预测能力，根据预测结果对可能发生的问题进行超前防范。

建立起大学生思想动态预警机制：一是各院系应该建立信息上报制度，以确保院系及时掌握学生的最新情况。各级管理部门应成为思想政治教育反馈信息的集散中心，通过对反馈信息的详细分析和研究，能够及时提出思想政治工作情况报告和对思想政治教育加以调整的建议。班级干部以定期或不定期、定点或不定点等方式汇总信息及时向辅导员或班主任传递，让这部分同学能够顺理成章地把学生的最新情况反映给部门领导。二是高校思想政治教育反馈机制，还可以推动决策机关实施跟踪决策，使决策不断完善。思想政治教育决策关系到思想政治教育的方向，影响着思想政治教育效益。及时发现问题，能够促进上级部门充分掌握工作措施、教育内容、活动方式等多方面的情况，针对出现的问题发出调节指令，以确保思想政治教育决策的实施与顺利进行。在建构反馈机制中必须强调领导部门权威，强调在思想政治教育中服从指挥、协调一致，确保思想政治教育的战斗力，以应对突发事件和更好地做好日常思想政治教育工作。

4.营造良好的激励机制

激励机制是指通过一套理性化的制度来反映激励主体与激励客体相互作用的方法。可以通过表扬与批评、奖励与惩罚等形式，运用精神和物质的奖惩手段，以达到鼓励、调动师生员工工作与学习的积极性、创造性。创新思想政治教育工作的激励机制，实质上是战略激励与战术激励相结合的激励方式，针对师生员工等主体的物质和精神需求，因人、因事、因时实施的激励措施。

一些高校嘴上说把学生思想政治教育工作放在首位，但行动上没有付诸行动。一方面是用先进要求思想政治教育工作者多做贡献，另一方面是不重视学生的思想政治教育工作。这种做法严重挫伤了高校思想政治教育工作者的积极性和创造性。我国现在处于社会主义初级阶段，在大力发展社会主义市场经济过程中，在任何一个群体中都存在对物质和金钱的不同看法。因此，在社会大背景下我们既要提倡先进性，弘扬无私奉献的精神，同时也要考虑所有的思想政治教育者的付出，采取适当的物质激励，来激励思想政治教育工作者的积极性和创造性，鼓励他们开拓进取、无私奉献，为学生思想政治教育工作多做贡献。因此，对激励机制的创新，主要有以下几种具体措施。第一，用奖优惩劣强化激励机制。奖励能满足人们对物质利益的期望和要求。在高校思想政治教育过程中，要利用好奖惩的作用，必须做到以下几点。其一，公正公平，奖惩分明。不论奖励还是惩罚，都要从学校和广大师生的利益出发，不能为了满足一己私利，而伤害其他思想政治教育者的积极性，应该做到该奖就奖、该罚就罚、奖惩分明。其二，实事求是，奖惩得当。在进行奖惩前一定要深入调查，尽可能做到奖惩准确无误，杜绝弄虚作假。另外，要正确把握奖励的标准和尺度，尽可能地合理划分奖励的级别；要以奖励为主，奖励的人员一定要多于惩罚的人员；尽快选择适当的奖惩场所，及时抓住奖惩时机要时刻牢记奖惩的最终目的是为实现思想政治教育目标服务的。其三，奖惩与个别教育相结合，不能损害合作精神。因为人是社会动物，所以人的任何行为过程都需要互相合作，高校奖惩体系的构建更应该对合作进行奖励，对个人为合作而做的贡献进行奖励。不仅如此，高校奖优惩劣的机制还应遵循以教育为主的原则，对得到奖励的人要提出新的要求，提醒他要戒骄戒躁，继续努力实现更高的价值；对遭到惩罚的人要热忱关心、耐心说服教育，帮助其找出出现问题的症结，鼓励他克服困难，不要气馁，早日实现自己的人生价值。第二，坚持物质和精神奖励并重，包括物质利益精神利益两个方面。高校思想政治教育激励机制的作用，从根本上说，是通过利益刺激的手段来实现的。因此，在实施这种机制的过程中，既要注重物质激励，也要注重精神激励。那是因为：只讲物质激励，虽然能满足人的生理需要，在某种程度上可以激发人的工作兴趣和积极性，但容易使人产生唯利是图的不良心理现象；只讲精神激励，虽然可以暂时满足人的心理需要，激发人工作的主动性和创造性，但这样的作用不会持续很长时间。这就要求我们一定要坚持物质激励与精神激励并重，仍应注意奖励个人和奖励集体并重。这样做才能调动个人的工作积极性，才能鼓励集体的向心力和凝聚力，使集体的力量大于个体力量之和。还应防止对那些多次受到惩罚的人产生偏见，给他们以鼓励，不能让他们错过任何授奖的机会。第三，先进人物的示范作用。先进人物走在时代前列，代表了时代精神，反映了历史发展的方向，其事迹可以继承和发展，鼓励人们奋发向上。与一般的说服教育相比，榜样、典型的示范性更富有感染性和可接受性。俗话说，耳听为虚，眼见为实。示范教育更形象、更具体、更生动。一是充分依靠舆论，发挥先进人物的示范作用。舆论的力量是无法估量的，我们要借助舆论大力弘扬先进人物的事迹，用先进人物的崇高精神，倡导好人好事新风尚，用正确的舆论引导其他人；同时也要把握时机抓住反面典型，起到警示作用，利用舆论进行批评，让违背道德的社会现象曝光，不断净化社会的育人环境。二是重视先进人物的示范作用，高校思想政治教育工作者要以身作则、率先垂范，并言传身教，要有正确的价值观、高尚的道德风尚，用自身的模范行为慢慢地去熏陶和带动他人，他们用自身的美好形象和个人的人格力量对接受主体进行潜移默化的思想政治教育，真正提高高校思想政治教育工作的权威性和影响力。

5. 积极推进保障机制

保障机制是为思想政治教育活动提供物质和精神条件的机制，它为思想政治教育工作的顺利实施提供有效服务。随着社会的快速向前发展，高校思想政治教育工作面临的问题越来越复杂、越来越艰巨，这就对思想政治教育的保障机制提出了更高的要求。高校思想政治教育的突出特点虽然是无形的，但是因为它是一个长期的过程，所以必须得到重视。因此，要做好高校思想政治教育工作，就必须坚持继续投入大量的人、财、物，予以切实有效的保证。第一，要优化思想政治教育队伍结构，建设一支以专职为主，专兼职结合、政治素养高、业务精通的思想政治教育工作队伍。聘用那些自身素质高、喜爱高校思想政治教育工作的资深教师做兼职辅导员，要为这些思想政治教育工作者提供优越的条件，解决他们的实际困难，在政策上保证提高他们的工资收入。另外，要稳定骨干，为思想政治教育工作队伍注入新生力量。对于兼职辅导员、"双肩挑"的人员，要积极配合他们搞好其他工作，要充分肯定他们的工作业绩。他们付出的工作量，在一定程度上将要大得多，所以不应该对他们任何一方面的工作打折。打折的做法，会影响他们工作的积极性，不利于高校思想政治教育工作。在能力上，要建设好定期培训、进修、考察等学习提高的保障机制，为高校思想政治教育工作的专兼职人员参加社会实践创造条件，多搞一些社会调查，用丰富的实践经验提高自身综合素质，确保思想政治教育队伍整体素质得到提升，以增强思想政治教育工作能力，使思想政治教育目标早日实现。第二，保证必要经费的投入，使高校思想政治教育的物质条件得到切实改善。随着经济的发展，人类进入信息化社会，所以高校思想政治教育不能局限于传统的形式，而是需要先进设备和配套设施，改变教育手段，通过多种途径对学生进行思想政治教育。关于高校思想政治教育所需要的经费问题，可以先列入项目，进行预算，看看投入多少，能否切实改变目前落后的教育设施，应该按照学生数量每年确定固定的经费。目前有些学校思想政治教育工作者连电脑都没有，这就可以看出这些学校对思想政治教育工作不够重视。当然，经费的足额投入只是一方面，另外高校如果没有一支素质精良、态度谨慎的工作队伍，思想政治教育的效果也达不到理想的程度。所以，思想政治教育保障机制的这两个方面是相辅相成、不可偏废的。第三，法制保障。在高校，思想政治教育系统保障机制顺利运行，关键在于是否有一套完善的规章制度做保障。事实上，思想政治教育机制的法制保障，主要是通过学校的规章制度对学生行为的肯定和否定体现出来的。从这个层面上来讲，学校领导干部对学校的规章制度的具体操作自身就是思想政治教育运行的过程。因此，高校要做好思想政治教育工作就要特别重视建立健全高校师生学习、生活、工作中的规章制度，通过法制保障机制落实师生的权利义务关系。对学生日常生活提出高标准的要求，加强了良好的校风、学风建设，并且使大学生养成了健康的心理、行为习惯与高尚的道德风尚。法制保障应该贯穿思想政治教育的整个过程，也包括了学校对师生日常行为管理，比如学生的学习、学校的风气、对学生的违纪行为进行处分等各方面。这些关于日常行为管理的规章制度，一方面可以对学生有正面教育的功能，另一方面对违纪学生的严格处罚可以对其他学生起到警示的作用。

总之，高校的思想政治教育机制是一项复杂的系统工程，它是由教育主体、接受主体、思想政治教育教学目标、思想政治教育教学模式、思想政治教育内容、思想政治教育的环境氛围等多种要素组成，并且高校思想政治教育具有时代性、目标性、整合性、全员性、渗透性和实践性的特征。对于这样一个由多种要素构成的系统工程，我们应该以马克思主义为科学指导，以思想政治教育机制理论为基础，借助现代科学的方法和手段，对目前高校的思想政治教育进行实地考察和分析，要更加关注思想政治教育机制的运行现状，坚持对思想政治教育机制的整体优化原则、科学管理原则、职责明确原则和协调发展原则等原则的基础上，创新思想政治教育机制，即优化动力机制、完善管理机制、建立思想动态监测机制、营造良好的激励机制和积极推进保障等机制，以实现思想政治教育的价值。

第二节　校园文化建设与高校思想政治教育机制创新研究

一、高校校园文化的内涵

实践和理论是相互依存、相互支撑的。和谐的校园文化是学校发展的思想基础和价值导向，也是学校健康可持续发展的根本。和谐的校园文化对推进素质教育改革发展、加强和改进大学生思想政治教育、全面提高学生综合素质，具有十分重要的意义。

（一）高校校园文化的要素

任何一种文化的诞生，必须具备三个基本条件：文化创造的主体、对象以及一定文化创造得以进行的手段和环境。校园中具备了文化创造的主体，具备了从事文化活动的独特对象，具备了文化得以产生的独特手段和环境，它随着学校的产生而成为一种客观存在。在校园文化实际运作过程中，它还表现出自身的特异性，即校园文化不仅是以一种文化成果存在的，它还扮演着一种文化指令的角色——体现着校园人的文化需要，体现着领导者的意图和导向，发挥着自身特有的功能。

文化不仅是一种静态成果，更是一种动态的活动。所谓校园文化的要素，就是现实的校园文化开展不可或缺的因素，是校园文化建设的基础。

1. 校园文化的主体

校园文化主体是校园文化的直接继承者、建设者、创造者和反映者，直接关系到校园文化的性质、特征和功能。校园文化的主体不仅包括学生，也包括教师，还包括学校管理人员以及职工。作为一个整体的校园文化，是全体师生员工在各自不同领域以不同的方式为创造和反映校园文化而协同活动的结果。

由唯物辩证法可知，校园文化的主体同时也是校园文化客体的组成部分：当他们在校园文化建设过程中发挥积极主动的作用时，他们是主体；当他们成为校园文化结构中特定的研究和作用对象时，他们是客体。校园文化主体是校园文化客体中具有主观能动性的组成部分。

2. 校园文化的对象

从受教育者个体文化素质（主体的素质文化）的形成上，校园文化的对象主要体现为三种文化样式：一是智力文化——与知识掌握、智力发展有关的教学科研等文化活动及其成果，智力文化活动是人类文明进步的必然要求，也是校园文化的基础和重要特色；二是价值文化——与校园文化主体政治思想与道德品质形成有关的教育、自我教育活动及其成果，价值文化活动作为一种社会需要，决定着校园文化的性质和方向；三是个性文化——与形成校园文化主体个性和谐发展有关的文化活动及其成果，个性的和谐发展是校园文化活动所追求的核心目标之一。

3. 校园文化的环境

环境是主体实践活动的各种背景条件的总和。校园文化是学校教育教学的环境，但作为校园主体的一种实践活动形式，校园文化本身也有自己的环境。校园文化环境主要包括校园自然环境、人际关系环境和文化历史环境。

自然环境是指校园内外附设的种种教学、科研、生产和生活机构的领地。人际关系环境是校园文化主体之间相互交往、相互影响作用而形成的，它是一种动态的场环境。文化历史环境是指一所学校历史文化传统的积淀、社会大文化背景及其输入方式和校园文化主体进行文化活动的积极性和创造性。

（二）高校校园文化的特点

第一，先进性。高校作为文化的主阵地，一直走在时代的前列，为国家培养了大批人才，同时也是新思想与新理念传播的重要场所。高校有着尖端的实验设备，展示最先进的科学研究成果，是高科技人才、学术专家等聚集的地方。之所以高等院校一直走在时代前沿，是因为师生可以接触到最先进的思想并且能很好地去传承和发展，这就决定了校园文化的先进性。校园文化在对事物的客观理解与认识方面有一定的深度。同时，活动的内容与形式品位独特、设施齐全、思想内容高尚。作为大学生与教师，一方面要传承与发扬优秀文化，与此同时又不能止步于此，应充分发挥创造性思维，探索新的符合时代需要的思想与文化。因此，校园文化建设更具有先进性。

第二，连续性。校园文化是通过长时间的积累与筛选而来，通过一代又一代师生的努力传承下来，同时在时代背景下形成与时代吻合的新文化。校园文化在这个文化发展的过程中生生不息。高校汇聚了最先进的思想与科学技术，也是人才济济的地方。科学、可持续的校园文化一定会是社会进步的主导文化，也会对国家的精神文化建设起到深度影响。

第三，多样性。当今社会是一个经济与信息全球化的时代。国家与民族之间文化的交流与融合已经越来越频繁，这也是这个时代所特有的。这就形成了校园文化的多样性。许多国外优秀文化、尖端科技和先进思想大多是最先被高校引进，再通过学校的影响以及人才的输入输出注入社会。由于高校的平均知识水平高，外加良好的社会环境和密切学术交流，高校无可厚非成为外来文化的集散地。

第四，对立统一性。在这个多元化的社会中，校园文化一样也面临着各个方面的冲击，传统文化与现代文化、国内文化与国外文化等的激烈碰撞。传统文化是人类智慧的结晶，并且具有鲜明的时代特色。因此它有着与当前时代不相符的一面。传统文化中的典型的等级制度，当代的民主、自由；以儒家思想为主导思想的国内文化和以个人主义为核心的国外文化。在这些文化的强烈碰撞之下，经过不断的磨合，当代的校园文化产生了具有时代特色的新的特性。

第五，开放性。我们处在一个开放和包容正日益占据社会价值制高点的时代，作为高校更是走在时代的最前端,但它不是孤立存在的,它与外界不停地进行着信息与文化的交流。正因为这样,校园文化才可以不断地更新与完善。

二、加强校园文化思想政治教育功能创新的举措

(一)提高对校园文化思想政治教育功能的认识

良好的校园文化有利于引导大学生发挥自己在思想政治教育活动中的主体作用。由于社会经历和经验的制约,大学生在价值取向与判断上往往受社会局部的、眼前的或某些因素的影响,导致他们在认知上发生偏差。而良好的校园文化可以通过文化的"集体意识"将学校办学目标内化为教师的教育目标和学生的成长目标,将大学的主要任务内化为老师的教育、科研需求和学生的学习、成长需求,将大学的办学导向升华为教师的发展导向、学生的成才导向,使学校的每一个成员都感受到自己在校园文化建设中的主体作用,并使学生在情感中发出对校园和校园文化的认同感、归属感。

1. 以社会主义核心价值观指导高校校园文化建设

要坚持不懈地培育和弘扬社会主义核心价值观,引导广大师生做社会主义核心价值观的坚定信仰者、积极传播者、模范践行者。社会主义核心价值体系是兴国之魂、兴校之魂。我们需要用社会主义核心价值观引领大学校园文化建设、构筑校园文化之魂、助推建设中国特色的一流大学,为实现"中国梦"做出高校应有的贡献。第一,先进的校园文化建设需要社会主义核心价值观引领。核心价值观是一个国家软实力的灵魂,是推进社会进步的精神旗帜。在全面建成小康社会的历史进程中,伴随着世界经济全球化、价值取向多元复杂、意识形态斗争凸显、改革全面深化、矛盾问题多发,迫切需要用社会主义核心价值观引领社会思潮、凝聚社会共识。社会主义核心价值观,传承了中华优秀传统文化和人类文明优秀成果,体现了党对我国所处历史方位和面临形势的清醒认识,符合中国特色社会主义发展要求,具有强大的正能量和导向引领作用,是实现"中国梦"的强大精神力量。社会主义核心价值观是先进校园文化的价值选择。大学校园文化建设的目标是培养"社会主义事业的建设者和接班人",途径是通过各种方式"以文化人、以文育人",核心是践行"社会主义核心价值观",为学校完成好育人任务奠定坚实的基础。因而,中国特色的先进大学校园文化,必然要求在思想政治教育、中华民族优秀传统文化教育、世界文明教育、爱国主义教育、道德与法制教育等各个方面,都要融入社会主义核心价值观的内涵,把知识教育和价值教育统于育人的全过程。第二,用社会主义核心价值观构筑大学校园文化之魂,以社会主义核心价值观统领校园文化体系。我们要弘扬社会主义核心价值观,弘扬以爱国主义为核心的民族精神和以改革创新为核心的时代精神,不断增强全党全国各族人民的精神力量。构建中国特色的校园文化体系,要从我国实际情况出发,发扬中华民族优秀文化传统,吸收借鉴人类文明一切有益成果,做好文化传承和文化创新工作,面对意识形态新冲击和价值取向多元化,增强战略定力,弘扬主旋律、凝聚新力量,用社会主义核心

价值观统领校园文化体系。构筑突出核心价值主题的中国特色校园文化载体，构建融入社会主义核心价值观的思想政治理论课课程体系。要体现社会主义核心价值观的丰富内涵、体现对古今中外价值观的批判继承、体现马克思主义中国化的最新理论成果、体现对当代社会意识形态和人民关心的热点问题的深刻剖析。用社会主义核心价值观注入校园文化的灵魂，成为校园文化的主旋律，使校园成为满载理想信念、民族精神、时代精神的一方热土。第三，用先进的校园文化助推建设中国特色的一流大学。搞好文化传承创新以助推一流大学建设。我国经济和社会发展成就举世瞩目，国际领先的尖端科技层出不穷，正是得益于我们坚定"四个自信"，独立自主，自力更生，走出了一条中国特色的社会主义道路，得益于坚持办中国特色的社会主义大学，得益于中国的大学为国家培养了一批批高层次人才。因而，我们要立足中国国情，把社会主义核心价值观教育内容贯穿人才培养、学科建设、科研教学、管理服务的全过程，扎根中国大地，研究中国课题，搞好文化传承和创新，充分发挥好中国大学的学术优势、文化优势、国家智库优势，为中国特色的社会主义建设事业出咨询建议、实施方案、科研成果、高水平人才，办中国特色的世界一流大学，为实现"中国梦"做出更大的贡献。

2. 增强师生的思想道德观念

第一，加强学生的思想道德教育。在建设校园文化的同时应充分考虑作为大学校园主体的大学生的心理特征及社会现实问题，把新的、与时俱进的教学理念以及教学方式应用到实际的教学过程当中，培养大学生健全的人格和高尚的思想品质。这就需要社会各界共同参与，加大宣传力度，为提高师生的道德素养创造良好的社会环境。要合理利用媒体资源和各类教育宣传活动，宣传先进思想，发扬优良传统，弘扬社会正气。让广大师生拥有正确的价值取向。一是明确目标，正确认识大学生活。大学新生在面对一个新的、陌生的环境时难免会产生一些矛盾、困惑、失落、迷茫等消极负面的情绪。及时、给予指导，使其对大学生活有一个正确的认识和了解，从而调整心态，重新定位，以便更好地适应大学生活。二是树立远大理想，形成正确的人生观。高校校园文化建设的核心目标是培养学生树立正确的人生观、价值观、世界观，学会正确处理人际关系。当代的大学生处于特殊的时代背景，文化的多元化、思想观念的激烈碰撞以及复杂的社会现实等一系列问题，让大学生在面对人生重大抉择的时候很是茫然。和谐校园文化建设指引大学生从实际出发，正确看待个人与社会以及个人与国家的关系，以个人目标为起点，合理规划，树立更为远大的理想。三是加强道德修养，不断完善自我。21世纪的大学生应该具备怎样的素质，是值得我们思考的问题。大学生的素质是校园文化建设的重要内容，也是思想道德修养的目的所在。它可以提升我们的道德修养，完善自我。这就需要我们从点滴做起，为完善自身而不懈努力。四是，大学生的思想政治教育要与时俱进。教育的根本任务是以德为先，培养高素质人才。在时代不断变化、大学生特点不断更新的环境下，思想政治教育的方式方法需要不断创新，与时代发展的脚步相一致，充分调动学生学习的主动性积极性。从实际出发，把学生关注的热点问题和焦点问题引入课堂教学，鼓励学生发表个人观点及看法，从而因势利导，教会学生在遇到不同的事件时如何理性冷静地表达自己的情感。激发学生的爱国主义情操和民族自豪感，奋发图强，拼搏进取，为祖国的建设贡献力量。要充分利用课堂资源，把理论与实践很好地结合在一起，把理论放到实际生活当中，结合当前的国家现状、国际形势、相关政策、法律法规等深入讲解，充分发挥课堂主导作用。采取多渠道教学模式，课堂教学与互联网教学相结合，将思想政治教育全面渗透到学生的学习与生活当中。对于学生出现的问题，要及时给予指导，帮助其解决问题。大学生的思想政治教育需要全方位的培养，从实际出发，特别是对困难大学生的问题应予以高度重视，帮助其解决实际问题，让其感受到政府的温暖。第二，用中国特色社会主义理论体系武装师生头脑。正确的思想导向对大学生而言非常重要，将中国特色社会主义理论体系中的先进思想真正融入他们的生活当中，对于社会的一些焦点问题和热点问题，能够明辨是非、使其爱憎分明。第三，开展新时期大学生廉洁教育。大学生在高校接受教育的过程，是他们不断学习完善自我的过程，同时也是人生观、世界观、价值观形成的重要阶段。在这个人生的重要时期，廉洁教育对他们而言也相当有必要。廉洁教育能够以潜移默化的形式，培养大学生的精神品格，萃取他们的闪光点，锤炼他们的意志品质，帮助他们自强、自立、自信、自律，使他们养成自我调节、自我约束、自我培养、自发自觉的修身省过的良好品质，做廉洁、正直的人，走正确的路，树立昂扬向上的精神状态，养成勇于经受考验、承受挫折的能力。正是这一点，廉洁教育客观上满足了他们的主观需要。现在的大学生是未来公职人员的主要后备群体，使其尽早形成廉洁意识对抗各种潜在的腐败意识，应是当务之急。使其具有抵御腐败的免疫力，确保成长为健康的社会主流力量，不仅是全社会反腐倡廉的重要组成部分，也是大学生实现自我的内在需求。新的时期，廉洁教育要与校园文化建设紧密相连，营造"清正廉洁"的校园文化氛围。领导干部以身作则，廉洁治校。学校各级领导严于律己，律己方能服人。在校园营造廉洁文化氛围，设立廉洁文化宣传栏，开展廉洁事迹展播及报告会。从多方面着手，将廉洁教育与大学生社会公德教育、诚实守信教育、纪律教育和法制教育等结合起来，增强大学生的责任意识、诚信意识和法制意识，引导大学生树立正确的世界观、人生观、价值观和荣辱观，培养高尚的道德情操。

（二）构建和谐校园人际关系，营造思想政治教育的良好氛围

1. 和谐师生关系

和谐的师生关系是提高教育教学质量的前提条件。著名教育学家叶圣陶说过：在你的教鞭下有瓦特，在你的冷眼里有牛顿，在你的讥笑里有爱迪生。作为教师，每一句话、每一个眼神、每一个举动，都影响着学生，影响着教育教学的效果。因此教师不仅要有广博的学识，独特的人格魅力同样可以拉近与学生的距离。教师要做到：一视同仁，公平地对待每一个学生，与学生谈话要动之以情、晓之以理；课堂上以学生为主，给学生自由，让他们成为课堂的中心，使每一个学生都能获得在课堂的展示风采的机会，这样融洽的师生关系才会建立起来。教师要像对待自己的亲人一样爱护学生、信任学生，把学生放在心中，

给予每一个学生无私的爱。比如平常和学生谈谈心，了解学生的家庭情况、兴趣爱好、心理状况，对学生的日常学习生活给予关心和帮助；多些微笑，多些表扬，少些批评和责怪，让学生感到老师的真诚与温暖。只有师生关系处在这样一种关爱、平等的和谐气氛之中，学生才可以敞开心扉与老师交流沟通，这样才有利于建立起和谐友爱的师生关系。良好的教学质量离不开和谐的师生关系，新形势下的师生关系具有新的特点，需要科学判断、正确分析和积极的理论导向。这样才能形成健康和谐的师生关系，使高等教育更好更快地发展。

第一，社会环境与学校内部环境发生明显的变化，师生关系趋于复杂化。随着科学技术发展的加快、新领域的不断增多，原有的教育模式不能适应社会的发展，许多老师对新时期的师生关系充满困惑与茫然，我国高校扩大招生以来，招生量大幅度增加，高等教育也由之前的精英教育转变为大众教育。这样一来，师生的比例严重不均衡，师资短缺，影响教学质量，同时教师与学生间的交流减少，很多学生在学习和生活上的问题得不到解决，为教学工作带来很大的困难。

随着社会的发展、信息技术的普及，大学生的眼界越来越宽，观念也呈现出多元化趋势。不理解孩子的内心世界，便没有教育文明。在世界文明的今天，在素质文明的今天，建立起一种平等、合作、健康、和谐的新型师生关系，是学校实施素质教育的前提，也是培养新时代高素质创新型人才的关键所在。第二，新形势下，高校教师应处理好师生关系。高校不同于行政、企业单位，主要由上级领导支配，一般在交流中往往服从指挥，而我们高校学习生活中，涌现出师生情，教师是奉献者，用讲台这个舞台去展现自己的才华，学生是受益者，全身心投入学习中，二者相得益彰，构建和谐高校师生关系。教师应从民主、平等、关爱入手，注重加强学生学习优势、更新学习方法，深入了解学生心理。我们特别注意纠正自己和学生的这种心态，懂得尊重学生、观察学生、了解学生，使其关系和睦融洽，对所有学生一视同仁，平等对待每一位学生。这对师生间良好关系的建立起着十分重要的作用，营造平等交流的良好氛围。第三，高校教师平等对待学生。部分老师出现不同层次待遇，导致学生心里产生差异。以视同等待遇，不要以为调皮就会认为这是不务正业。所以高校教师应该以多重方面的评价标准去评价学生。

2. 和谐其他关系

加强校园人文环境建设，促进校园文化发展首先要建立良好的教职工之间的关系。因为教职工之间的关系也同样关系着高校校园文化建设的关系，良好的教职工关系可以促进高校校园文化的发展，如果教职工之间的关系不协调，同样制约着高校校园文化的发展。加强校园人文环境的建设同样要和谐学生之间的关系，学生之间的和谐发展，也可以促进校园文化的和谐发展。

第八章 新时代中华优秀传统文化与大学生思想政治教育

第一节 中华优秀传统文化对大学生思想政治教育的意义

一、中华优秀传统文化的时代价值

进入新时代,中国共产党人越来越认识到,中华文化积淀着中华民族最深沉的精神追求,包含着中华民族最根本的精神基因,代表着中华民族独特的精神标识,是中华民族生生不息、发展壮大的丰厚滋养。中华优秀传统文化在当今时代具有重要的意义,其时代意义可以概括为六个方面:中华优秀传统文化是现代哲学社会科学宝贵的思想资源,是民族精神的丰厚精神滋养,是中华民族最深厚的国家软实力,是文化自信的深厚历史来源,是社会主义核心价值观的深厚滋养,也是全世界华人共同的思想情感认同。

(一)民族精神的丰厚精神滋养

中华传统文化中包含着民族精神的优秀基因。比如,刚柔相济的民族品格。张岱年先生认为,中华民族的民族精神是自强不息的进取精神和厚德载物的宽容精神。自强不息是中华民族的阳刚色彩和进取精神,厚德载物是中华民族的平和与宽厚包容的品格。国家发展需要精神支撑,自强不息、厚德载物这种刚柔相济的品格是中华民族精神的底色与基础,体现在中华民族精神的方方面面。

中华优秀传统文化是中华民族的"根"与"魂",中华优秀传统文化,积淀着中华民族最深沉的精神追求,代表着中华民族独特的精神标识,形成了中国人的思维方式和行为方式,支撑着中华民族历经五千余年生生不息、代代相传、傲然屹立。要深入挖掘中华优秀传统文化蕴含的思想观念、人文精神、道德规范,结合时代要求继承创新,让中华文化展现出永久魅力和时代风采。

(二)中华民族最深厚的国家软实力

文化软实力是综合国力的重要组成部分,主要指在社会文化领域具有精神感召力、社会凝聚力、价值吸引力、思想影响力等方面的文化精神力和竞争力。国家软实力体现为国际影响力，一个国家在世界上的影响，既靠强大的经济实力、军事实力，也靠强大的文化影响力。

中华优秀传统文化独树一帜，其丰富深厚的哲学思想、人文精神、道德理念、审美品格、艺术情趣、辩证思维和科学智慧，是中华民族的宝贵精神矿藏，对提高国家文化软实力，确立我国在世界文化格局中的独特定位，乃至实现中华民族伟大复兴的中国梦，都具有极为重要的意义。

近年来随着中国综合国力的不断提升，中国道路、中国智慧、中国方案、中国形象越来越散发出世界魅力和国际影响力。文化的优秀、国家的强大、人民的力量，就是我们文化自信的强大底气。是文化自信的水之源、木之本。

（三）社会主义核心价值观的深厚滋养

社会思想文化的任何创造和发展，都必然依赖于传统。中华传统文化在人们的意识中所起到的潜移默化作用，是人们日常思想和行为的基础，是人们进行思考的思维原型，是孕育新价值观的温床，是新观念得以生发的土壤。

中华优秀传统文化博大精深，学习和掌握其中的思想精华，对树立正确的价值观很有益处。中国人讲"厚德载物"，载就是承载、能承受得起。有深厚的德行，才能容纳他人，才能承载外在的财富、地位和名声。

（四）全世界华人共同的思想情感认同

中华优秀传统文化是海外华人的精神根脉，维系着海外华人对共同的民族心理和价值观念的归属和认同。我国每年举办的各种祭祀活动，如祭祀伏羲、祭祀黄帝、祭祀大禹、祭祀孔子等，都会吸引成千上万的海外华人回到祖国。

共同祭祀中华民族的人文始祖和道德始祖，这就是海内外华人共同的思想情感和文化认同。比如黄帝是中华民族的人文始祖，每年在郑州新郑市黄帝故里举办的黄帝故里拜祖大典，就充分引起了华人世界的共鸣。大典传播的"同根同祖同源、和平和睦和谐"理念，有力促进了中华儿女的大团结和人类命运共同体的建设，世界各地华侨华人纷纷在当地与黄帝故里遥相呼应举办三月三拜轩辕大典，并把在当地举办大典的重要史料捐赠给郑州市政协文史馆，充分体现了世界华侨华人的伟大祖国认同、中华民族认同、中华文化认同。

在科学领域，有潜移默化中形成的、为某一科学传统所特有的、未可明言的隐性知识，在社会生活领域也有长期形成的为大家所默认的隐性知识，当人们要解决某一问题时，这些隐性知识便作为一种根据、尺度或思想架构，引导人们沿着一条特定的思考路线去寻找答案。中华传统文化包含着中华民族的隐性知识，它所包含的知识、理论、思维方式和价值观，看似无形，却又无处不在，在一直默默指引着人们的思想和行为。

二、中华优秀传统文化融入思政课的意义

（一）进一步促进马克思主义中国化

思想政治理论课的基本教学任务就是马克思主义理论教育，中华优秀传统文化融入思想政治理论课教学，能够进一步促进马克思主义中国化。

马克思主义作为一种世界性的学说，揭示了人类社会发展的一般规律，但它没有也不可能指出每个民族的具体发展道路。马克思主义学说的世界性必须借助一个个具体的民族性才能实现。马克思主义中国化就是将马克思主义基本原理同中国具体实际相结合的过程，具体地说，包含三个方面：一是马克思主义在指导中国革命、建设和改革的实践中实现具体化；二是把中国革命、建设和改革的实践经验和历史经验上升为马克思主义理论；三是把马克思主义植根于中国的优秀传统文化之中。

只有把马克思主义基本原理同各国的具体实践相结合，才能取得社会主义革命和建设的胜利。要实现马克思主义与各国具体实践的成功结合，就需要使马克思主义民族化，只有实现其民族化才能实现其世界化。因为马克思主义只有与各个民族的特点相结合，与其传统文化相结合，才能在这个国家扎根并真正发挥改造社会的功能。

不断促进中华文化与马克思主义的相通相融，是推进马克思主义中国化的内在要求。中华优秀传统文化是马克思主义中国化的文化土壤，它不仅影响着我国思想文化的基本内容和方向，也是马克思主义理论中国化的"借喻基点"，具有不可低估的现实意义。

借喻基点，就是人们去认识、阐释和表现某一思想文化时所依据的既有文化。人之所以能够阐释文化全在于他们各有一个因各种动机和影响相互交织而成的独特观物角度——"借喻基点"。每个人阐释新思想新知识时必然依据既有思想和既有知识，当理解外来思想文化时所根据的既有思想知识，就是"借喻基点"。传统文化是理解和吸收外来文化的借喻基点，借喻基点是自己既有的文化背景赋予人们对不同的思想文化进行创造性理解的能力，它使外来思想文化的基本精神和本民族的文化深层结构相适应，从而建立认同机制。如果失去了既有文化作为借喻基点，就会失去同化和吸收外来思想文化的能力。

思想政治理论课对传统文化资源的自觉继承与融合，能够促进马克思主义与中华文化的相通相融，也有利于马克思主义中国化。宣传阐释中国特色，要讲清楚每个国家和民族的历史传统、文化积淀、基本国情不同，其发展道路必然有自己的特色；讲清楚中华文化积淀着中华民族最深沉的精神追求，是中华民族生生不息、发展壮大的丰厚滋养；讲清楚中华优秀传统文化是中华民族的突出优势，是我们最深厚的文化软实力；讲清楚中国特色社会主义植根于中华文化沃土、反映中国人民意愿、适应中国和时代发展进步要求，有着深厚的历史渊源和广泛的现实基础。

（二）推动中华优秀传统文化的创造性发展

中国共产党既是中华优秀传统文化的忠实传承者和弘扬者，又是中国先进文化的积极倡导者和发展者。中华优秀传统文化融入思想政治理论课，可以推动中华优秀传统文化的创造性转化和创新性发展。近代以来的一定时期，我们过度否定自己的文化传统而希望代之以西方文化，事实证明这是走不通的。当今时代已经越来越认识到传统文化在社会发展中的不可或缺，重新体认到传统文化的巨大价值和力量。

传统的价值蕴含在其同一性的文化功能之中，联结"过去"与"现在"，使"现在"与"过去"保持一致，同一性既是传统的本质所在，也是传统最重要的文化功能，更是传统在现代社会发展中的价值、地位的关键所在。历史虚无主义的最大危害，是否定传统与历史，造成人们的价值混乱，扰乱人们的思想，它颠倒是非判断的标准，造成社会极大的思想混乱，而社会思想混乱就可能会造成政治上的动乱，这就抽掉了国家民族稳定发展的共同思想基础。推动中华优秀传统文化创造性转化和创新性发展，已经成为时代需要。可见，继承弘扬和创新发展中华优秀传统文化也是当代大学生应该承担的历史文化责任。

一直以来，人才培养、科学研究、社会服务被概括为大学的三大功能，在当前高等教育中拓宽人文学科的教学范围、在公共课程中渗透传统文化的有关知识，思想政治理论课与其他哲学社会科学都责无旁贷，需要承担起普及、承继传统文化教育的历史责任。

文化自觉、文化自信与对历史文化的自觉自信，是抵制历史虚无主义的基石。博大精深的中华优秀传统文化是中华民族的独特精神标识和宝贵精神财富，是凝聚56个民族、14亿中国人的精神家园，是我们在当今世界多种思想文化相互激荡中保持镇定、站稳脚跟的根基。以马克思主义理论为指导，进一步把马克思主义与中国优秀传统文化相贯通，从理论上独立分析中国社会发展的道路和规律，完善和创新中国特色社会主义理论体系，创造中国话语、中国理论、中国价值，才能消减历史虚无主义，超越西方学术，破除理论上的西方中心主义藩篱，树立文化自信。

创新的前提是继承，与古为新、反本开新。与古为新，就是古人已经写过的题材，也能有所创造，达到不断创新的意境，转化为现代意义上的创新；反本开新，就是要珍惜、回顾自己的文化传统，从中获取新的文明。思想政治理论课是中华优秀传统文化实现创造性转化和创新性发展的重要途径，因为思想政治理论课对优秀传统文化资源的自觉继承与融合，就是以时代需要与古为新、反本开新。继承和弘扬中华优秀传统文化，就是要以时代的眼光创新和转化优秀传统文化，使中华优秀传统文化与时代相结合，传统文化的时代性转化是传统文化创造性发展的基本方式。

（三）提高思想政治理论课教学的实效性

思想政治理论课作为对大学生进行思想政治教育的主渠道和主阵地，是落实立德树人根本任务的关键课程。在立德树人的过程中，思想政治理论课教学需要中国传统文化这个深厚的人文底蕴作为支撑。

1. 中华优秀传统文化是思想政治理论课的丰富教学资源

第一，中华优秀传统文化能够为大学生道德教育提供丰厚的资源支撑。首先，中华优秀传统文化具有很多优秀的思想道德故事，这些内容渗透性强、影响持久、形象生动，如果融入高校思想政治理论课的思想道德教育之中，会使有关教育变得生动活泼、深入人心。其次，融合传统道德文化的道德教育较易为大学生所遵循。传统文化具有历史延续性和群体潜意识性，也就更容易引起受众联想，从而打动人心，为大学生所接受和铭记，进而完成道德观念的自然生成。由于传统道德观念有丰富久远的历史文化内容做支撑，人人耳目习见，往往已经化入心中，因此每个人都自觉、不自觉地认同和遵循着这些规范。在思想政治理论课教育教学过程中，完全可以借助千百年来的传统习惯，借助学生潜意识中的思想记忆，借助几千年来延续不断的中华民族的道德情感、道德心理和道德好恶，顺势引导和生成现代思想道德观念。

第二，中华优秀传统文化可以为大学生的思想教育提供文化资源支撑。批判理性主义认为，人类的思想不是单独地、超越地或先验地以所谓纯粹理性的天赋来思考的，思想除了有意图与兴趣，还要以过去在潜移默化中所得到的东西为根据。中华传统文化是人们进行思考的思维原型，传统在人们的意识中起到潜移默化的作用。传统是人们日常思想和行为的基础，是孕育新价值观的温床，是新观念得以生发的土壤。社会思想文化的任何创造和发展，都必然依赖传统。中华传统文化可以为马克思主义世界观、人生观、价值观教育提供有益的思想资源。比如，人生观方面，中华民族自古就有一种自主自立、顽强不屈、勤勉不懈、锲而不舍的奋发进取精神，素来主张刚健有为、自强不息。中华民族崇信不屈不挠、有所作为，这种努力奋发、自强不息的精神对培养大学生的耐挫力，对大学生砥砺成才、健康成长是极为有利的。比如，价值观方面，中华传统文化特别强调为民族为国家的公共精神，自古就形成了以民族和国家为重的整体主义精神，倡导"国而忘家，公而忘私"，从孟子的"以天下为己任"到岳飞的"精忠报国"再到顾炎武的"天下兴亡、匹夫有责"，都一以贯之地体现着这种精神。挖掘和利用这一深厚的思想教育资源，有利于提升大学生的爱国主义情操，弘扬民族精神。

第三，中华优秀传统文化为培育弘扬社会主义核心价值观提供人文涵养。人类的价值观、情感、态度和理想等必须附着于一定的知识、习俗、民族心理等载体上，中华传统文化的人文涵养可以使学生获得丰富体验，增强理解他人的能力，提高思想道德和人文素质。思想政治理论课不仅可以引用马克思、恩格斯等经典作家的思想作为课程资源，而且可以融入中华优秀传统文化作为课程资源，从而丰富深化教学内容，提高价值观培育的感染力与实效性。

在思想政治理论课教学中，通过对传统文化中所蕴含的深沉价值理念及其现代意义加以挖掘和阐释，可以发挥其涵养社会主义核心价值观的重要作用，更好地帮助大学生将社会主义核心价值观内化为自己的思想指南、外化为自己的实际行动。社会主义核心价值观中的许多内容如富强、民主、文明、和谐、爱国、敬业、诚信、友善等都深深植根于传统文化之中。只有从历史文化的角度深入解读社会主义核心价值观，以中华优秀传统文化为根基，才能使社会主义核心价值观深入人心。

2. 中华文化可以增强课程的文化底气和学生的思想情感认同

思想政治理论课植根于民族文化与历史典籍，无疑可以增强课程的文化底气和学生的思想情感认同，有助于提高思想政治理论课的教学实效性。

第一，有利于增强教学吸引力。中华优秀传统文化融入思想政治理论课，有利于丰富教学内容，提高教学吸引力。思想政治教育不同于其他学科的学理性和知识性教育，其主要目的是使所教内容获得受教育者的情感和价值认可，从而内化为他们的心理结构并转化为自己的实际行动。如果单靠概念分析和逻辑推演等方法很难达到上述目的。与此不同，中国传统文化具有独特丰富的哲学内涵、优美生动的文字典故以及非概念化的历史积淀，教学中如果通过雅俗共赏的形象化讲授，通过一些耳熟能详的故事事例，深入浅出地解读理论，容易使大学生产生共鸣。通过小故事讲述大道理，这对听腻了大道理的学生来说，是极具吸引力的。可见，将优秀传统文化融入思想政治理论课教学以丰富教学内容，有利于增强教学吸引力，有利于增强思想政治教育的内化效果，有利于推动高校思想政治理论课教学内容的改革。

第二，有利于提高大学生的人文素质。人文教育的核心是涵养人文精神，旨在提升人生境界、塑造理想人格，促进个人与社会价值的实现。毫无疑问，中华优秀传统文化是大学生人文教育天然的好教材。任何一个民族都有自身延绵不绝的民族文化和民族精神，在发展过程中，都会形成一定的思想传统、道德标准和审美倾向，它表现为一个民族的生活习俗、礼仪风尚、思维方式和价值观念，它是一个民族的精神血脉。这种在长期发展过程中所形成的思想传统、道德标准和审美倾向，深深地影响着人们的思维方式、价值观念和行为选择。中国传统文化最丰厚的资源在人文领域，其中最主要的特点就是它鲜明的理性主义和人文精神。中华文化作为一种源远流长、博大精深的既定文化存在，是大学生人文教育中天然的优秀素材。

第三，有利于促进大学生的心理健康。中国传统文化中的儒家、道家和佛家有一个明显的共通之处，就是主体要通过积极调整自己的精神世界达到与内外世界的和谐共处。儒家要求人们面对现实、适应环境、认识自己、悦纳自己、积极入世。

中国人经过几千年的繁衍发展形成了共同的社会历史基础，对民族传统文化存在着普通的共同的亲近感。思想政治理论课的教师和学生，都长期处于民族传统文化的熏陶下，有着相同的文化意识和心理基础。教学中将传统文化与思想政治理论结合起来，有助于增加思想政治理论课的人文性、丰富性和趣味性，有利于当代大学生对社会主义核心价值观的认同，也能全面提升思想政治理论课的教学实效性，同时也有助于引导大学生树立高尚的理想情操和养成良好的道德品质，树立体现中华民族优秀传统和时代精神的价值标准和行为规范。

当一个民族处在伟大复兴的前夜，它必须回顾自己的历史文化，从中吸取力量。历史上每一次思想文化上的飞跃，都要回到源头去寻找力量，发出新的光辉。中华民族要发展，就必须回顾我们的文化传统，反本开新。因此，实现中华传统文化的创造性转化与创新性发展，是中华民族伟大复兴历史进程中的一项重要文化建设任务。知悉并掌握中华传统文化的根脉，使中华优秀传统文化融入思想政治理论课教学，努力实现传统文化的创造性转化、创新性发展，使之与现实文化相融相通，具有重要的历史意义和现实意义。

第二节 中华优秀传统文化融入大学生思想政治教育的基础

中华优秀传统文化与思想政治教育教学内容有着明显的契合。马克思主义和中华传统文化虽然具有差异性，但二者不仅不存在根本的对立冲突，反而在内在特质上具有明显的相通性，这是中国人接受马克思主义的思想基础，也是两种文化相互融合的根本依据。与此同时，中华文化还始终坚持文以载道、文以化人的传统，蕴含着极其丰富的哲学思想与人文精神，能够为培育和弘扬社会主义核心价值观提供丰厚的滋养，为社会主义思想道德教育提供深厚的资源。

一、中华优秀传统文化与马克思主义理论

马克思主义理论是我们立党立国的指导思想，马克思主义理论教育是思想政治理论课的基本教学内容。马克思主义理论和中华文化的核心理念是相通的，二者有着天然的契合性，学界对这个问题的研究已经很多。中华文化与马克思主义的契合主要可以表现在特质、目的、价值、内容和方法等五个方面。

（一）精神特质的契合

第一，马克思主义与中国传统文化都主张世界的客观物质性。马克思主义在"物质与意识何为第一性"的问题上，认为物质第一性，世界本原是物质，而中国传统文化体系里认为气是万物本原，万物统一于气，"天地一气"即客观物质。第二，马克思主义与中国传统文化都重视社会历史性研究。儒家文化和马克思主义都注重对人类社会历史的研究，都具有深厚的历史意识，也都建构了自己的历史哲学。马克思主义主张人民群众是历史的创造者，是历史发展的主体，而中国传统文化也十分重视记载历史和研究历史，重视对历史经验教训与王朝更替规律的总结，也揭示了"民"对社会发展的重要作用。第三，马克思主义与中国传统文化都具有革命斗争性。马克思主义以其阶级斗争和暴力革命为突出表现，而中国传统文化则以"王侯将相宁有种乎"赋予民众勇于斗争、不畏强暴的精神意识。第四，马克思主义与中国传统文化皆重视变化发展。马克思主义以联系和发展为基本观点形成了辩证法思想，而中国传统文化也富含变易、矛盾等辩证法思想。第五，马克思主义与中国传统文化都是开放性的文化。马克思主义秉承着与时俱进的原则，随着历史的发展

而丰富壮大，善于根据实践的发展进行理论创新，也吸纳一切优秀思想的精华以提升自己。中国传统文化包含着各个学派，有容乃大、兼容并包是中华文化的重要特质，而借鉴吸纳外来的优秀文化成果，是中国传统文化几千年来一直保持生机与活力的基本原因。第六，马克思主义与中国传统文化都强调实践。马克思主义主张实事求是，提倡实践是检验真理的唯一标准，而中国传统文化更提倡经世致用和知行合一。

（二）社会理想的契合

马克思主义和中国传统文化的核心理念都是人与社会的和谐稳定。中国传统的"大同"理想与共产主义理想有明显的相似之处。共产主义社会的实质是改变人性异化、人为物役的不合理社会，实现每个人自由全面发展，这与中国传统中对自由、平等、和谐的大同社会的追求有着暗合之处。当代中国又进一步提出了全面建设"小康社会"、构建"和谐社会"的社会理想，这些理想都吸收了中国传统中"大同""小康""和为贵"的思想成分，具有中国特色，是中国化马克思主义的重要组成部分。从社会理想层面上来看，《礼记·礼运》篇的大同理想，以"天下为公"为基本原则和根本特征，与马克思对共产主义社会的远景设想有明显的类似之处。就社会目的而言，马克思主义主张，社会发展的终极目的是要消灭私有制，消除两极分化，建立一个"没有阶级剥削和压迫，所有财产归全人类共享"的社会化大生产社会。在这个社会当中，每个人都能够各尽所能、各取所需，得到自由而全面的发展。马克思主义所追求的共产主义是公平公正的理想社会，这与中国传统思想意识中源远流长的均平思想、大同社会有一定的契合。所以，从社会理想层面来看，儒家"大同社会"与马克思主义的共产主义社会是相通融合的。

（三）价值观的契合

第一，个人价值方面，马克思主义以人为核心，重视人、高扬人的主体性，提出人的自由全面发展观点，最终要以人民自己解放自己为原则去奋斗。马克思主义对人的重视与中国传统文化中的"民本"观念相契合，中国传统文化蕴含着丰厚的民本思想，儒家学说更是将人视为宇宙万物的主体与核心。

第二，社会价值方面，马克思主义与中国传统文化都追求社会的和谐发展。马克思主义主张社会与人的和谐，认为人的本质是一切社会关系的总和，任何人都不可能脱离社会关系而存在，社会利益的实现保障了人的最大利益，这与中国传统文化主张群体本位、看重集体利益的思想不谋而合。

（四）思想内容的契合

第一，坚持物质第一性。辩证唯物主义肯定了物质第一性，提出社会历史的发展与人们的物质生活条件有关。而中国传统文化哲学中"五行"学说，用"气"来说明生命和精神现象的产生基础，都力图坚持物质第一性、精神第二性的立场。第二，依遵客观规律。马克思主义主张人们要遵循客观规律办事，而中国传统文化中提出的"理势合一"也解释了客观规律的不可抗拒性。第三，民本思想。马克思主义历史唯物主义主张人是社会存在的主体和根本，人民群众是历史的主体与创造者。中国传统文化中以"民为邦本""民贵君轻"为代表的民本思想贯穿了整个中国古代社会。马克思主义坚持群众史观，认为历史是由那些促使整个民族、整个阶级行动起来的重大持久的动机促成的，这与儒家的"民本"思想是相通的。第四，法治与德治的结合。中国特色社会主义提倡依法治国与以德治国相结合，依法治国既受现代法治思想的启发，又来源于中国传统文化的法家学派，以德治国则来源于中国传统文化的儒家学派。第五，辩证法作为一种思维方式，贯穿于马克思主义和中国传统文化的始终。中国古代的阴阳学说认为"阴阳"是万事万物的基本属性，既对立又统一，阴阳二气相互作用是事物发展变化的动因，老子的辩证法丰富而灵动，中国传统的辩证思维为中华民族接受唯物辩证法架起了桥梁。唯物辩证法的联系观、发展观和矛盾观，都透露着其与中国传统文化的契合点。第六，马克思主义与中国传统文化都注重实践。马克思主义的首要观点就是实践观，马克思主义认为实践是认识的来源、目的和发展动力，是检验真理的唯一标准。中国传统文化向来主张"入世"，即积极参与社会实践，实现自身价值。中国传统文化中的实践观表现在知行观上，源远流长的"知行合一"正是对实践的进一步阐释。"知行"关系就是理论与实践的关系，"知行合一"就是理论与实践相统一。中国传统文化主张不仅要"知"更应当"行"，儒家文化中的"修身、齐家、治国、平天下"是人们参与社会实践的行动顺序与路线图。

二、中华优秀传统文化与社会主义核心价值观

社会主义核心价值观的文化渊源和民族魂魄，就是中华民族的历史文化。社会主义核心价值观以社会主义实践为现实基础，借鉴并汲取了中华文化的精髓。对中华优秀传统文化的思想精髓进行深入挖掘和阐发，就不难发现其蕴含着国强民富的价值目标、公平正义的社会追求、诚信友善的个人准则等持久价值。在具体内容上，社会主义核心价值观在国家、社会、个人三个层面上实现了传统价值理念与现代价值观念的结合，直接或间接地继承了传统文化中的思想精华。

（一）国家价值目标上的承接

富强、民主、文明、和谐，是社会主义核心价值观在国家层面的价值目标，是我国社会主义初级阶段的奋斗目标。富强、民主、文明、和谐，是对社会主义现代化建设目标的集中概括与表达，是对国家层面的期待，也是以对中华优秀传统文化的吸收为基础的。

富强，即富足而强盛。君主的功绩，在于使国家走向富强。国富兵强也是我国近代以来的历史经验教训的总结。民主，即主权在民，由人民统治。民主思想自古就有，在中国传统文化中"民惟邦本"的政治理念与"民贵君轻""以人为本"的民本思想，都体现了中华民族朴素的民主理念。为民是一切政治活动的根本目的、价值标准。社会主义核心价值观中的"民主"是对传统民本思想的继承和发展。文明，是人类智慧、道德的进步状态，是社会发展到较高阶段和具有较高文化的状态。文明，指的是文采光明，在现代汉语中，

指与野蛮相对立的一种社会进步状态。富强固然是国家的根本，文明也是国民幸福的基础。和谐，是和睦协调，是对立事物之间在一定条件下的辩证统一，是不同事物之间相反相成、互助合作、共同发展的关系。"和合"思想是中国传统文化的精华，"和合"就是多样性的统一，孔子说"和为贵"，墨子说"兼相爱"，孟子说"老吾老以及人之老，幼吾幼以及人之幼"，和而不同即"大同"，是古人最高的社会政治理想。

（二）社会价值取向上的接续

社会层面上倡导自由、平等、公正、法治的社会主义核心价值观，体现出人民群众和现代社会的诉求，是对社会的期待，也体现出马克思主义要求人的自由全面发展这一根本方向。"自由、平等、公正、法治"，借鉴了儒家"天人合一""允执厥中""隆礼重法"等思想，体现了中华优秀传统文化的价值追求。

自由，即自主独立，"自由"在中国古文里的意思是"由于自己"，就是不由于外力，自己做主，最基本的含义是不受强制和干涉。在不侵害别人的前提下自主自立，按照自己的意愿行为。平等，指人们在社会、政治、经济、法律等方面具有相等地位，享有相等待遇，泛指地位平等。平等是人和人之间的一种关系、人对人的一种态度，它是人类的终极理想之一。

（三）个人价值准则上的衔接

爱国、敬业、诚信、友善，是社会主义核心价值观的个人价值准则，是对个人修养的集中概括与表达，它覆盖社会道德生活的各个领域，是公民的基本道德准则，也是评价公民道德行为选择的基本价值标准，与中国传统文化的理想人格一脉相承。

三、中华优秀传统文化与社会主义思想道德建设

中华优秀传统文化与社会主义思想道德建设有着密切联系，与高校思想道德教育也有着密切联系。中华民族传统美德就是中华优秀民族品质、优良民族精神、崇高民族气节、高尚民族情感、良好的民族礼仪的总和。社会主义思想道德建设与中华民族传统美德相承接，就是说社会主义思想道德建设要与中华优秀传统文化一脉相承。

新中国成立之初，我们以马克思主义为指导进行社会主义道德建设，以批判继承、古为今用、推陈出新的基本原则对待中华民族传统道德，取得了社会主义道德建设的辉煌成就。中国共产党继承发展了传统的民本思想和仁爱精神，倡导全心全意为人民服务；继承发展了传统的群体本位的整体理念，弘扬集体主义精神；继承发展了传统的爱国主义、自立自强等精神，树立起"爱祖国、爱人民、爱劳动、爱科学、爱社会主义"的"五爱"公德，从整体上构建了系统完整的社会主义道德体系。

社会主义道德是中华民族传统美德的历史发展，其来有自，并非凌空而降，中华民族传统美德是社会主义道德建设的深厚历史文化资源。对中华民族传承下来的传统道德，要古为今用，有扬弃地予以继承。自觉充分地继承中华民族传统美德，显示了我国社会主义

道德建设的历史根源性和文化继承性，这既是我国社会主义道德建设的一个重要途径，也是我国社会主义道德建设的一个基本特征。民族的优良传统道德，是进行现实道德建设的重要资源，也是必不可少的基础和条件，同时也是道德建设具备强大生命力的源泉。中国特色社会主义道德建设，应当也必须继承和弘扬中华民族传统美德。

中华民族传统道德所包含的积极因素，是社会主义道德建设不可或缺的历史依托和不可多得的文化资源。如果对照社会主义道德建设的具体内容，中华传统道德与社会主义道德建设的相关性就可以更加清晰地呈现出来。传统道德的仁爱思想以及家庭道德、职业道德、社会公德等道德观念，与社会主义道德精神和社会主义道德建设都有着内在的历史联系。

传统的仁爱思想与社会主义道德精神是高度相关的。中国传统社会的道德体系是以儒家的"仁"为价值原点来整合的，而社会主义道德体系则是以"为人民服务"为价值原点来整合的。为人民服务和集体主义相互联系、有机统一所构成的社会主义道德精神，是可以在儒家的"仁爱"道德思想里找到其传统文化的源头的。儒家讲仁民爱物、民胞物与、德治仁政、以身任天下，主张经世致用，"安人""安百姓""忧以天下，乐以天下"，尽自己的社会责任。儒家主张为国为民、兢兢业业、鞠躬尽瘁，在国家存亡的关键时刻，要能够舍身保家卫国。这些精神正是"为人民服务"的题中应有之义。

传统的人伦道德与社会主义家庭美德建设高度相关。中国家庭道德有着深厚传统，对协调家庭关系、造就良好风气起过积极的作用，其中有一些内容至今仍具有理论价值和现实意义，比如勤俭持家、父教子孝、夫妻相敬如宾、兄弟姐妹和睦友爱等，它可以培养家庭成员之间健康丰富的道德情感，促进人与人之间的真诚相待与相互信任。传统的"敬业之要"与社会主义职业道德建设也高度相关，传统道德所倡导的忠于职守、诚信无欺、取信于义、精益求精的职业精神，在今天仍具有重要的现实意义。传统的"处世之德"与社会主义的公德建设高度相关。虽然中国古代传统社会的政治、经济结构相对简单，公共生活领域狭小，因此在社会公德层面上比较欠缺，但是，传统道德强调的自敬敬人、礼让为先、天人合一、舍己为人、乐群贵和等精神，对我们建立现代公共精神文明、形成和谐的公共关系，仍然不失其借鉴意义。至于个人品德方面，传统道德有着更加丰富的修养论述，修身养性、省察克治、慎独自律、积善成德，等等，都是今天个人品德建设的养分。

国内外发展的大量事实证明，只要正确对待，一国的传统道德不但不会影响其现代化建设，反而是维持社会秩序、改善社会道德的丰富资源，是现代德育的重要内容。中国优秀传统道德是创造以马克思主义为指导，既面向世界又立足本国，既充分体现时代精神，又继承发扬优秀民族传统的具有中国民族特色的社会主义道德文化的思想源泉。中华优秀传统文化与社会主义思想道德教育具有明显的一致性，是思想政治理论课宝贵的课程资源，在经济全球化背景下，中华优秀传统文化中蕴含的关于思想道德教育的内容能够帮助大学生树立正确的世界观、人生观和价值观，培养民族意识和爱国主义情感，增强民族自信心，同时能丰富教育的内涵，对思想道德教育具有重要影响，完全可以自然融入思想政治理论课的有关教学内容。

四、中华优秀传统文化与社会主义文化建设

社会主义文化建设是高校思想政治理论课教学内容的一个组成部分。我国社会主义文化建设与中华优秀传统文化密不可分。

中华优秀传统文化是中国人民在特定的自然环境和社会历史环境下创造的物质财富和精神财富的总和，是社会历史的积淀物，它包含了大量的物质遗存、丰富的科学技术成就、深邃的哲学思想、灿烂的文化遗产和浩如烟海的历史文献，博大精深，是中国人民智慧的结晶。

中华优秀传统文化是中国特色社会主义文化的宝贵资源，是社会主义文化的源泉，社会主义文化已被深深地打上了优秀传统文化的烙印。社会主义文化既对中华传统文化取其精华、去其糟粕，又有选择地借鉴外来优秀文化，它是中华优秀传统文化与马克思主义理论的融合与统一。

社会主义文化建设是思想政治理论课重要的教育教学内容，中华优秀传统文化融入大学生思想政治理论课，能够帮助大学生扫除对传统文化的偏见，形成对优秀传统文化的自信心，实现"道路自信、理论自信、制度自信、文化自信"，培育和弘扬社会主义核心价值观。

中国特色社会主义文化植根于源远流长、博大精深的中华传统文化。中华传统文化是中华民族生生不息的文化源泉，不论是对中国的历史存在还是中国的现实发展都具有不可替代的重要意义。从历史存在的角度来看，中华优秀传统文化是中华文明形成并延续发展几千年而从未中断的精神根基，是形成和维护中国团结统一的政治局面、形成和巩固中国多民族和睦同心的大家庭的精神纽带，是形成发展中华民族精神的文化血脉，是激励中华儿女维护民族独立、反抗外来侵略的精神支柱。从现实发展的角度来看，今日之中国是历史之中国的延续和发展，现实文化的发展离不开历经几千年历史形成发展起来的中华传统文化的滋养，中华优秀传统文化仍然是推动国家发展进步、促进社会和谐稳定的精神力量，中国人民正在全力进行的中国特色社会主义建设事业、中华民族正在努力行进的伟大复兴，都深深地植根于中华传统文化的深厚沃土之中。

正是因为传统文化在我国社会主义文化建设中具有源泉地位，将中华优秀传统文化融入大学生思想政治教育才是必要的。中华优秀传统文化是中华民族的"根"和"魂"，是中华民族的文化基因和精神家园，是中华民族生生不息、发展壮大的丰厚滋养，是我们治国理政的重要思想文化资源，是涵养社会主义核心价值观的重要源泉，是实现中华民族伟大复兴中国梦的重要精神支撑，是中华民族在世界文化激荡中站稳脚跟、坚定文化自信的坚实根基和突出优势。高校思想政治理论课是以理想信念教育为核心，以爱国主义教育为重点，弘扬和培育民族精神和时代精神相统一的中国精神，从而培养学生对个人身份认同感、对国家民族认同感的课程。这样的教育教学需要大家有共同的思想情感基础，因为身

份的认同感和国家民族的认同感不可能从真空状态发展起来，根深蒂固的传统文化是一个民族进行现代思想情感认同的既有本源。中华优秀传统文化是中华民族在几千年的文明发展中所创造的宝贵财富，它今天仍然以或明或暗的不同方式，或隐或显地影响着人们的思想和行为。这使得从中华优秀传统文化中提取的教育素材与教学内容也具有极强的感染力，运用于课堂易于引起学生的共鸣。

传统文化进入思想政治理论课，可以提高学生对思想政治理论课的关注、认可程度，能够在润物细无声的状态下感染学生，从而自然而然地完成民族认同、文化认同、政治认同的教学任务。因为传统文化融入思想政治理论课的过程，本质上就是在理论上融入历史文化的过程、融入人类情感的过程，是一个能引起学生思想共鸣、情感认同的过程。

综上所述，温故才能知新，中华优秀传统文化融入思想政治理论课教学完全可行。中华优秀传统文化与思想政治理论课不仅在思想内容上具有契合性，而且更为关键的是，中华优秀传统文化融入思想政治理论课在政策上得到了党和国家的大力提倡与支持，中共中央高度重视传统文化因素对思想政治教育的重大作用。

第九章　新时代生态观与大学生思想政治教育

第一节　生态观视域下思想政治教育的意义

一、传统思想政治教育与生态观视域下传统思想政治教育研究的相互作用

（一）思想政治教育的生态观

思想政治教育中生态观是当代思想政治教育适应现实社会的挑战和诉求的逻辑产物。由上述可知，生态观是人类在生态系统上进行世界观的概括，是对生物与生物之间关系问题的基本认识和观点，它指导人类认识和改造自然，核心在于对人与自然关系的认识，可以说它是一种科学的思维方法。对于思想政治教育本身，它面对动态的、发展的社会环境，重点在于发掘人的主体性，推进人的全面发展，在满足人的需要和人的全面发展中，考虑人与自然、人与社会的关系以及如何从生态角度去把握。思想政治教育中生态观规定了三个基本问题，即在反思人与自然的关系的前提下，思想政治教育生态观如何解决当下人与自然的矛盾；如何在思想政治教育生态观的指导下把握和解决当前所面对的挑战和危机；如何让思想政治教育生态观满足生态文明建设的需要。

1.思想政治教育生态观的表现形式

当前中国学者对于思想政治教育中生态观表现形式的说法众多，至今还没有达成统一的认识。

（1）培养科学的生态意识

生态意识能够决定人们对待生态自然环境的态度和行为方式，它是人类最基本的、与人类的主体意识密切相关的意识。生态意识是一种独立的崭新的意识形态，它是反映人与自然之间均衡发展的价值观念。长期以来人类在改造自然过程中，由于进行了一些不合理的实践活动，导致资源短缺、环境污染等生态问题，生态系统受到很大程度的破坏，而人类在面对当前的诸多生态问题时不可避免地会产生对自身的思考和反思，这就构成了主体自身的生态意识。

生态意识蕴含着丰富的内容，其中包含生态价值意识、生态忧患意识、生态道德意识、生态科学意识等。思想政治教育生态观通过思想政治教育开展的实践活动来树立和培养生态价值意识，以利于人们在实践活动中树立正确的价值取向以及价值评价标准；培养生态忧患意识，帮助人们认识生态危机产生的原因及其根源在于不正当的社会实践活动，指导人们要勇于承担生态危机产生的负面影响；培养生态道德意识，对自身或他人的行为有正确的道德判断，理性分析当前日益严峻的环境与发展的问题并明确自身的责任和义务；培养生态科学意识，从科学视角来审视自然和指导实践，系统科学地改变生态困境、解决生态危机。

（2）构建生态道德教育机制

所谓生态道德教育是教育者从人与自然和睦相处、相互依存的生态道德观念出发，以提升生态道德品质和生态道德意识为目标的教育活动，以为了更好地享用生存空间以及人类长远利益为引导，使受教育者自觉形成爱护生态环境以及生态系统的思想觉悟、生态保护意识和相应的文明习惯。它伴随着人类社会文明的发展进步而产生，是一种崭新的思想政治教育实践活动，其实质在于提升人们的道德意识水平，呼吁人们在道德理念的约束下，维护生态平衡和不可再生资源的可持续再利用，用道德标准来约束自己和他人的行为，主动承担维护生态系统平衡的责任。从本质来讲，生态道德教育就是对于人的素质教育，它的教育内容非常丰富，重点在于如何促进人的全面可持续发展并提高生态道德素质，具体包含生态道德知识教育、生态道德规范教育、生态道德意识教育、生态道德养成教育。

面对日益严峻的生存环境和生态危机，要想实现生态系统均衡、构建社会主义和谐社会，就必须在社会中普及生态道德教育。然而，普及生态道德教育不是一朝一夕就能实现的，是一个复杂而系统的工程，它不仅强调代内公平，也注重代际公平，既要求人们不但要对自身的生存环境负责，还要为后世子子孙孙的生存发展予以充足的资源和空间保障，以谋求自然价值与人类自身价值的统一，最终实现人与自然和谐均衡发展。因此，要使生态道德教育的理论转化为人们对于生态保护的行为和意识，发挥生态道德教育的实效性，就需要全力构建生态道德教育机制。

（3）树立积极的价值引导

生态观的发挥需要价值观这种表现形式来传扬。传统的工业社会时期以"人类中心主义"为主导价值观。"人类中心主义"传递的理念实质上是以自身生存为目标，将人类的生存发展置于自然万物之上，并要求所有的社会实践活动都以该价值目标为准则去遵循。人类在面对自然时处于主导地位，处于有利的一方，而自然则成为人类认识及改造的客体，在涉及人与自然关系的问题时，人类通常会最大限度满足自身的需要去创造价值和财富，这就不可避免地对自然进行改造，以至于违反了自然的内在发展规律，这个时候就亟须生态价值观来发挥作用去调节并规范人类的破坏行为，促使二者协调发展。

非人类中心主义倡导人们在满足自身生存发展的同时也要尊重生态平衡，突破"人类中心主义"价值理念的束缚，正确认识人与自然的辩证关系。"非人类中心主义"价值理念存在的基础和意义在于它不但承认自然发展的内在价值和规律,也正确引导人与自然二者和谐共处的理念。非人类中心主义的观点有利于生态文明的建设,但是它忽略了人与自然的相互平等。因此,我们要树立正确的主导价值观,确立整体利益的观念,促使公众由"经济人"向"生态人"转变。

2.思想政治教育生态观的意义

(1)思想政治教育生态观能够促进人的全面发展

当前人们致力于缓解日益严重的生态危机以及严峻的生存环境,不但在于为人类自身提供一个优越的生存发展环境,也在于促进人与自然的均衡发展,进而实现社会可持续发展,其本质目的还是为了实现人的全面可持续发展。人是社会中的人,具有典型的社会性,人无论是生存还是发展都离不开社会这个大环境,因此可以说,人的全面发展需要良好的生态环境予以物质条件上的保障。与此同时,思想政治教育活动是促进人全面发展的重要手段和方式。因此,应该充分发挥并实现思想政治教育的育人、导向、激励、调节功能,使思想政治教育生态观发挥时效性,教育并引导人们正确认识人与自然、人与社会以及人与人之间的关系,深刻意识到人对自然、对社会以及对于人类自身所担负的重任,形成积极正确的自然观、发展观、价值观、生态道德观,最终实现人的全面发展。

(2)思想政治教育生态观能够缓解当前的生态危机

长期以来,征服和改造自然的胜利使得人类中心主义的价值观念盛极一时,把人类当作地球的主导,理所当然地把人类自身凌驾于自然之上。事实上,生态问题就像一面镜子,不仅反映出了不断恶化的生存环境,也揭示了现代社会中发展的问题。中国当前面临的生态危机表面上看是由于人类不合理的行为,肆意地开发、浪费自然资源,忽略了自然环境的承载能力和可持续性,但本质上在于价值观以及复杂的文化背景。人类在发展中不断反思,现代人们所崇尚的急功近利和享乐主义的价值观是现代生态环境危机越演越烈的始作俑者。思想被看作是行为的先导,人类若不改变自身不正确的价值观念和思想观念,不深刻自省,就难以改变目前的生活方式和生存方式。而思想政治教育生态观就在于不断提高人们的认识水平和思想道德素质,培育和造就现代社会"生态人",以适应生态文明建设的时代性。

(二)思想政治教育生态观培养的路径选择

1.构建科学的生态心智模式

生态政治是以政治为视角研究生态环境问题,进而使政治和生态环境形成相辅相成的关系,将政治和生态合理地统一起来,最终促进政治与生态环境和谐、持续、协调的发展。由于生态危机的产生和发展,推动了国与国之间的政治关系以及国际政治生态化的演变,最终形成了生态政治观。当前由于人类过度向大自然索取能源与资源,生态问题日益严峻,保护生态环境刻不容缓。然而政治是人类的政治,是社会的政治,当人类繁衍生息受到生态失调的威胁时,政治作为一种手段、措施必然会延伸到自然界领域,生态政治观应运而生。

（1）促进新型生态政治的发展

首先，生态政治观要求政府以政治化的手段来规范决策行为。政府可以通过制定政策和规章制度、颁布法令等行为直接干预环境保护、影响经济发展模式以及公众行为，这些行为都会间接地对环境造成积极影响。生态政治观的确立，有助于调动公民参与生态环境治理的积极性，进而影响到政府的决策。其次，将公民政治参与行为与生态有机统一。一方面在面对日益恶化的生态环境和严峻的生态危机时会激发公民政治参与的欲望，另一方面将公民政治参与生态统一也将有利于生态环境保护。再次，有助于促进政治教育与生态结合。教育是人类改造自身的实践活动之一，在教育过程中不仅应当包含人与自我的关系，人与人、人与社会之间的协调，而且也应该包含人与自然之间关系的协调。这意味着政治教育并不只是一种精神文化具体表现，更没有与自然界相悖。将生态学与政治教育有机统一，使得政治教育的基本原理、知识融入政治教育中，使受教育者的文化素养和政治意识上升到人类的生存意识高度，以此提高受众的环境素养。

（2）提倡资源节约型消费观

消费作为人类生存与发展的基本条件之一，它基本彰显着人与自然的关系。在传统的工业社会，人类大肆向自然界索取原材料，以消耗自然资源为代价来满足人类的物质需要。即每个人类活动都会消耗一定的自然资源，并且随之产生各种各样的废弃物，这些行为必然会影响自然环境。正因为如此，只有转变人们原有的消费观念，提倡资源节约型消费观，崇尚节俭、提倡适度消费、参与绿色消费才能有效地解决资源浪费、环境污染和生态失调等目前威胁人类生存和发展的问题。提倡资源节约型消费观不仅会使人们的消费行为与国家、社会相联系，还能够与自然环境相联系；使人们的消费行为不仅以满足当代人的需求为目的，还会为子孙后代的利益考虑。倡导这种与生态和谐发展的消费方式，应该发挥思想政治教育生态价值的作用，在全社会范围内提倡科学的消费行为，摒弃以破坏环境换取经济增长的不合理消费观念，引导公众迈向生态消费之路。

（3）确立正确的科学技术观

科学技术在促进人类社会和经济发展的同时也会对人类的生存和发展带来消极后果，可谓是把双刃剑。人们在享受科技发展带来的巨大物质和精神财富的同时，却又不得不重视科技能够直接或间接地危害到人类的生活和健康，如人口过快增长、能源和资源枯竭、环境污染和生态破坏等问题。面对这种情况，必须树立正确的科学技术观，倡导生态科技和绿色科技，不仅要承认科技发展所带来的正面影响，而且还应对其产生的负面影响加以重视，并采取相应的措施，将其负面影响降到最低。首先，通过科技发展过程中产生的诸多案例及其发展的多元化，引领人们对于科技进步与社会发展的关系树立正确的认识，坚持可持续发展理念和科学发展观，尽量避免和减少将要发生和正在发生的生态问题；其次，开展科学的技术观教育，揭示出科技发展对人们的积极和消极影响。科技本身并不具有双重性，这种双重性是由科技应用所处的社会条件决定的，科技应与人类社会协调发展。

2.构建三位一体的生态培养体系

生态道德的建设是我国生态文明建设目标的一个重要内容，它是涉及人与自然相互关系时人们所要遵循的行为准则、责任意识和道德规范的总和。开展积极有效的生态道德教育，对于缓解我国当前的生态危机具有重要的现实意义。生态道德教育涉及社会的各个领域，是一个复杂的系统工程，归纳起来就是在学校、家庭与社会三个主要领域中协调进行。

（1）发挥学校教育的主导作用

学校教育是思想政治教育理念传播的主要基地，它在对于人的生态道德教育中起着主导作用，它不仅培养学生的生态道德理念和环保意识，更能增强学生处理问题的责任和能力。为此，学校要承担起生态道德教育的责任，为构建可持续发展的社会主义和谐社会奠基。

第一，正确树立教育系统的思想政治教育生态观。生态道德的教育不是一朝一夕就能实现的，它需要一个长期的潜移默化的教育过程，它的教育目标就在于全面提高学生的综合素质。首先，在中小学阶段，教育者尽量避免单向的灌输，而是激发学生参与到课堂讨论与社会生态实践的积极性，在教育过程中明确学生在生态建设中的道德伦理责任，这个阶段尤其是中学阶段的学生开始由半成熟向成熟转变，在参与生态实践的过程中更应增强自身的责任感与成就感。中小学阶段的生态道德教育可以说是至关重要的，一旦受教育者在这个基础上自觉行动起来，就会自觉履行生态建设的义务，内化为自身的信念，外化为一种良好的行为习惯。而在大学阶段的生态道德教育则应该以"研究性学习"为主，让学生参与到讨论与决策的过程中，以当前社会中生态问题为案例并寻求解决方案。与此同时，制定生态危机产生的道德评判标准，鼓励学生探求我国生态危机产生的主导价值观以及它的存在基础。

第二，开设思想政治道德教育方面的课程。要将思想政治教育的生态价值纳入各级教育系统的教育内容，在各阶段尤其是中小学阶段开设生态道德相关的必修课程；此外，根据不同年龄段学生身心发展的特点以及接受能力编写教材，来增强受教育者的道德认知能力，以利于他们今后的道德判断和行为选择。学校应当始终贯穿"以人为本"的基本国策，在各学科渗透环境教育的基础上，通过专题教育的形式，引导学生关爱自然、关注学校以及社会的环境问题，使学生能够获取科学的生态道德知识、培养学生对于环境的友善态度以及价值观。学校也要充分发挥自身的地位和技术设备优势为教师提供培训和技术支持，以保证我国的各级教育系统对生态道德的建设起到积极的作用。

第三，要加强教育者的生态道德意识。教育者具有良好的生态道德知识固然重要，但这不是重点，重要的是做好生态道德教育工作，以身作则、为学生树立榜样是教师的职责所在，这在本质上也是一种形象感召力。可以说，教师也是在潜移默化中建设着德育教育内容。因此，将继续教育和教育者岗前培训相结合，在建设师资队伍的过程中普及生态知识，全方位、多渠道地强化教师的技能。一旦教育者完善了知识结构并对环境科学产生正确的认识，他们就会很好地在自身的教学中践行。

第四，加强在校园文化建设中渗透生态德育。生态德育作为一种生态教育活动，追求人与自然、与校园文化以及家庭和社会的和谐统一。整合和挖掘学校的教育资源，创新德育方法与途径，把传统德育与生态德育相结合，在校园文化建设中渗透生态德育，以德促教。校园环境对于学校德育的重要性，通过营造具有浓郁书香气息、积极向上的校园文化气氛，渗透生态德育。各个高校都以自己独特的形式发挥校园文化在渗透生态德育中的积极作用。

第五，在制度建设上有所成就。不断完善原有的不合理校规校纪，加入评估机制，将思想政治教育塑造"生态人"的使命与综合测评、奖学金标准、学生评优、干部竞选以及入党等内容直接挂钩，形成良好的奖惩机制，最大限度提高学生关注生态、保护环境的积极性和使命感。

第六，增加学生的道德主题实践互动。在参与中学习反思是渗透生态德育的重要手段。如组织学生对废物进行回收分类以及再利用，将这种环保行为化为一种理念灌输到青少年儿童思维中。

3. 构建生态文化建设的大平台

（1）完善生态建设中的公众参与机制

公众的环保行为受到满意度和环保意识的影响。环保意识越高，公众的环保行为参与度也越高；环保满意度越高，公众的环保行为参与度也越高。因此，公众对于环保活动的参与度是当前环保教育的关键。思想政治教育要不断优化生态文化建设的公众参与机制，公众主要在参与生态建设决策、参加生态文明建设和参与生态问题监督三个方面来实现有效的公众参与。

公众参与到生态问题的决策中，既能有效地反映公众呼声、满足生态发展的需要，又能确保政府决策的科学性和民主性。政府有为公众提供公共产品的职能，其中就包括提供良好的生存发展环境。当生态环境问题出现时，政府在制定相关政策法规时由于信息不对称而无法有效决策时，就需要听取公众的意见，减少决策的随意性和盲目性，增加合理性和科学性。此外，当一项决策取得广大公众的接受和认可时，这项决策的执行也会得到广泛支持。

公众对于环保活动的参与度是当前生态教育的关键。这主要落实在志愿者行动和环保义务劳动中，通过开展义务的植树造林活动、旧物回收再利用活动、垃圾分类投放等义务劳动，在参与中不断规范自身的行为并培育公众良好的生态理念，激发公众对生态保护的自觉性和积极性。同时配合志愿者活动开展形式多样的宣传活动，与世界环境日等重要节日相联系，营造良好的宣传氛围以取得最佳的效果。公众作为生态问题的直接利害关系人，是生态环境监督的重要力量。一方面，对各级政府和执法部门进行监督，督促执法部门认真履行监管和生态环境保护的职责。另一方面，对于社会中已经发生和有可能发生的危及生态环境的问题进行监督。

（2）发挥生态旅游业的倡导作用

生态旅游是指倡导爱护环境的旅游，或者提供相应的设施及环境教育，以便旅游者在不损害生态系统或地域文化的情况下访问、了解、鉴赏、享受自然及地域文化，它强调在生态旅游过程中融入环境教育和生态道德教育，使生态伦理观、生态善恶观、生态责任义务内化为游客的道德规范和自觉行为。因此可以说，生态旅游是带有科普色彩和生态科教的专项旅游活动。生态旅游不仅具有认识、享受、保护自然以及文化遗产的作用，还关注文化多样性和自然生态，强调对自然和社会负责。

寓教于游是发挥思想政治教育生态观塑造"生态人"效用最有效、最直接的方式。一方面，针对我国的旅游高峰期，组织旅游者开展具有丰富性、趣味性的生态公益活动，有针对性地对不同阶层、年龄段组织不同的活动进行思想政治生态观教育，以此促进人们生态道德的回归以及生态意识的提升；另一方面，充分利用现有的生态教育的基础设施并不断建设完善，如科普馆、陈列厅、生态教育馆和博物馆等，开展有关生态旅游的征文活动和摄影比赛，激起游客的积极性和创造性。以张家界国家森林公园为例，它是中国生态旅游的一个成功案例，它以优美的环境和神奇的地貌向全世界展示森林公园的风姿，与此同时，园区制定了管理条例，把游客数量控制在环境的承载范围内；确保将收入的一定比例用于公园的自然保护。可以说，它为游客带来了一个更新观念和提高对森林价值和生态环境的再认识。

（3）发挥生态文学的引领作用

我国生态文学起步较晚。21世纪初期，欧美的生态哲学和生态文学成就被系统引进，为我国生态文学的发展提供了重要参照。至今，我国生态文学的主要成就表现在展现危机、感悟自然和反思根源。但中国的生态文学还有很大的发展空间，在生态问题日益成为各界关注焦点的情形下，文学对生态还显得较为冷漠。生态文学是基于生态整体主义，以生态系统的整体利益为价值准绳，探究人与自然关系和生态危机的社会根源的文学。

首先，注重生态整体观的弥补是发展生态文学的重要前提。中国人在感悟自然时大多注重对自然的描绘和赞美，借此来抒发文人情趣和理想，主要立足点在于人，缺少对生态文学的描写和生态思想的思索。生态文学的发展对广大创作者提出要求，从联系观和整体观出发，以生态责任意识为生态系统立言，辩证地看待人与自然的相互依存，深入探讨人类适度开发利用自然和超越自然承载力的掠夺、摧残的区别，以及对生态平衡的重建与恢复等的生存环境和生态现实，文学作品的渲染和传播在当今尤为重要，它不但能唤起公众对于生存环境的忧患意识，更呼吁大家参与到生态环境的恢复与重建当中。当然这还远远不够，我们更要从根源上进行反思和批判，并以此为基础弘扬生态世界观和价值观，将生态文学发展繁荣下去。

此外，注重社会学家和生物学家在生态文学领域的参与。生物学家不仅为同行写书，而且要为广大读者写书，不仅讨论微观的生物学问题，而且讨论曾经被社会学家垄断的问题。社会学家阅读和思考生物学家的著作，而后重组自己的知识和思想结构。其结果不仅仅是双赢,更是全人类思想的升级。可见,社会学家、生物学家的联盟不仅能拓宽创作思路,紧跟时代需求,更能将生态文学的发展引入一个新境界。

二、生态观视域下思想政治教育的价值

(一)思想政治教育生态观的价值

思想政治教育是否具有生态价值,能不能实现其生态价值,这都取决于生态是否有价值,生态价值是思想政治教育生态价值实现的基础。

1.生态价值观

生态价值观是在20世纪中叶以来形成的生态伦理学的基础上产生和发展起来的。传统的伦理学研究的是人与人、人与社会的道德关系,仅仅认识到了人对社会的依赖性,却忽视了人对自然界的依赖,所以并不涉及人与自然的道德关系。一直以来,关于自然界的认识始终存在着一个误区,那就是不管在东方还是西方都认为自然界本身是没有价值的,人类可以随意地开采和利用,人与自然的关系是一种征服与被征服的关系。受此影响,人们借助科学技术的发展以及人们理性能力的提高,开始了对自然界的残酷掠夺性的开发,在满足人类利益的同时也造成了对生态环境越来越严重的破坏。当人类通过反思自己的行为并且产生出强烈的忧患意识以后,以环境保护为主的思想不断产生,世界范围内的环境保护运动也逐渐兴起,生态伦理学就是在这样的背景下产生的。

生态伦理学承认自然界的价值,强调人与自然是平等的,人与自然同是地球的重要组成部分,从而把道德关系扩展到生命和整个自然界之中。生态价值观就是在此基础上形成的,它认为人类仅仅是自然界中的一部分,与自然界中其他的生命存在是一样的,并不比其他的物种高贵,而且,如果人们认识不到自然界的内在价值,仅仅认为自然界只有工具性价值,就会破坏整个生态系统的生态平衡,导致生态危机。生态价值观要求人们尊重自然,与大自然和谐相处,认为人类是全球生命中的一部分,不能唯我独尊,应该关爱其他生命形式,维护整个生态系统的稳定和持续发展。

目前人口膨胀、资源短缺、环境污染、水土流失等生态问题日益严重,在一定程度上直接危及人类的可持续发展。要改变这种严重的生态危机,实现社会的可持续发展,以进一步实现人的全面发展,我们必须抛弃"人类中心主义"价值观,坚持科学的生态价值观,结束过去那种一味地向自然索取、掠夺所造成的人与自然的对立状态,应当建立一种新型的能够与自然和谐相处的伙伴式关系。承认生态价值,维护自然界的稳定性、平衡性和多样性,与自然和谐相处,促进人与社会的持续发展。

2.思想政治教育生态价值的概念

思想政治教育生态价值,就是在生态价值的基础上建立的通过改变人的思想和行为,调节人与自然的关系而体现出来的思想政治教育活动对于生态的意义和作用。思想政治教育生态价值表现为思想政治教育"对于生态的价值"。这个价值直接作用于生态,维护生

态平衡，具体说来表现为正价值、零价值和负价值。长期以来思想政治教育忽视生态价值，只注重政治价值和经济价值，这时思想政治教育的生态价值就是零价值。思想政治教育的生态价值是通过思想政治教育对人的培养、教育体现出来的，当思想政治教育能够教育人们采用合理的生产方式和消费方式，对生态系统的运行起积极的促进作用时，思想政治教育的生态价值就是正价值。如果人们采用的是破坏自然环境、枯竭资源、破坏生态平衡的生产方式和超前消费、过度消费等错误的消费方式，这时思想政治教育生态价值就为负价值。

思想政治教育价值按照不同的标准可以分为不同的类型。按照价值主体的不同，思想政治教育价值可以分为个体价值和社会价值，思想政治教育的社会价值是指思想政治教育作用于政治、经济、文化和生态等所呈现出的政治、经济、文化和生态价值，这几个方面相互联系、互相影响。

（二）思想政治教育生态价值实现的途径

思想政治教育价值的实现，是思想政治教育的价值在思想政治教育的活动过程中被人和社会接受的过程。当被主体接受的时候，思想政治教育的价值由潜价值变为显价值，才是思想政治教育价值的实现。如果主体没有接受，那么思想政治教育的价值只是潜在的价值，思想政治教育的价值就不能得到实现。思想政治教育生态价值的实现，就要通过思想政治教育活动，使人们接受生态教育，让人们在思想观念上认识到生态平衡的重要性，接受人要与自然和谐发展的思想和观念，在人们的行为上，主动保护自然、发展生态科技、额实践科学发展观。

1. 加强人们的生态观教育

（1）加强思想政治教育中的生态道德意识的灌输

实现思想政治教育生态价值，首先要提高人们的生态意识，正确的生态意识才能指导人们爱护自然、保护自然，实现与自然的和谐相处。正确的生态意识不会主动出现在人们的头脑中，这就要求思想政治教育者给人们灌输正确的生态思想。

①发挥学校、家庭、社会的作用

首先，学校是灌输生态道德意识的主要阵地。培养学生的生态道德意识，是提高全民族生态道德意识的关键。根据学生的特点，要求老师在各门课程的教学和各种课外活动中渗透生态道德教育，逐渐使他们认识到自然是人类的朋友和伙伴，不能破坏自然环境，破坏环境就是破坏人类的家园。要充分发挥学生喜欢课外活动的特点，让生态保护的课堂走出教室，让学生充分接触大自然。例如，组织学生春游，培养他们对大自然的热爱之情；在3月12日，组织学生植树，告诉大家森林是地球之肺，教育学生懂得树木对人类的意义，没有树木和森林，水土就会流失，土地就要沙漠化，人类就会死亡；还可以组织环保竞赛等活动，来达到寓教于乐的目的。

高等学校是国家培养各行各业建设者和管理人才的专门场所，对大学生来说，学校可以通过专门开设环境保护类课程，将生态道德教育纳入伦理课程；或专门开设有关选修课程，组织社会实践，亲身感受生态环境对人类发展的意义。大学生生态道德意识的灌输，有利于他们毕业后在工作岗位上做出正确的环境决策，同时也有利于带动全民生态意识的提高。

其次，家庭教育是生态道德意识灌输的基础阵地。虽然学校教育是生态道德意识灌输的主要阵地，但家庭教育也是不可忽略的重要部分。家庭是人们的第一个生活环境，父母是孩子的第一任老师。家长应该首先重视和掌握思想政治教育的生态价值内容，在日常生活中以身作则、言传身教。如教育自己的孩子不在公共场所吐痰、乱扔纸屑，节约用水，少食用或不食用野生动物，不攀折小树，不践踏草坪等。父母为孩子树立了良好的榜样，学生才可能成为环保的积极分子。如果所有家庭成员都有良好的生态意识，那么孩子在耳濡目染中也会形成生态道德意识。

最后，社会教育是生态道德意识灌输的最终阵地。社会教育有着不可替代的作用，每个人终将走出学校，踏上工作岗位，处于社会之中，因此，社会整体性的灌输教育尤为重要。

②运用科学的生态道德教育手段

首先，生态道德教育要注重知情结合。道德教育是一个知、情、意、行相结合的过程。知，是人们对某一现象的道德认识，道德教育是首先从道德认识开始的，但是如果仅仅把生态道德知识作为一种毫无感情的文字或者标语，那就很难对人们的心灵产生教育作用，在这种情况下，人们往往会对这种生态道德知识视而不见，看似轰轰烈烈，实际上不会对人们的内心产生任何震撼作用。人们常常在街上看到"爱护环境，人人有责"的标语，实际上很多人只以为这是环卫部门的事，与自己没有任何关系。

其次，思想政治教育的生态道德意识教育应注重主次结合。生态道德意识教育是个纷繁复杂的系统，只有分清主次，才能取得好的效果。提高人们的生态意识，是一个逐渐递进的过程。保护环境，加强生态意识教育，从娃娃抓起，这是生态道德意识教育的长远考虑。但是目前生态问题日益严重，改变这种现状是当务之急，所以目前思想政治教育的生态道德意识教育的主要对象是生态问题的制造者，要对他们进行生态意识的特殊教育。他们的生态道德意识的提高，能够直接体现为生态环境的改善，能够为人们所直接感受到。但是，他们的人生观已经形成，要改变这种已经很稳定的观念是很困难的，但是，只要思想政治教育者进行细致耐心的教育和劝导，是能达到生态意识提高的结果的。

最后，思想政治教育的生态意识灌输要注重纵横结合。在生态意识的灌输中，单一的方式仍然存在，要变单一性为多样性，形成生态意识的灌输网络。要充分利用家庭、学校、单位街道等场所，让人人成为生态意识的灌输对象，也让人人成为生态意识的宣传者。

（2）明晰生态道德规范

生态道德规范主要内容包括以下几方面。

①尊重自然环境

自然环境是人类社会生存、发展的基础，体现了人类社会共同的价值需求。尊重自然，一方面，源于人类及人类社会的生存发展需要；另一方面，源于人类的道德善良。中国古代曾有天人合一、道法自然的思想，强调人类不仅要改造自然，更要顺应自然，要调整人类的行为以达到天与人的统一，以实现共同发展。尊重自然就应该尊重自然的存在，尊重自然规律。只有在尊重自然规律的基础上发挥人的主观能动性，才不会被自然惩罚。

②合理使用自然资源

为了追求经济利润最大化，人类对自然资源的掠夺十分惊人。过多的资源消耗，导致严重的环境污染和生态失衡。面对这一严峻现实，合理使用自然资源这一规范显得尤为重要。

③提高自然利用率，减少生态污染

其一，实行清洁生产，减少废弃物的排放。我国传统的工业生产模式是粗放式生产方式，高投入、低产出、高消耗、高污染。在可持续发展观和科学发展观的引领下，提倡企业采用无污染或轻微污染的工艺，提高自然资源的加工效率，把能源和物质的投入以及废弃物和污染物的产出降到最低，使制造过程产生的副产品不再当作废弃物排向自然界，而是重新利用。

其二，对产品进行绿色包装，减少包装污染。随着商品的不断繁荣和包装工业的迅速崛起，包装废弃物也日益增多。一些包装材料因为难以回收和处理，或回收处理不当，造成了极为严重的生态污染。事实上，很多产品的包装材料并没有回收利用，而且还不能进行自行分解，不管它们是被掩埋土中，是被倒入江河湖海还是被焚烧，都会对土壤、海洋和大气等各种生态环境造成严重的污染。这就要求人们在对产品进行包装时，使用可以回收利用或自我分解的材料，使其得到回收利用，回到生产系统，进行循环，或是回到自然生态系统的循环。这样既能降低能源消耗与生产成本，又能减少对环境的污染。

其三，对废弃产品和包装物进行回收利用，实现循环经济。循环经济是指在保持生产扩大和经济增长的同时，建立"资源—生产—产品—消费—废弃物再利用"的生产模式。循环经济是集清洁生产、资源综合利用、可再生能源扩大、灵巧产品的生态设计和生态消费为一体，运用生态学规律来指导人类社会经济活动的模式。我国由于长期采用粗放式的生产模式，生态环境已经不堪重负，更加需要这一新型的经济模式以促进人类社会的可持续发展。

2.正确运用科学技术，发展生态科技

（1）在生产过程中倡导生态科技

生态科技是科技发展的全新理念和导向，它能够促进人类生存与发展的生产与生活方式以及相应科学技术水平的提高。生态科技的核心是研究和开发无毒、无害、无污染、可回收、可再生、可降解、低消耗、低排放、高效、洁净、安全的技术与产品。传统科技是建立在资本主义私有制和市场经济基础上的，技术的发展由工厂主、企业家和金融寡头等无限度地追求剩余价值的欲望主导着，而激烈的生存竞争、残酷的优胜劣汰、实现价值的渴望则助长了科学技术的畸形发展。传统科技刺激高需求，追求高利润，除此之外别无他求。传统科技极大地促进了生产力的发展，极大地改变了世界的面貌，尤其是经济面貌，但是同时它也忽视了自然界的生态平衡，是造成生态危机的重要原因。现在我们要建设生态文明，构建和谐社会，实现人类社会的可持续发展，就要抛弃传统科技，在企业的生产过程中倡导生态科技。

（2）在生活过程中提倡生态消费

按照经济学的规律，生产与消费是一对矛盾的统一体。目前世界各国都把消费增长作为刺激经济增长的重要方式，过分重视消费对经济发展的促进作用而忽视了消费对自然环境的危害。由于国家政策和各种心态的影响，现实生活中很多人存在明显的过度、奢侈消费现象。这样的消费方式必然会增加自然资源的浪费，而且反过来又要人类为此付出代价。生态消费也叫绿色消费，这种消费模式既符合物质生产的发展水平，又符合生态生产的发展水平，既能满足人类的消费需求，又不对生态环境造成危害。

3.建立科学有序的思想政治教育评价机制

（1）确立生态道德典范

榜样是一定社会规范和社会行为准则的具体化、形象化和人格化产物。人生活在一定的社会环境中，往往需要通过和他人的交往才能认识到自己的价值和意义。而在社会中，人们总是以代表本时代、本社会的道德人格的人物典型作为榜样，作为仿效的范例或模式，通过自身的努力争取在自己的身上得到实现。

在某一个群体范围内，树立一个榜样对人们的道德选择有着十分重要的作用，因为它能激起人们的情感、感染人们的情绪，并磨砺人们的意志，最终唤起人们的社会良知。榜样的存在体现了一种道德理想，他把人的道德理想与社会行为的最佳结合方式揭示出来，以明确的道德评价升华人格，催人奋进。榜样对于人们的影响是通过感染、暗示、模仿等形式渐进地发挥作用的。社会榜样对道德主体的影响，一开始从一些外部的、表面的特征开始。在表面的、外部的影响过程中，榜样的内在精神也随之潜移默化地注入道德主体的心灵，进而转化为自身的一种自觉意识和内在要求积淀下来，从而影响道德主体对社会道德的自觉选择，使道德主体的行为在社会榜样的不断激发下，不断地趋向善的境界。

社会各部门、社会各阶层和所有社会成员，都应该采取行动落实可持续发展观和科学发展观，坚持生态道德准则，从我做起，每一个行为都从环境保护入手，防止环境污染和对生态的破坏。

（2）强化制度保障

生态环境保护只靠道德作用是不够的，道德的作用主要表现在对人们行为的规范和诱导，但是道德对严重损害他人和社会的行为只能谴责不能制裁，道德不具有强制约束力，而法律正好可以弥补道德的这种不足。法律依靠国家的强制力作为后盾，既可以引导、推动人们保护环境，也可以对人们破坏环境的违法行为进行惩罚，以达到防范的目的。

目前我国生态保护法律体系还不健全，这就要求立法机关制定出体现环境正义和公平的环境法律。近年来我国颁布了相关法律，但是还不能满足实际的需要，所以要对现有法律进行修改，补充实施细则等；并且要大力宣传，在全社会普及法律知识，以弥补法制不健全带来的问题。在法律制定过程中，应充分吸收人民大众的意见，这也是一种对新制定的法律的宣传方式。

立法的健全是执法的基础，有法必依，认真执法才能体现法律的作用。目前我国的执法机关，由于各种原因，并不能做到有法必依，甚至出现了有法不依的情况。对此，要加强监督部门的监督力度，制定相应的奖惩措施以保证各类环境保护法律的执行。健全生态保护的法律体系，也要建立健全保证生态保护法律贯彻执行的制度，只有这样，才能发挥生态保护法律的作用，引导人们保护环境，防范对自然环境的破坏。

（3）积极营造生态保护的社会氛围

社会氛围，即社会环境，就是在人们生活的周围环境中，人们对某一问题的一致看法，对人们的思想和行为起着潜移默化的影响。健康、文明向上的社会氛围，对人们形成优秀的思想道德品质有巨大的推动作用；而不良的社会氛围、各种消极的和腐朽的观念会使人们悲观、消沉。

我们要培养一种生态保护的社会氛围，使尊重自然、热爱自然、与自然和谐相处的思想深入人心、妇孺皆知，使生态保护成为人们在处理和自然关系上的首要选择。社会氛围的培养主要是通过舆论的导向作用来实现的。现代社会舆论工具很多，如报纸、杂志、网络、广播、电视等。充分发挥大众舆论的作用，坚持"以正确的舆论引导人"，大力宣扬生态保护的重要性、生态危机的严重性，引导社会形成爱护环境、保护环境的新风尚。

第二节 生态观视域下思想政治教育的内容

一、生态自然观教育

在经济快速发展背景下，生态环境急剧恶化，生态遭到破坏，思想政治教育领域下的大学生生态观培养被提上日程。要对大学生进行生态观教育的前提是对生态观的内容进行界定，包括马克思主义的生态自然观教育、平等和和谐共生的生态价值观教育、以践行生态行为为核心的生态发展观教育等内容。

生态自然观以整体论为基本特征提供了不同于机械论自然观的、重新解读人与自然关系的系统的或生态的新范式。第一，它以生态整体论解构了以分析还原论为特征的机械论，推动了自然观从部分到整体的转换。它认为自然是有机的整体，主张整体大于部分，部分之和不等于整体；从最终意义考虑，部分仅仅是网上的一个模式或节点，部分的性质只有通过整体的动力学才能得以理解。第二，整个自然界是个不断进化的关系网，整个关系网是内在的、动力学的。每种结构都不过是一个内在过程的表现，主张从结构到过程的转换。

第三，主张客观与"认知""是"与"应该"的联系。提出认知与实在密切相关，认为认识论不可避免地成为科学理论的一个整合部分。第四，否定"建构"，反对把知识比作由基本定律、基本原理、基本概念等为基础组成的建筑物的建造观念，主张无基础存在的"网络"观念。第五，主张从真理到似真理描述的转换。提出科学只讨论对实在的、有限的和近似的描述，不涉及在描述与被描述现象之间精确对应意义上的真理。生态自然观否定了把自然当作可以任人宰割的机器，强调自然万物的有机联系性、系统整体性和进化过程性。作为一种新范式，它改变了科学世界图景的表述方式，把万事万物联结为一个有机整体，为自然的复活奠定了一定的思想基础。

二、生态价值观教育

当前，日益严峻的环境问题在给人们的生活带来严重危害的同时，也引发了人们不断深入的系统性反思。价值观作为文化的核心层次，因其对人所具有的根本性作用而成为人们关注的焦点。越来越多的人开始认识到，确立一种人与自然和谐相处的生态价值观，是人类走出困境的时代选择。在全球范围内，生态价值观已成为教育的中心课题，各国纷纷开展了以生态价值观为目的的教育活动。在我国，思想政治教育一直承担着传播和培育社会主流价值观的使命，理应成为生态价值观教育的主体。而从实践来看，生态价值观既拓展了思想政治教育的工作空间，也为其进一步发展带来了现实性挑战。

（一）生态价值观的内涵、特征及作用

生态价值观是指人们关于自然的价值的根本观点。尽管对这一概念的内涵，不同学者的观点并不一致，但他们大都倾向于认同一种人与自然和谐相处的生态价值观。这种价值观把人与自然看成高度相关的统一整体，强调人与自然相互作用的整体性，并把价值的观念赋予大自然，代表了人对自然更为深刻的理解方式。它以人与自然的协同进化为出发点和归宿，主张以适度消费观取代过度消费观，以尊重和爱护自然代替对自然的占有和征服，在肯定人类对自然的权利和利益的同时，要求人类对自然承担相应的责任和义务。

生态价值观具有鲜明的时代特征。其一，生态价值观以人与自然的协调进化为核心，以人—社会—自然整体系统的合理性为最高价值标准，具有突出的整体性。其二，生态价值观打破了狭隘的功利价值观，摒弃"零和"的社会规则，而把互利共生作为行为与判断的基本标准，具有鲜明的和谐性。其三，生态价值观在多种多样的生态关联之中认识和考察价值问题，兼顾人与自然多重主体、多重利益，具有多元性、包容性的特征。在一般意义上，生态价值观更多地被视为一种非人类中心主义的价值观，以自然界的内在价值为核心和重心，它不仅要求从人类整体利益和长远利益出发，自觉维护当代人和未来人的利益，而且以一种支点的反拨确立了人对自然的道德和义务。

在环境问题日益严峻的时代背景下，生态价值观是对传统的工业文明价值观的颠覆和重构。生态价值观的生成，将优化社会价值生态，"修补精神圈的空洞和裂隙，矫正精神

圈的偏执和扭曲，进而从根本上改善地球上的自然生态和精神生态"，由此对当前泛滥的过度功利化的价值观、物质化的消费观等观念提出系统的诊疗和演替，召唤社会从精神到制度和物质生产等领域面向生态的一系列变革。

对于个体而言，生态价值观可以成为个体价值体系的组成部分，促进关爱自然、自我约束、节制生活等观念在精神系统的不断扩张，使其理解和认同政府倡导的执政理念和发展规划，尽可能全面地考虑和计算各种各样的生态价值及其影响，自觉承担必要的生态责任和义务；在社会层面上，生态价值观可以成为社会文化体系新的尺度和准则，从精神观念到物质生产全方位影响社会的生态化实践，促进生态文明建设进程。在这种意义上，生态价值观已经成为我国环境保护的观念基础，成为实践科学发展观、谋求人与自然和谐相处的文化基石。但必须看到，生态价值观是对人们普遍习以为常的现实生活的批判与否定，因而才使得这种价值观比较难以内化到现实人的心灵深处，难以成为人们自觉、自愿的选择。生态价值观超越了个体甚至人类而将价值的观念赋予自然，可以说是一种最具普适性和公共性的价值追求。但这种普适性和公共性，也决定了其实践的艰巨性和尴尬境遇。在当前社会竞争日益激烈、利益分隔、个体及社会各群体之间的信任尚未普遍形成、个体的生存与发展尚且存在着诸多问题的情境中，这种价值观显然并非自发形成的，而需要着力培育。

（二）思想政治教育生态化创新的必然性与必要性

在一般意义上，生态化就是生态学化，是指将生态学原则渗透到人类的全部活动范围中，用人和自然协调发展的观点去思考和认识问题，并根据社会和自然的具体可能性，最优地处理人和自然的关系。思想政治教育的生态化创新，就是借鉴生态学理论创新和优化思想政治教育体系，从而更好地实现其功能和价值。这一创新的必然性和必要性源于当前生态价值观教育的应然要求与思想政治教育的现实无力之间的差距。

从理论上讲，生态价值观是思想政治教育的应有内容。人是自然性、社会性和精神性的存在。人与人、人与自身及人与自然之间是互为中介的，社会生态、精神生态和自然生态相互关联、不可分割。人如何对待自然，必将对人与人之间的关系产生直接或间接的影响。忽略自然的整体性和价值尊严、过分强调人的主体性、索取和征服自然的反生态传统价值观，必将导致人与自然之间的严重不公平，引发全球性的生态危机；而物理世界中的生态失衡、环境污染等现象也正向社会的文化领域和道德领域蔓延，带来严重的精神污染，既不利于当代人的全面发展，影响社会的和谐，也不利于后代人的生存和持续发展。近年来，全国各地居高不下的由环境问题引发的各种冲突事件，就是很好的证明。事实上，环境问题提出了"我们该如何生活"这样的基本问题。马克思和恩格斯也早就把人与自然的关系视为道德观念应当反映的现实关系之一。在这个意义上，思想政治教育必须在人与自然、人与人以及人与自身之间的统一中实现其使命。忽略生态价值与生态道德规范的思想政治教育，既不利于日益激化的社会矛盾的有效解决，也不利于构建完整的思想政治教育体系。

在实践层面上，培育生态价值观是思想政治教育的现实责任。思想政治教育作为指导人们形成符合一定社会所要求的思想品德的社会实践活动，其内容具有开放性。一切符合社会发展的思想和价值体系，都应纳入思想政治教育的体系之中。当前，环境问题已经成为社会关注的中心问题。环境问题因其影响的全面性和广泛性而备受关注，这个时代也因此被称为环境时代。从清洁生产到循环经济，从和谐社会到环境友好型社会，从生态生产到生态消费，从新型工业化道路到生态文明，各种理论、观念的倡导都表明了中央政府对环境问题的高度关注和深切关怀，以及对生态价值观的深刻认同。生态问题已经成为包括政治在内的多方面、多层次问题，追求人与自然的和谐共进，生态价值观已成为一种基本的政治诉求，也成为思想政治教育的现实责任。作为社会观念的塑造器，思想政治教育必须对此做出积极回应。思想政治教育必须把握时代主题，顺应时代要求，解答时代课题，体现时代精神，不断拓宽教育领域，倡导符合时代要求的现代思想和观念，注意从时代变迁中提炼鲜活的教育资源，将生态价值观纳入自己的理论视野和实践范围。

总之，生态价值观已经成为思想政治教育的基本内容和时代使命。这一内容的引入，既为思想政治教育提供了进一步发展的社会空间，也给其带来了现实的挑战。一方面，生态价值观作为人与自然之间关系的新的观念系统，具有整体性、和谐性、多元性、复杂性等特性，它的引入必将带来人对自然的行为变化，进而引起人与人、人与社会各个层面关系的深刻调整。另一方面，当前的思想政治教育存在系统性的生态关怀，表现在教育内容上，缺乏如何处理人与自然，包括人与其他生命体的关系的生态教育内容；表现在教育方法上，往往对价值观做单一、片面、孤立的理解，不能用全面、整体和系统的观点把握和认识价值观的生成；从教育过程来看，缺乏应有的环境意识，不能从动态生成的角度把握价值观教育。这种生态缺失，直接导致思想政治教育工作对生态价值观的低效、无效甚至失语。

（三）基于生态价值观的思想政治教育生态化创新

1. 思想政治教育内容的生态化

生态价值观是生态世界观在人、自然、社会诸领域的价值展现。教育内容是价值观传播的载体。培育生态价值观，就要根据时代要求与生态价值观的本质内涵，增加新的教育内容，实现教育内容的生态化。

从生成过程看，生态价值观产生于对人与自然关系的重新认识，特别是对自然价值与权利的新认知。首先，这种认识可以从现代生态科学理论中找到依据。对生态现象和生态规律的深刻认知，是生态价值进入主体选择视界进而实现价值认同的前提。其次，人文关怀是生态价值观生成的规范基础。生态价值观不仅是基于事实认识的结果，更是在人文理性指引和渗透下的价值选择。生态价值观教育必须从人性的全面发展出发，充分吸纳生态伦理的精华，在臻美至善的文化追求中确立人对自然的道德和义务。最后，国情认知是生态价值观生成的社会基础。从根本上讲，生态价值观的确立源于人类对环境问题的深刻反思。对我国环境问题及其危害的认识越深刻，人们越倾向于认同生态价值观，生态价值观的生成也就具有了更为宽广的社会基础。

2. 思想政治教育方法的生态化

生态学的基本目的是理解生态系统，其方法是整体论的。这种整体的思想要求思想政治教育将教育者、受教育者及其环境视为一个系统，并使其在特定条件下达到平衡。虽然价值观具有相对稳定性，但在个体成长过程中，其观念时时会受到各种扰动。个体在社会事件中所接触到的信息，不论是自觉的还是无意的，不论是预定的还是随机的，都会对个体的价值观产生影响。青年学生正处于思想剧烈变化的时期，其精神生态尤其复杂、活跃。课堂中教师的知识灌输、校园及社会事件的冲击、生活经历的磨砺等，都将成为影响观念的有效因子。而且，他们的交往范围越大，观念来源就越广阔，影响他们思想观念形成的因素就越复杂。从这个意义上来说，生态价值观并不是受教育者心灵白板上从无到有的勾画，而是现有价值体系中多种观念冲突过程的生态转型和演替，是对个体精神生态的调适和污染治理。

思想政治教育要从生态价值观及其与社会主流观念的内在关联和一致性入手，对学生思想观念施加有益的影响，帮助学生建立新的观念结构，推动其精神生态系统的整体和各组成部分的生态化发展。要从作为"现实的人"的学生的现实状况着手，在尊重学生个性的同时，充分关注学生之间及其与教师之间的相互依赖与彼此互动。这种互动和交流态势的形成，既构成了价值观认知的信息场域，也是思想政治教育发挥其观念塑造功能的基本环节。在这种教育生态中，虽然教师具有知识方面的优势，但灌输仅仅是知识的传授，学生对其知识的接受和认同，才是思想政治教育工作的根本目标。因此，既要承认教师和学生的对等性，同时也要发挥教师的能动性，对学生的价值系统进行积极主动的干预和调节，进而在面对当代环境问题、科学发展观、两型社会、生态文明、社会主义核心价值的学习和反思过程中，通过教师的价值评判和引导作用，调控学生的知识背景和精神生态，引发其价值观的动机倾向，促进其生态价值观的认知与转变。

3. 思想政治教育环境的生态化

生态化是有机体与环境之间的平衡相依、协调发展的状态。思想政治教育的内容和形式，也应在一定程度上与当时当地的生态环境相适应。实际上，思想政治教育不只是单一语境中的知识灌输或接受，更是贯穿于学生学习、生活与交往全过程的体认。生态价值观在何种意义上能被学生所认同，不仅取决于这种观念的理论合理性，还取决于其实践合理性。大学生生活、交往中的各种经历，都将检验思想政治教育的内容，影响所学观念的接受与认同状况。从知识获取到实践体验，任何一个环节的破损或断裂，都将引起学生对价值观意义的疑虑和动摇。因此，生态价值观的形成，还有赖于生态化的教育环境。

总体上讲，思想政治教育环境的生态化，其意义并不在于屏蔽掉所有的反生态因素，而是要使生态价值观在现实实践中占据其应有的位置，发挥其应有的引导和规范作用，进而在理想与现实的差距中使生态价值实践得到越来越多的正向反馈和认同，实现价值观的确认。

三、生态伦理观教育

在全球性生态危机的挑战和警示下，在构建社会主义和谐社会的时代背景中，建立新型生态伦理观、加强生态道德教育的重要性和紧迫性不言而喻。

（一）和谐生态伦理观

和谐生态伦理观整合以往生态伦理观利弊，认为人与自然是一个和谐的整体，将二者的和谐发展、共生共荣作为价值诉求。

1. 理论基础

辩证唯物主义和马克思主义生态观是和谐生态伦理观强有力的哲学基础和理论支撑。首先，物质世界及其一般规律的客观性，以及马克思提出的自然观（自然界包括自在自然和人化自然）是和谐生态伦理观的前提。人化自然与人类实践活动紧密相关，生态系统的任何一个组成部分，至少潜在地与其他部分相关联。第一，自然界具有优先性，人是自然界的产物，自然属性是人的第一属性。第二，人类依赖自然界，人类的生存发展离不开自然界提供的物质基础。马克思通过对两种自然概念的界定，特别是对人化自然基础性地位的肯定，生动地阐释了他关于自然与人和谐统一的观点，因为破坏自然实际上就是破坏人类自身无机的身体。其次，恩格斯提出了和解思想，为和谐生态伦理观指导实践提供了中心思路。自然界与人类社会是一个有机、联系的整体，二者密不可分，人与自然只有在矛盾中共存才能达到恩格斯说的那种状态；人类同自然的和解以及人类本身的和解，即要解决生产力进步所带来的生态问题，首先要解决生产关系的不平衡；要解决人与自然的矛盾，首先要解决人类社会自身的矛盾。虽然这个观点的提出是以资本主义社会形态为背景的，但运用于社会主义时期仍具有前瞻意义。和谐生态伦理观是一种行为准则，在指导实践时，体现出人类对自然的态度，也映射出对自身的反思。最后，马克思的可持续发展思想为和谐生态伦理观指明了最终方向。

人与自然是两种平等共处的存在，两者之间无凌驾和占有关系，人要发展自然要循环，和平共处是前提，可持续发展是必由之路，和谐生态伦理观的最高目标是使可持续发展观深入人心。

2. 时代召唤

我党构建社会主义和谐社会的要求为和谐生态伦理观提供了现实依据和支撑。和谐社会的要求是和谐生态伦理观的首要指南：人与自然和谐相处就是生产发展、生活富裕、生态良好、和谐生态伦理观的形成发展都要以构建社会主义和谐社会为标杆。

同时，和谐生态伦理观的传播也是构建社会主义和谐社会强大的助力。社会是一个整体，任何局部紊乱都会对整体的和谐造成威胁，如今的生态问题已关系到经济政治的稳定，没有和谐稳定的生态文明，便谈不上和谐社会的建设。

（二）生态伦理观指导下的生态道德教育

传统意义上的生态道德教育领域，教育对象、目的、原则、内容、方法等方面的研究已日臻成熟，我们认为，在此学术基础上，生态道德教育要取得成效，需在以下几方面大胆创新。

1. 区分生态道德教育伦理层次，改进思想政治教育方法

（1）建立道德底线，实施法律约束

法律是道德的底线，将社会的道德内容统一化、规范化，它的强制力是道德教育的保障和纲领。法律要对生态道德教育产生作用，其本质在于法律自身的完备和健全以及可行性。当然，有了这些并不代表法律会与道德完美并行，这就要求生态道德教育者将法与德融会贯通于教育过程中，在思想政治教育中则体现为生态道德法规的传播和灌输，使人人懂法、遵法、守法。

（2）普及生态知识，夯实教育基础

这一层次的生态道德教育着重在用生态知识奠基。生态文明是一座金字塔，生态道德教育是工具，生态伦理观是结构图，生态知识则是不可或缺的基石。譬如行文，有心者需读书破万卷方下笔如有神；譬如成诗，门外汉尚且要熟读唐诗三百首才能不会作诗也能吟。何况要建立生态文明这一结构复杂的大厦，根基不稳则气候难成。这就要求思想政治教育者扩展教育内容，在教育过程中，不断穿插新颖的生态知识和科学的生态道德观念，使受教育者在接受新文化时培养生态道德观念，在体悟和认识自然时树立保护环境的意识，使他们意识到自然世界的利益与人类自己的最重要的利益是一致的。

（3）形成生态意识，扩展道德范

这一环节是整个生态道德教育的关键与核心，起着承前启后的作用。第一层次和第二层次是交互配合的外部作用，这一层次是作用体内化吸收的过程。刻板的法律法规和生态知识只有在经历了认知主体的理解消化，并上升到个人意识状态时才完成其使命和蜕变。生态意识形成后，人们潜意识中会自觉认同自然界的存在和价值，将其作为道德共同体的一员。在思想政治教育中这一过程体现为客体主体化。这就要求思想政治教育更加人性化、通俗化，从实际生活入手、从细节抓起，循循善诱，用润物细无声的方式使生态道德观念丝丝沁入受教者心脾。

（4）培养道德情操，铸就和谐信仰

如果生态意识的形成是破茧，那么这个环节便是成蝶。生态意识形成这一步可谓卓有成效，但决不能因此将生态道德教育束之高阁。和谐生态伦理的最高境界和最终追求，是人们树立起生态保护的高尚道德情操，是心灵与大自然的水乳交融。电影《阿凡达》风靡全球，故事的结尾正是自然之神圣母的显灵才使得保护家园保护生态平衡的战争大获全胜，虽然影片运用的是神话传奇的方式，但显出一部分哲人志士已将生态和谐作为一种内心的信仰。只有习惯才能左右行为，只有信仰才能引导方向，只有树立生态忧患意识和担负起

生态责任，才能在日常生活中付诸行动将生态保护进行到底！在思想政治教育领域这一环节称之为主体客体化。要强化主体客体化，要求创新思想政治教育手段，积极组织各类社会实践活动，使知、情、意、行相辅相成。

2. 创新传统文化

传统文化中涉及自然伦理观的阐释和现代生态伦理观完全出于两种不同时代背景之下，相隔千年，新时代的和谐生态伦理观需结合时代的步伐生长出新的枝芽。而对于如何创新和谐生态伦理观指导下的生态道德教育，我们不妨与西方道德体系对比得出结论。众所周知，中国传统文化较之而言只是一种观念却没有成为信仰，只是一种文化却没有进入意志。教育需有信仰，没有信仰就不成其为教育。因此我们说，生态道德教育要行之有效，第一步便是使现有的文化因素上升一个层次，使之成为精神力量。和谐生态伦理观指导下的生态道德教育，首要任务应该是培养公民自我批判的智慧和能力，接之用仁、义、礼、智、信的价值观构建凸显义务、同情、辞让、正义、公德的理念，使社会从小康走向大同。实际上，生态问题已充斥于我们生活的方方面面，电视、报纸、网站等媒体天天都报道着各种生态破坏新闻。但为何人们仍然不断在掠夺大自然侵害生态资源呢？究其根本，是人类没有树立一种良好的生态责任感。

四、生态实践观教育

结合生态学理论加强对实践问题的研究，正逐渐成为生态危机背景下人们进行自我反思的一个重要理论探索。生态实践观便是在这样的理论背景下，对人类实践形态新变化进行的一种理论概括，是实践的本质、结构和功能特征的集中体现，是马克思科学实践观的当代理论形态。生态实践观的理论建构，就是对生态实践结构要素的科学把握，对生态实践基本规律的深刻揭示，以实现实践思维方式和方法论原则的超越，实现科学实践观在本体论和认识论上的回归。

（一）历史唯物主义生态视域的开启，为生态实践观的教育提供了思维路径上的借鉴

历史唯物主义是关于人类社会发展一般规律的科学，是马克思主义哲学的理论基石。对历史唯物主义的科学理解，关系到对马克思主义哲学本真意义的探寻。然而，相当一部分的西方学者尤其是绿色主义者，把马克思的历史唯物主义等同于机械唯物主义，认为历史唯物主义因过分强调生产而忽视自然资源的稀缺性和有限性，是一种技术决定论和生产决定论。经典历史唯物主义理论凸显了自然界的人化问题，却没有强调人类历史的自然化方式以及自然界的自我转型问题。资本主义的运行周期以及对劳动的剥削问题被置放在了一个远远高于有机体的生命周期、能源的使用周期和自然界的开发方式的位置上，这样一来，就从思维方式上把历史唯物主义同生态学根本对立起来，而这本身就是在资本逻辑影响下对马克思唯物史观的误判。

社会系统和自然系统既互为前提，又互相包含；人类史和自然史毫无疑问处在一种相互作用的辩证关系之中：自然系统不仅内在于生产力，而且也内在于生产关系。

在此基础上，生态马克思主义系统分析了资本"原始积累"是如何既构建起对劳工和生态环境具有反面作用的生产方式，又最终引导出以抵制对劳动力剥削为内容的阶级斗争和以抵制对自然毁损为内容的生态运动的客观后果，揭示出资本主义及其生产方式的矛盾性和暂时性。由此我们可以看到，生态马克思主义提出"马克思的生态学"概念，重建马克思的唯物主义自然观和历史观，恢复马克思生态唯物主义原貌的理论尝试，为我们进一步深化马克思主义基本原理的研究提供了重要的借鉴意义，尤其是他们在研究方法中采取的向外借鉴和向内挖掘的两条思维路径，更为生态实践观的理论构建提供了一个重要的方法论依据。

（二）立足现实实践的鲜明指向性，为生态实践观的提出提供了理论特质上的借鉴

任何一种理论，只有始终保持面向现实实践的理论特质，才能永葆生机和活力，才能成为时代精神的精华。而现实实践无限丰富的多样性和发展性使得理论必须始终保持一种创新的、发展的姿态。对于北美生态马克思主义来说，如何使马克思主义在北美生根发芽，为普通民众和各种社会力量，无论是工人阶级，还是新社会运动都广为接受，进而通过发挥马克思主义的政治功能，超越资本主义，实现共产主义和人的解放，这是摆在他们面前的迫切而又重大的理论与实践问题。考虑到北美独特的社会现实，他们反对沉溺于对马克思主义做纯理论研究，而是专注于面向现实的研究，主张把后马克思主义时代的马克思主义，从一种高楼深院的学术理论，回归到其本身的理论特质，即一种与现实斗争密切相连的实践理论。在当代马克思主义哲学发展中，文化哲学和辩证法的原创性研究毫无疑问地归于西欧马克思主义哲学，唯有生态学的马克思主义哲学发源于北美，是北美马克思主义哲学家贡献给世界的新的马克思主义哲学形态。这种始终保持着对现实问题关切的理论特质，是我们推动马克思主义哲学当代形态发展过程中所必须遵循的一个基本理论。

因此，主体间性思想政治教育的未来发展与深化，需要在马克思交往实践观的引领下，扬弃以意识、观念等为基础建立起来的西方主体间性理论，开拓出符合中国社会现实的主体间性思想政治教育道路。这条道路的效力在于，教育者和被教育者在现实的交往实践过程中，使教育活动成为一种教师与学生之间的主体际交往实践过程，实现教师与学生之间、个体与人类文化之间生命精神能量的转化和创造性生成，从而改善学生在教育活动中的生命存在状态和生活质量，最终实现思想政治教育的价值和目的。

第十章　新时代"双新"理念与大学生思想政治教育

第一节　"双新"背景下大学生思想政治教育的主体素养

"双新"背景下,制定合理的提升思想政治教育主体素养的对策,才能有效促进思想政治教育主体综合素养的提升,才有利于思想政治教育实践活动的顺利开展和完成思想政治教育目标。"双新"背景下提升大学生思想政治教育主体素养的对策如下。

一、加强对思想政治教育主体的培训

政治路线确定之后,干部就是决定因素,思想政治教育主体是思想政治教育活动的领军力量,而思想政治教育主体素养的提升离不开系统的培训,通过培训能提高思想政治教育主体的思想政治认识和思想政治教育理论水平,高水平的思想政治教育理论能很好地解决思想政治教育过程中的旧问题及出现的新问题,具体而言,可以从以下方面入手。

(一)提高思想认识

思想政治教育主体要全面认识"双新"背景下新时代中国特色社会主义思想的重要意义,以及新媒体环境对思想政治教育的影响,端正培训动机,以便于改进教学方法和内容,更好地教学。例如,可以邀请在研究新媒体环境与思想政治教育主体素养方面有高深造诣的专家学者开办讲座,他们是系统学习和拥有这方面知识的专业人才,通过他们的演讲,可以提高思想政治教育主体的认识,促进思想政治教育主体学习更加系统的新媒体知识,并与自身的专业素养相结合。

另外,培训过程要注意观念的更新。"双新"背景下,每个人都拥有话语权,在培训中要特别注意强调尊重思想政治教育客体的话语权、时刻树立平等意识和民主意识,营造和谐的师生关系和活跃的课堂气氛。同时还要树立服务意识,让思想政治教育主体牢固树立以学生为本的理念,时刻为学生的学习着想,为每位学生着想。意识对实践具有指导作用,观念和意识的更新只有跟上时代的进步,才能带动行动的进步,才能促进思想政治教育实践活动的进行。

（二）加强跨学科培训

首先，把思想政治教育学科与信息学、新闻学等与"双新"背景下相联系的学科相结合，定期安排思想政治教育主体进修多学科的知识，把这些人员安排到专业的高等院校去进修。高等院校是学者的汇集地，定期进修安排的时间也相对集中，能够促使进修人员利用集中的时间进行系统学习，有助于快速提升其综合素养。其次，推荐优秀的思想政治教育者在获得思想政治教育专业资格认同的同时辅修新媒体环境等其他学科的专业，并获得学位——专业学位的获得可以让人看到其在专业方面的造诣，在这一过程中也是一个人专业技能和素养的提升过程。再次，培训要讲策略，对思想政治教育主体加强培训离不开新媒体技术的支持，要充分利用网络、多媒体技术、手机等传递教育信息，加强教育。培训讲究技术支持的同时还要有针对性，要根据培训人员的具体情况、培训内容、培训要求分层次进行培训。对培训人员掌握的新媒体知识和接受能力程度提前做好统计，根据培训要求再合理安排培训内容，这样才能提高对思想政治教育主体的培训效果。同时培训过程要坚持一切从实际出发、理论联系实际的原则，而不能演变成形式主义的培训，既劳民又伤财。

（三）培养创新精神

创新是一个民族进步的灵魂，新媒体环境对思想政治教育主体来说是一个具有开拓价值的新领域。因此需要培养思想政治教育主体的创新精神，养成创新能力，才能更好地适应新媒体环境的发展。

1. 创新思想教育观念

研究和把握"双新"背景下新媒体环境的含义和特点，树立现代信息观念。针对"双新"背景下教学中出现的新问题、新情况，要坚持开放和平等的思想观念和教育方式，融合吸收国外的先进教育理念和教学手段，并立足于我国教学的实际，解放思想，转变传统的单向灌输的教育观念，逐步过渡到双向互动、多向教学的方式。在实际教学中，创造性地运用现代媒体技术，提高思想政治教育工作的效率。

2. 创新教育方式

结合"双新"背景下新媒体环境的特点，形成思想政治教育线上线下互动的教学方式，在进行传统教学方式的同时，要学会把教学资源与受教育者进行线上互动，及时与其进行平等的沟通和交流，了解教学的难点，解决受教育者的问题。另外，思想政治教育主体要学会发挥主动性，主动出击，主动学习新媒体环境中的新信息，对信息进行筛选、鉴别和加工，通过教育，也相应提高受教育者鉴别信息和明辨是非的能力，增强自身对不良信息的抵抗力。"双新"背景下的创新教学，还需要提高调动受教育者能动性和参与性的能力，新媒体环境让受教育者也能接触第一手的教育资源。因此，调动他们的能动性和参与性对思想政治教育主体也是一种考验。

3. 创新教育内容

"双新"背景下充满了各类教育信息和资源，需要思想政治教育者注重挖掘和利用这些信息和资源,在思想政治内容中不断注入有价值、有品质、有教育意义的时代信息资源,促进思想政治教育的长远发展。

二、提高思想政治教育主体的自我教育能力

众所周知,内因是事物变化的依据和最终推动力量,思想政治教育主体素养的提升还需要思想政治教育主体自身的学习和努力,需要通过自我教育提高自身素养。"双新"背景下思想政治教育主体的自我教育主要是通过思想政治教育主体的自我学习新媒体知识、加强自我修养、不断地进行自我反思等方式,不断地将学到的"双新"背景下思想政治教育主体方面的知识和观点内化为自身的思想观念。思想政治教育主体要提高自身素养,就要不断地加强自我教育,"双新"背景下,继续学习相关的理论知识、先进思想、科学方法,并学会思考和总结,从而不断提升自身各方面的素养。

(一)激发内在需要

人的目的和需要是实践活动能够顺利进行的一个非常重要的因素,思想政治教育主体对自身素养的提升也是有自身的内在需要的,处于思想政治教育实践活动中主导地位的思想政治教育者首先也是一个人,他们也有获得自己全面发展的渴望和要求,也希望在新的环境下,以自身素质为支撑,更高水平地完成自己的本职工作,并由此得到他人的肯定。因此,思想政治教育主体素养的提升也是思想政治教育主体自身的内在需要。而且,任何外因都必须通过内因起作用,思想政治教育良好素养的生成,除了依靠外部因素促进外,更主要的是需要主体自觉自愿地积极追求。

因此,要提升"双新"背景下思想政治教育的主体素养,首先应该激发思想政治教育主体提高自身素养的内在需要,增强思想政治教育主体对提升素养这一工作的认同感和自觉性;其次,付诸学习。激发思想政治教育主体提升自身素养的激情之后,付诸学习是非常重要的,鼓励思想政治教育主体主动接触和系统学习新时代中国特色社会主义思想与新媒体知识,并学会把理论知识与新媒体技术结合在一起,合理地应用在教学实践中。最后,注重反思,这就要求思想政治教育主体善于总结反思教学中,思想政治教育客体对这种教学的反应,据此做出完善,实现更好的教学。

(二)增强自我选择能力

从选择成为一名思想政治教育者开始,思想政治教育者就在选择中开展思想政治教育教学实践活动,而思想政治教育主体要提高自我教育能力,也必然要求增强其自我选择能力。这就要求思想政治教育主体在选择符合思想政治教育目标的要求、契合自身教学方式、满足受教育者的需求等内容和信息之外,更要结合"双新"背景下的影响,做到以下三个方面。

在自我教育的过程中,要求思想政治教育主体在浏览和选择网上信息作为教学内容时,其一,要选择公信力良好的网站和平台,并坚持科学中立的态度和立场,不能刻意引导和

渲染受教育者的情绪;其二,在选择内容时要选择有成熟事实的信息内容,而不能盲目地选择没有定论的一些热点问题;其三,加强自身先看事件真假,再论是非的能力,增强选择分辨真实事件和信息的能力,这样才能正确地引导受教育者学会正确面对"双新"背景下错综复杂的信息的能力。

三、加强社会主义核心价值观教育

社会主义核心价值观是当前社会的关注点之一,思想政治教育必须要与社会主义核心价值观相融合。尤其是在"双新"背景下,各种挑战迎面而来,思想政治教育主体要直面严峻的形势,迎接各类挑战,自觉接受和践行社会主义核心价值观教育。

社会主义核心价值观的践行是一个巨大的系统工程,对思想政治教育主体进行社会主义核心价值观的教育,不仅需要理论上的主体认同,更需要把它落实到具体的思想政治教育实践活动中。

(一)以社会主义核心价值观引领舆论新方向

"双新"背景下,各种思想汇集,传播迅速,各种舆论的传播对思想政治教育主体素养会产生很大影响,需要以社会主义核心价值观引导舆论发展,引领"双新"背景下的各种社会思潮,形成共识。

第一,要加强主流新媒体建设,保障社会主义核心价值观的主体地位,占领舆论高地,增强舆论引导功能。研究建立传播社会主义核心价值观的专业网站,把马克思主义理论、毛泽东思想、中国特色社会主义理论体系创造成人们喜闻乐见的形式,形成既有高度吸引力又有专业精神的舆论阵地,从而形成强有力的主流意识形态,引领舆论新方向,成为思想政治教育主体的思想理论武器。第二,要合理选择并优化舆论引导方式,技术上要跟进,加快研发抵制西方国家对我国意识形态和价值观念进行渗透的监控软件系统,有效地过滤和抵制各种有害和反动信息的传播。努力扩大中文信息资源的占有量,打破西方对网络文化资源的垄断。还要选择多种新媒体齐头并进,促进传统媒体与新媒体间的融合发展,打造强势的舆论平台,从而真正做到以社会主义核心价值观引领舆论新方向。

(二)在"双新"背景下的教学实践中践行社会主义核心价值观

"双新"背景下思想政治教育主体的社会主义核心价值观的践行需要思想、理论、实践和环境四个方面的具体保障。首先,在思想方面,要加强思想政治教育主体对社会主义核心价值观的思想认知,思想政治教育是社会主义核心价值观的重要组成部分,"双新"背景下,面对复杂的社会环境和教学环境,做好这项工作,才能在面对挑战时保持马克思主义的信仰,坚持社会主义道路。其次,在理论方面,要营造认同社会主义核心价值观的舆论环境。人与环境是密切相关的,良好的环境对思想政治教育主体践行社会主义核心价值观具有潜移默化的作用,在这一理论背景下激发思想政治教育主体提升自身素养的激情,保持思想政治教育实践在正确的舆论环境中进行。再次,在实践方面,要坚持在政策法规和制度内践行社会主义核心价值观。法律和制度范围内的实践才是有价值的，当前要结合新媒体环境，建立健全"双新"背景下的践行社会主义核心价值观的长效机制，让思想政治教育主体学会做到遵守法律和道德要求，能够在"双新"背景下长期践行社会主义核心价值观，并在其熏陶下，不断地提高自身的素养。

四、完善社会环境及新媒体环境

人总是生活在环境中的，人类的各类活动也都是在环境中进行的。思想政治教育主体社会实践活动的开展离不开社会环境和新媒体环境，尤其是现在人们的生活完全被新媒体环境所覆盖。因此，"双新"背景下思想政治教育主体素养的提升需要完善社会环境及新媒体环境。

（一）促进社会环境的改善

1. 加大对思想政治教育事业的财政支持

"双新"背景下，思想政治教育主体要适应环境，提高自身素养，离不开定期的培训。落实科教兴国，人才强国战略，就要重视思想政治教育者的地位，正确认识思想政治教育工作者的劳动价值，相应地提高思想政治教育者的工资和福利，提高教育者的社会地位和经济地位。这都需要财政投入，所以相关部门要加大对教育的经济支持。

2. 继续完善相关的立法建设和落实实名制信息

我国关于新媒体环境方面的立法相对较少，需要结合实际，加强相关立法建设。而实名制也是当前正在落实的一项政策，但还需要继续扩大，解决很多领域仍存在虚拟个人信息的使用问题，并进一步做好个人信息的保护，出现问题时要把责任追究到具体的个人。

3. 建立严格的思想政治教育监督机制

"双新"背景下的新媒体环境相对开放，思想政治教育主体在"双新"背景下的言行和教学需要合理的监督，适当的监督能够督促思想政治教育主体加快提升自身素养、完善教学。这种监督既需要思想政治教育主体增强自觉接受监督的意识，也需要社会、思想政治教育客体的监督。

4. 要建立科学的思想政治教育评估和反馈机制

这种机制需要科学、客观、公正，以适应"双新"背景下思想政治教育工作范围大、周期长的特点。做到这一点有利于激励思想政治教育主体不断进取，从而提高自身的综合素养。

（二）加强新媒体环境的改观

第一，坚持立法保护，对已颁布的相关法律文件要遵从，强调新媒体从业人员严格遵守相关法律和行业规范，对出现的新问题，积极寻求法律支持，以此来保持新媒体环境的有序，为思想政治教育主体提升自身素养提供可靠的法治环境的保障。第二，重视新媒体信息的安全保护。由于"双新"背景下信息传播的开放性和虚拟性等特征，各种信息都可以在"双新"背景下传播,这就要求思想政治教育主体提高自身筛选和分辨真伪信息的能力。第三,搭建新媒体技术交流平台,及时维护新媒体平台和信息。思想政治教育主体在"双新"背景下,传统的思想政治教育工作模式已经不能完全应对出现的新问题。因此要在此基础上搭建新媒体技术交流平台。通过网络、手机、微信、QQ、短视频平台等加强思想政治教育主体之间的交流,同时还要建立思想政治教育的主题网站,以此来促进思想政治教育主、客体之间的交流,实现思想政治教育资源的共享。

五、提高思想政治教育主体参与实践的能力

实践是检验真理的唯一标准,思想政治教育实践活动是检验思想政治教育主体素养是否符合要求的标准,是检验思想政治教育主体的思想政治素养是否坚定的试金石,是检验思想政治教育主体的专业和媒体技能素养是否过关的标准,是检验思想政治教育主体的新媒介素养是否跟上了时代步伐的标准,是检验思想政治教育主体的心理素养是否健康的标准,所以,思想政治育主体在"双新"时代下要提高自身的素养必须参与到教学实践之中。

(一)完善思想政治教育实践模式

"双新"背景下,思想政治教育的进行必须注重实践活动,这就要求思想政治教育主体更多地参与实践,提高自身参与实践的能力。思想政治教育主体在"双新"背景下要提高自身参与实践的能力,离不开方案制订、参与人员、监督反馈机制的保驾护航。

首先,合理实践方案的规划和制订。思想政治教育实践能力的提高需要在实践中不断锻炼,合理完备的实践方案是思想政治教育主体参与实践的前提之一。这就需要确定实践的目的,尤其要研究好如何密切结合新时代中国特色社会主义思想的指导与新媒体的使用,比如说是锻炼思想政治教育主体对新媒体技术的掌握和在教学中的运用还是考察思想政治教育主体对新时代中国特色社会主义思想理解,或对新媒体知识的掌握,另外,还要选择多种实践形式形成针对性的实践方案。其次,参与人员的积极性是思想政治教育主体完成实践目标的重要条件,这就要求思想政治教育主体保持高度的积极性和参与热情,用积极的心态正视实践活动。"双新"背景下,需要更多的实践锻炼机会,要做好长期参与实践锻炼的准备,反复的锻炼,才会发现自身的不足,才能在解决问题的过程中提高自身的素养,适应"双新"背景下的复杂变化。再次,需要完备的监督反馈机制,往往需要监督的不仅仅是权力的一种,思想政治教育实践活动同样需要监督,"双新"背景的影响下,监管难度大,使得监督反馈机制更加重要。虽然制定了一系列的新媒体知识和技术的培训规定,但配合监督反馈机制的运行才有利于促进实践的真正落实和提高实践的效率。通过完善"双新"背景下的监督反馈机制,有利于促进思想政治教育主体适应"双新"背景下的快速变化做出相应的调整。同时,思想政治教育主体可以就自身的实践锻炼进行信息的反馈,促进这一机制的不断完善,更好地服务于思想政治教育事业。

(二)积极参加新媒介素养实践活动

新媒介素养是思想政治教育主体在新环境下的新要求,要开展新媒介素养实践活动,最主要的是利用好校园这一思想政治教育主体活动的基本场所,进行校园新媒体实践活动。可以充分利用校园广播、校园网站、校报、电视、校园QQ群、微信群等校园媒体,作为思想政治教育主体进行实践活动的平台。通过校园广播对先进的教师和事迹进行广播,树立榜样,通过榜样的力量,激励思想政治教育者和受教育者以榜样为参照,提高自身各方面的素养;鼓励思想政治教育者利用空闲时间练笔,向校报投稿,在锻炼自己文字编辑能力的同时更深一步地了解新媒体的运作等相关知识;通过不断的学习,可以尝试做校园网站的编辑,制作个性化的媒介形象和产品,在实践锻炼中成长;还可以利用QQ群、微信群、短视频平台等进行学习和学术交流,开展课题研究,争取民主意见等。

综上,面对"双新"背景下的新形势、新挑战,思想政治教育主体要学会以新时代中国特色社会主义思想作为理论指引,利用新媒体加强学习,不断地提升自己的综合素养,以具备"双新"背景下进行思想政治教育实践工作的能力。需要思想政治教育主体不断地提高自身的思想政治素养和道德素养,以保证思想政治教育工作的正确方向;学会利用手机、网络等新媒体,学习新的知识,关注前沿和热点问题,不断地完善自身的知识体系,并在使用新媒体技术的同时养成良好的新媒介素养,更好地适应"双新"背景下的思想政治教育工作,完成自己的历史使命和任务。

第二节 "双新"背景下大学生思想政治教育的话语研究

传统思想政治教育话语形式比较单一,"双新"背景下新媒体使得话语表现形式更加多样化,不仅超越了报纸版面、电视时段等方面的限制,更突破了课堂、讲座、报告会等话语形式的局限,从时间和空间两个维度使话语传播变得更加形式多样。"双新"背景下消除思想政治教育话语消极影响的对策如下。

一、有效利用新媒体个性化凸显话语人文关怀

思想政治教育的本质目的就是要实现人的全面发展,以人为本的理念必须贯穿于话语理论与实践中。思想政治教育话语说到底就是人与人之间的话语关系,思想政治教育话语的主体、对象、载体、目的都与人相连。以新媒体为契机,有效利用其个性化特征,实现思想政治教育话语由文本转向人本,凸显人文关怀。

(一)定制个性化内容凸显人文关怀

"双新"背景下,思想政治教育话语因为具有特殊的政治目的而有别于一般教育话语。正因为如此,传统思想政治教育话语总是出现只"唯书"忽视人的现象,教育者往往忽略

思想政治教育话语教育人、服务人的目的，对受教育者一味地约束而不是积极引导，这在某种程度上影响了受教育者主观能动性的发挥，也因忽视受教育者个体差异性使思想政治教育话语内容变得单调且缺乏个性。"双新"背景下，随着新媒体的出现，受教育者越来越强调个性的张扬，他们不满足于那种单调的政治话语，而是更希望思想政治教育话语能够贴近他们的生活，更加关注他们自己，更希望话语内容在保证育人目的的基础上充分彰显个性。基于这种个人定制的要求，新媒体应与思想政治教育话语珠联璧合，既要保证话语本身凸显一定的政治因素，又要关注受教育者本身，二者结合才能事半功倍。

"双新"背景下，新媒体的个性化特征体现在能够实现个人定制上，也就是说它打破了以往信息掌握在思想政治教育者手中，受教育者只能被动接受的局面。传统媒体所传播的信息对每个人而言基本都是相同的，它忽略了受教育者的接受意愿，只是按照特定的目的、固定的内容对受教育者进行灌输，在传统的语境下这种教育方式会起到一定的作用，但是在如今"双新"背景下，受教育者可完全按照自己的意愿借助多种媒介获取信息，同时还可以选择任何自己感兴趣的信息。例如，现在各大报纸、杂志都紧跟新媒体步伐纷纷推出了线上客户端阅读模式，用户可以根据自己的时间、精力、爱好等自由选择阅读，同时还可以通过关注报纸的官方微信公众号获取资讯来实现个性化要求。

基于此，只有有效利用新媒体的个性化特征，与时俱进、以人为本，定制个性化内容，使思想政治教育话语具有真挚的人文关怀，才能使更多的受教育者愿意投入到思想政治教育活动中来，乐意去接受教育者口中的政治性话语，也不再与教育者产生话语方面的隔膜，更愿意敞开心扉与教育者对话，这样也就更有利于广大教育者开展工作。

（二）理性与情感并重增强话语说服力

思想政治教育话语本身确实应该具有理性特质，这不仅仅是作为话语本身的要求，也是思想政治教育话语最终目的使然。因此这样种理性特质无可非议，但值得我们讨论的就是传统媒介中的思想政治教育话语过分强调理性，而思想政治教育话语应该具有"生命体验和情感意蕴"的内涵。传统媒介下，思想政治教育话语过于强调理性的同时也恰恰忽视话语本身应该具有的情感特质。在这种情况下，情感方面的交流被拒之于思想政治教育话语实践之外，而纯粹的思想政治理论灌输与价值观教育被教育者作为主要任务，受教育者的主观情感体验、思想观念等就被认为是次要的。因为思想政治教育离不开人的参与，这种只有理性缺乏一定情感意蕴的话语注定起不到应有的作用，注定会在新媒体的冲击下湮没。

而现实情况就是，这种只有理性缺失情感的话语很难真正走进受教者的内心，很难挖掘他们内心真正的想法，因而话语也就失去了本应有的说服力和感染力。"双新"背景下的到来越发促使受教育者对这种缺乏情感意蕴的话语产生排斥心理，他们越发强调个性的凸显。因此，为了保证思想政治教育话语的实效性，确保其发挥应有的作用，我们必须充分发挥"双新"背景下新媒体的优势，有效运用新媒体的个性化挖掘受教育者感兴趣的语言,从而增强话语说服力;在保证实现思想政治教育目的的基础上,满足受教育者的情感交流需求,使思想政治教育话语的理性与情感并重,彰显个人意志,抒发个人情感,充分挖掘"双新"背景下思想政治教育话语的育人本质,使思想政治教育话语发挥应有的作用。

二、合理利用新媒体的开放性丰富话语体系

任何一种语言的发展进步都不能故步自封,向来也并不能仅靠一己之力而发扬壮大。

话语因交流而繁荣,因互鉴而不断完善。思想政治教育话语也应随着新媒体的发展,随着时代的变革而不断学习,推陈出新。因此,我们应该根据实践要求大胆剔除思想政治教育话语中陈旧的、不适合发展需要的内容和形式,大胆创新,合理利用新媒体的开放性特征,使思想政治教育话语、新时代中国特色社会主义思想与新媒体珠联璧合,实现对思想政治教育话语的积极效应。

(一)树立兼容并包的话语理念整合增强活力

思想政治教育话语本身就暗含着开放的属性,它必须随着社会的发展不断更新自身内容,否则就很难融入社会人的生活工作中,也就更难走进受教育者的内心去改变他们的思维方式和价值观、人生观。"双新"背景下,新媒体的开放性体现在人们可以不受时间与空间的限制,随时随地了解信息,并且信息的内容也不受时空限制,古今内外大事小事都可以在短时间内获得。在这一时代背景下,我们应秉持思想政治教育话语兼容并包的理念,合理利用新媒体的开放性,从中国源远流长的传统文化中撷取话语精髓,从党和国家领导人的重要语录中汲取所需,从充满时代特色且用户群十分广泛的互联网中借鉴积极向上的话语资源,从而使思想政治教育话语内容不断丰富并且充满生机与活力。

(二)提高思想政治教育者话语创新能力

思想政治教育者不仅要树立兼容并包的理念,对优秀话语资源加以整合借鉴,而且还需要提高思想政治教育者的话语创新能力。这是有效应对新媒体的消极影响,完善思想政治教育话语的关键。为此,我们应当时刻注意新媒体的发展趋势,了解受教育者的兴趣所在和思想动态,借助新媒体及时与受教育者进行沟通交流,在沟通中转变,在学习中创新,以期更多符合时代特征的、具有教育内涵的新媒体话语不断涌现,从而促使思想政治教育话语的实践作用得到提升。

思想政治教育者首先要从思想上认识到新媒体话语的重要性。当今时代新媒体话语有广泛的受众,有多元的传播渠道,更具有一定的教育意义;再加上新媒体使得原本的思想政治教育话语空间受到挤压,实效性有所减弱,受众有所减少。因此,只有思想政治教育工作者主动走进新媒体话语,提高新媒体技术使用能力,将其与思想政治教育话语相融合,才能更好地开展思想政治教育工作,更好地传播思想政治教育话语。其次,增强思想政治教育者新媒体技术水平与应用技能。教育者要掌握新媒体技术的基本理论和操作技巧,具备新媒体和网络技术的应用能力,还需具备利用新媒体技术处理信息的能力,将得到的话

语资源转化为符合思想政治教育本质与目的的话语内容。最后,对思想政治教育者话语创新意识的培养至关重要。创新活动离不开创新意识的培养,创新意识的形成离不开对规律的遵循,思想政治教育者应当对话语形成与发展的内在规律积极摸索,掌握话语创新的方法,在现有的基础上主动思考、加强学习,投入话语实践,在不断思考、学习与实践中培养思想政治教育话语创新意识。

综上,在"双新"背景下,思想政治教育者只有不断提高自身的话语创新技能,不断创造出更多既符合时代特征又为受教育者喜闻乐见的新话语,才能使思想政治教育话语体系不断丰富与完善。

三、科学运用新媒体虚拟性确保话语环境安全健康

"双新"背景下,思想政治教育话语实践的有效开展和有效传授依赖于积极健康的话语环境。新媒体的虚拟性一方面使话语表达实现创新;另一方面也使话语环境存在一定隐患,可以说对思想政治教育话语活动的开展有利亦有弊。因此,只要科学合理地运用,扬长避短,营造积极健康的话语环境,就能有效发挥其积极作用,增强思想政治教育话语的实效性。

营造积极健康的话语环境需要有宏观政策制度的有效制约与保障,需要全社会的积极合作、共同参与。要不断完善新媒体分级措施,严格把关信息出口;建立新媒体信息审查制度,通过过滤筛选,去粗取精、去伪存真;加速新媒体立法,打击各种新媒体违法犯罪行为。

新媒体分级是为了对信息出口严格把关,确保呈现在受教育者眼前的是适合的、安全健康的话语资源,对净化新媒体环境大有裨益。如果不分级制约,那么就会出现受教育者年龄段和话语内容不匹配的现象,造成受教育者难以理解话语内涵,不利于教育活动的有效开展。信息审查就是对新媒体发布的各种信息,通过分析、过滤和筛选,去粗取精,增强新媒体信息审查有利于维护话语环境的纯净,使思想政治教育话语更好地发挥作用。完善立法,运用法律手段有效制约危害新媒体话语环境的行为。近几年,网络诈骗现象屡见不鲜,不法分子利用高科技直击人们的法律盲点。因此,必须加强和完善新媒体立法,同时还要加强国际间的交流与合作,积极参与制定国际新媒体信息方面的规则,共同打击新媒体犯罪,净化新媒体环境。

因此,我们要完善新媒体相关制度,构筑信息海关,为构建绿色健康的话语环境保驾护航,使思想政治教育话语的发展有一个和谐的传播环境。

四、充分利用新媒体的交互性增强话语实效性

新媒体技术改变了信息传播的交互性较差的局面。交互性极强的新媒体技术打破了单向灌输的话语传播模式,使话语传播实现了双向的交流互动。在这种话语交流互动模式的

推动下，受教育者不再局限于只关注自我，不再回避与教育者的话语差异，不再回避与教育者真挚交流共同解决问题。与此同时，教育者也不再将教育活动局限于自我独白、强制灌输，不再将话语传播的任务局限于教育者行列，也不再将话语传播仅仅停留在表面，而是走入受教育者内心深处。正是新媒体的交互性带来了这些可喜的改变。因此，为了增强思想政治教育话语的亲和力与可信度，使其在话语实践中发挥重要作用，我们应当充分利用新媒体的交互性。

1. 树立话语权力平等的理念

在传统的思想政治教育话语中，教育者与受教育者往往处于不对等的状态，教育者占据主导地位，往往掌握着话语的发言权与表达权，而忽略了受教育者应有的话语地位。受教育者往往是比较被动的，他们缺失话语权，只能按部就班地跟着教育者的引导走，教育内容的灌输使他们渐渐游离于教育活动之外。"双新"的到来促使话语权开放。受教育者的主体性意识增强，对话语权的要求也更为强烈。若想解决教育者和教育对象在话语权问题上的矛盾状态，首先要树立话语权利平等的理念。新媒体的交互性为这一理念提供了行之有效的方式方法，使教育者双方的平等对话并不是流于表面，变得形式化，而是真正意义上落到实处，真正体现教育者对受教育者话语权诉求的尊重与积极回应。利用新媒体平台，教育者应当充分发掘交互性特征的使用方法，充分挖掘新媒体各种交互功能的教育内涵，有的放矢地进行教育活动。教育对象的话语主体地位和话语权的强烈诉求也要求教育者尽快改变传统的话语的权威意识，肯定受教育者的独立人格，理解并包容个体间的差异。过去当有双方不同的意见时，受教育者往往由于胆怯或"不好意思"而要么直接顺从、要么拒绝沟通，而教育者往往由于长期形成的权威思想忽视受教育者的实际反应。新媒体恰恰打破了这种尴尬局面，其交互性特征使得教育双方可以借助各式各样的新媒体终端，展开平等对话。例如，教育者可以开通微博账号，或者开通微信公众号等密切与受教育的联系。通过这些虚拟账号进行交流就避免了受教育者不愿说不敢说的情况。通过彼此真挚交流、双向互动，既增强了受教育者内心深处对教育理念和话语方式的认同感，又有助于与教育者产生情感共鸣，还有利于激发他们的主观能动性，使思想政治教育话语实践事半功倍。

2. 树立合理的教育者话语权威理念

权威不等于霸权，二者有本质区别。霸权具有一定强制性，暗含着一种控制欲；而权威则象征着一种无形的力量和威望，它的积极方面就在于可以在一定程度上确保人们的行为活动服从既定的教育目标和社会规范。在传统的思想政治教育话语中，由于教育者总是倾向于认可自身的话语权威，总是以一种强势的姿态进行话语传播，这种情形很显然会助长话语霸权现象的出现。而"双新"背景下的到来，意味着这种话语霸权已经逐渐失去了先前的效用，受教育者被禁锢的话语表达欲望被释放，他们呼唤合理的话语权威而不是话语权。因此，应时代要求与实践需要，只有树立合理的话语权威理念，教育者才能提高自身威望，才能保证话语实践活动合理有序地开展。

综上，在错综复杂的"双新"背景下，在时代发展要求和受众合理内心诉求的推动下，每一位思想政治教育工作者都应积极回应诉求、更新观念，在实践活动中做出改变，既要改变话语权只是教育者的事情的思想，也要在教育实践中时刻警惕话语霸权，在话语传播过程中，在以理服人的基础上，还要依靠德行的光芒使人信服，不仅要依靠真理为基础与前提，更要依托人格魅力为重要支撑。教育者应充分利用新媒体的交互性，关注受教育者的思想动向及需求，积极地沟通并做出正确引导，使受教育者从内心深处真正认可教育者传播的话语。话语的力量是强大的，新媒体的交互性则更有助于这种力量发挥作用，唯有更新观念，合理利用新技术，思想政治教育话语才能在实践中不负众望。

第三节 "双新"背景下大学生思想政治教育接受效果

在"双新"背景下，大学生思想政治教育的接受效果评价需要科学的社会评价和有效的学校监督调理机制，共同来规范把控。"双新"背景下提高大学生思想政治教育授受效果的对策如下。

一、提高教育者的职业技能素质，满足接受需要，变被动为主动

（一）加强高校思想政治教育工作者的"特殊队伍"建设和扶植

"双新"背景下，作为教育主导力量的高校思想政治理论课教师，是大学生思想行为动态的引领者和指导者。第一，必须要与时俱进，熟悉和掌握新媒体教学技术。各高校本着全员育人的理念，尤其是马克思主义学院或思想政治理论课教研部利用各种人力、物力、财力等资源，建设一支政治立场坚定，毫不动摇的坚持马克思主义在意识形态领域的主导地位的新媒体教学"技能部队"。加强思想政治理论课教师有关新媒体教学方法的培训与交流，不断更新教育观念。第二，各高校的所有教育者通过注册一个账号，以普通大学生的身份进入大家平时关注和喜爱的网站或者论坛贴吧，同大学生平等交流，融入大学生们熟悉的网络语境，运用网络语言，让大学生受到启发和教育。我们的教育工作者积极运用新媒体技术手段，加强大学生的社会主义核心价值观教育。第三，互联网时代，QQ、短视频平台、网络直播、聊天室、微博微信和论坛贴吧等传播方式以及手机APP应用软件，丰富和拓展了大学生思想政治教育的载体和手段。这就要求我们每一位思想政治教育工作者在结合学生实际情况和现实需求时，要跟上新媒体发展的步伐，及时运用新媒体提供的方法途径，有针对性地建设密切关注学生学习、生活、工作、情感等问题的网络实践平台。充分运用新媒体便捷快速的优势，及时直观地发布和交流个性化信息，使大学生思想政治教育更形象、更生动、更有效，尽可能地满足大学生的认知需求，解决大学生的思想困惑，开阔大学生的社会视野，提高大学生的综合素质。第四，我们要始终以学生为本，建构新

媒体的传播环境，设计新媒体的传播内容和形式。教师队伍在微信、微博上与同学们互动，看似润物无声，但是点赞、转发、评论、收藏的背后都是正能量，这也是核心价值观的传播。第五，高校思想政治理论课教师积极践行"四个好老师"标准，切实做到有理想信念、有扎实学识、有道德情操、有仁爱之心。在上述五个过程中也会发现，对于参与扶持的教师，进行有效的管理监督是确保能否保质保量完成任务的关键。高校思政教师管理基于新媒体传播的规划是纵向发展的，在达到一定深度之后，需要及时引入对应的管理监督机构建设，对这个过程中的高校思政教师协调分配，进行有效监管。而管理监督改革的建设机制，是大学决策走向民主化和科学化的关键一步，也是新时期建设服务型大学的必然选择。在新媒体思想政治教育传播规划的过程中，相对客观的管理监督通过不同的方式进行大学职能建设选择，克服了我们现阶段的主体矛盾和主要的发展困境，也是确保高校扶持思想政治教育理论课教师足够专业、足够正确、足够科学的关键一步。

（二）重视高校思想政治教育"意见领袖"和"把关人"的选拔

从传播学视角看，大学生思想政治教育属于特定的信息传播，是一个能动性的活动，在新媒体条件下，思想政治教育可以经由过程多样化的传播渠道，超出时间和空间限定无障碍传授发布，贴近大学生实际。我们的"意见领袖"人员，既可以是学校党委和主管宣传的领导同志、思想政治教育学科领域的专家教授，也可以是学校学生群体中的典型人物和先进个人。例如，精神文明先进个人、自立自强先进个人、学习进步先进个人等。在"双新"背景下，高校意见领袖队伍要在坚持课堂教学、社会实践、主题活动、志愿服务等传统思想政治教育手段的基础上，充分运用新媒体传播技术。当发生某个问题时，无论是情感生活，还是学习困惑，多与学生线上互动交流、线下约谈，及时把握学生思想动态，把实际与网络环境中的思想政治工作相结合。比如大学生对于手机短视频、微信、QQ等媒介利用率较高，可以充分利用手机移动客户端建立网上思想政治教育宣传阵地和主题网站，及时发布校园信息，互动交流，正确引导大学生，与学生实现有效互动，把握学生思想动态。再如，有条件的高校可以利用电子书籍软件，将原有的书面课程制作成电子杂志、电子课件上传到校园共享平台上，供所有大学生下载学习；也可以将党团课、红色教育实践活动、校园的精彩比赛、专家学术讲座等具有特色的活动制作成视频，供师生观看，并交流学习。新闻传播学中的"把关"，实际上就是对新闻信息进行筛选、过滤和加工，把关的实质就是过滤和处理不良信息，寻找符合受众的信息。信息资讯丰富的新时期，传播的泛化，各类信息参差不齐，影响大学生的价值观形成。高校思政队伍，及时对思政信息把关，屏蔽掉不良信息，争取导向第一，以正面宣传为主，传播和还原客观真实给大学生，引导好大学生。

（三）高校思政教师转变教学理念，学会正确使用新媒体

新媒体技术及其运用，对于高校大学生思想政治教育工作者来说，并不陌生。近年来，网络思想政治教育不断发展，内容不断充实，形式不断创新。尤其是"慕课"的出现，

受到了广大学生的喜爱和支持。因此，高校要切实加强思政队伍建设，促进高校思想政治教育者转变思维模式和创新教育理念，不断加强对新媒体知识和技术的学习，转变教学理念，开展形式多样、寓教于乐的教学活动。我们以广西全区思政教师"精彩一课"比赛为例，参赛教师充分运用新媒体技术，制作精美的课件，采用与教学内容相符的视频音频资料，给学生上思想政治理论课，既满足了受教育者的接受心理，也取得了令人满意的教学效果。在网络视频、慕课技术、微电影等普及的现代教育技术环境下，高校思政教师必须与时俱进，更新教学观念，转变教学思维模式，不能故步自封。由于网络信息内容真假不一、参差不齐，需要我们的思政教师过滤筛选，选择准确有效的信息，充实教学内容，丰富教学形式，提高教学手段。如何正确使用新媒体，教师需要专业的培训、自己的摸索以及不断的实验教学，总结出一套既适合自身教学特点，又适合学生学习的方法。高校教师可以通过关注微信公号，如时政类的微信公众号，学习小组、政事儿、共产党员等；思政教育类的微信公号，MOOC、北科大马院、玩转慕课等；新媒体类的微信公号，大数据、中国网信网、腾讯科技等。及时分享好文到朋友圈，提高传播力，尤其是大学生，大学生通过阅读点赞、转发，内化成自己的东西，接受和认同文章的观点，利用这个过程，进行思考。此外，我们还可以带领大学生"走出宿舍、走下网络、走向操场"，运用手机计步器或者小米手环，记录每天的运动量，培养大学生良好的运动习惯，使大学生拥有健康的体魄，鼓励大学生运用新媒体应用软件，比如大学生运用唱吧手机软件，与舍友和同学K歌，相互比拼，看谁唱得好，充实业余生活；利用小咖秀这款手机APP，展现自己的表演才华，对口型能力；运用脸萌手机应用，制作一款属于自己的卡通造型，或者给同学朋友打造一款，既增进了同学情谊，又和谐了寝室氛围。高校教师转变了教育理念，运用互联网思维，真正培养出大学生的"四个一"：一项文艺爱好、一个运动习惯、一类志愿服务、一种表达能力，使大学生真正德、智、体、美、劳全面发展，做社会主义事业的合格建设者和可靠接班人。

二、增强大学生媒介素养教育，提高接受效果，变无效为有效

（一）提高大学生网络道德修养

当今大学校园，信息化已基本形成，互联网已经融入大学生生活的方方面面，深刻改变了大学生的生活和学习方式。提高大学生网络道德修养，首先需要高校思想政治理论课教师要把"思想道德修养与法律基础课"讲出特色和新意，教学可以分为理论和实践，先用理论充实头脑，再用实际行动来提高自身修养，我们设置情景教育，在实践中去考验大学生，如观察大学生上网的时间、喜好和不良行为，用视频记录下来，在课堂上指出来，并让学生点评，指出问题所在，从而约束自己，提高网络道德修养。懂多媒体教学技术的高校思想政治理论课教师通过慕课的形式，把心理健康教育和网络道德修养教育的案例视频，在课堂上播放，并加以说明，让学生查漏补缺。检讨自身平时上网的某些行为是否文

明，是否违规，用规则和制度来严于律己，约束自己的不良行为。最后，组织大学生学习《全国青少年网络文明公约》，大学生自尊自爱、文明上网、严格自律，要弘扬社会新风，做好网络文明的使者，要规范操作，做好网络安全卫士当代大学生日常学习生活，离不开个人电脑（PC）、手机、iPad等电子设备，怎样利用好这些高科技产品，用于自己的学习和生活，需要大学生提高自身的网络道德修养，合理、正确。健康使用它们。大学生面对一些社会热点事件，不盲目跟风、快速站队、理性分析客观事件、拒绝非理性谩骂，不要进行"道德绑架"式的谴责、刁难，文明上网，维护网络社会的和谐。

（二）加强大学生新媒体法律法规教育

互联网进入我国以来，我国的网络化和信息化取得了显著发展成就，但同时也存在不少问题，如网络安全、网络暴力、网络产权等。我国要以身作则，敢于承担责任，拥有大国担当，相关立法部门要抓紧制订立法规划，完善互联网信息内容管理、关键信息基础设施保护、产权保护等法律法规，依法治理网络空间，维护广大网民合法权益。执法部门要按照法律法规，严格执法，对网络犯罪零容忍，绝不姑息。高校将与新媒体相关的法律法规做出整合，法学院可以研究一个有关新媒体法规的课题，调研大学生使用新媒体的常规做法和不良行为，设置一门选修课安排在大学生的教学中，由专业教授法学的老师授课，让大学生知法、学法、守法、懂法，增强法律意识，提高思想政治教育接受效果。具体措施还包括高校要联合有关执法部门，不定期组织和引导大学生观看网络安全宣传教育片，听取专题讲座。大学生进行自我教育，文明上网。

（三）引导大学生合理正确使用新媒体

当代大学生处在信息透明化、共享化、全球化高速发展的社会。大学生要选择正确的方式来对待有网络伴随的生活、学习和工作。第一，大学生要提高自身的自控力，自觉抵制诱惑，让自己成为新媒体的主人，把新媒体变成自己的学习工具。第二，合理安排上网时间，正确对待网络娱乐资源，劳逸结合、寓教于乐。"学习有时，娱乐有时"，适度娱乐能缓解生活学习压力。第三，对待网络，调整好心态，要有戒备心，提高自己的自制力和判断力，把网络的作用发挥好，使网络成为大学生的得力助手。第四，大学生要充实自己的精神世界和现实世界，让自己有忙的地方、内容和时间，比如多参加社会实践活动、各种形式的校园活动等。第五，有条件的高校，可以成立一个新媒体研究院，及时发布网络舆情，尤其是高校突发事件，正确引导大学生使用新媒体。我们可以通过新华网、人民网、央视网等央媒网站，组织学生观看运用动画技术、Flash制作的宣传党的政策方针的动画短片，新颖有趣，利于接受。

三、加强新媒体校园文化建设，营造接受氛围，变一般为良好

（一）加强高校红色主题网站建设

高校红色主题网站，既是思政信息的传播平台，也是思想政治教育的网上教师，必须高度重视。近年来，一方面，高校的网站建设发展迅速，如高校官方网站、网上团校、校园媒体网站等，各高校都有自己的板块进行主流价值观教育，有思想性和艺术性，而我们的高校网络思想政治教育必须始终坚持正确的舆论导向，以正面宣传为主，以社会主义核心价值观为根基，辅以弘扬中华民族优秀传统文化。比如大学生可以在元宵节、网上猜灯谜、字谜和成语，感受传统节日的魅力和文化内涵；在清明节进行网上祭祀活动，对革命先烈和亲人致以哀思，要明白我们现在的幸福生活是革命志士抛头颅、洒热血换来的，来之不易，要倍加珍惜；在中秋节，如果不能回家团圆，就在网上与家人视频聊天互动，感受亲情的温暖；在国庆节点一下鼠标，升起一面国旗，给人民英雄纪念碑进献一朵鲜花，表达对祖国的热爱和眷念等。另一方面，我们加大对红色艺术的宣扬，开展红色文化旅游、红色主旋律教育、红色经典传承等活动，线上线下联动进行。

（二）增强"新媒体意识"，加强组织管理

"双新"背景下，媒介素养不仅针对新闻工作者，同时也适合高校管理者的培养。何为媒介素养？它是通过一定的教育途径和生活经历逐渐建立起来的获取媒介信息和独立判断信息价值的知识结构，是对复杂的媒介信息的选择、理解、质疑、评估、表达的能力及创造和制作媒介信息的能力。通过具体的分析和实际的理论调研可以发现，媒介素养体现在时时处处的细节之中。加强高校管理者的媒介素养教育对培养大学生的社会责任感有至关重要的意义，同时也充实了"双新"背景下思想政治教育的内容。当代大学生媒介素养的养成，非一日所能完成，这需要高校设置有效的信息监督机制。因此，高校宣传部门首先要充分加强新媒体信息的传播监管和舆情引导工作，做到早发现、早处理、早引导，从而建立起高校思想政治教育信息监督机制，净化新媒体教育环境。"双新"背景下，大学生过度依赖网络，容易产生系列心理问题，高校要多创造条件为学生提供面对面交流沟通的机会。面对高校的突发事件和安全事故，党委宣传部门首先要管控好舆论，杜绝谣言产生，以免以讹传讹，弄得师生人心惶惶，高校应重视自身在舆论引导中的权威性和主导性作用。然后，建立一整套完整有效的高校系列新闻发布有效机制，尤其是应对突发事件，化解舆论危机，比如邀请当地主流媒体记者参与新闻发布会、新闻吹风会等，客观公正报道校园新闻。再次，校园媒体人要敢于担当责任，报道事实真相，让师生了解事件的具体情况，一要掌握好事件的舆论特点，利用校园微博微信及时发布事情公告，对大学生的行为、思想进行引导，正确引导舆论。二要提高实效性，立即做出情况反映。三要拓展报道范围，了解事件的前因后果、来龙去脉。最后，高校可以通过人性化的服务，做公益活动等方式树立良好的学校形象，消除负面影响。

当前大学生在不同的网络平台上学习、娱乐、休闲，因平台的差异互动方式也是各不相同，这种环境恰恰给思想政治教育活动营造了更加开放、多元且互动性强、集群性好的接受环境。大学校园生活丰富多彩，不同的学校根据自身的条件、所处的地域和环境，打造有本校特色的校园文化活动，吸引大学生的注意力，增强爱校护校热情。抛开陈旧老套的文化活动框架，创新活动模式和内容，借鉴热门的综艺节目模式，加入正能量元素，同时融入地方特色，增强校园活动的魅力和吸引力，打造校园活动品牌。

四、完善大学生使用新媒体的监管机制，拓宽接受渠道，变单一为多元

（一）社会要加强对新媒体的监管，尤其是要净化网络环境

要净化网络环境，破除网络谣言。首先教育部门必须督促和加强学校信息公开工作，增强工作透明度，让大学生有知情权；其次，加强学校网络监控管理，不断完善网络谣言预警与处理机制；最后，要提高网民媒介素养，疏导社会公众负面情绪。提高媒介的公信力，净化新媒体环境，培育健康向上的网络舆论环境。新媒体已经成为大学生认知的主要渠道，大学生对新媒体产生了一定程度的依赖，有的甚至不能自拔，但大学生对新媒体的信任度仍有待提高。如今电视荧屏上和互联网上，综艺节目泛滥，尤其是真人秀节目，游戏类的、音乐类的、婚恋类的、旅行类的、亲子类的等，这些节目水平参差不齐，节目同质化严重，太多节目为了收视率和点击率，获得网络热度，拼明星阵容，拼故意炒作，拼眼球效应，而大学生是综艺节目的主要受众，拥有广泛的市场，他们通过互联网、新媒体等渠道收看。社会有关部门（国家新闻出版广电总局、各地宣传部部门、文广新局）要加强对电视台综艺节目的监管、内容的把控，清除"庸俗、媚俗、恶俗"的三俗节目，鼓励电视台多生产有思想力和影响力的节目，多打造文化类的精品节目，形成节目品牌，创作文艺作品在注重经济效益的同时，不要忽视了社会效益。让大学生不要被娱乐圈的浮躁、名利等风气感染，多创作些弘扬社会正能量、传递人间真善美的文艺作品。在优化思想政治教育接受环境方面，社会需要加强对政治、经济、文化三方面的综合治理和建设。政治方面，有关部门要加大腐败惩治力度，加强廉洁观教育，使官员不敢腐，不想腐，多为老百姓办实事，营造风清气正的政治环境；经济方面，要加大对食品药品安全，市场不公平竞争、违法交易等破坏市场经济的行为，提高经济发展水平，既要金山银山，又要青山绿水；文化方面，要切实发展互联网网络文化，用社会主义核心价值观引领社会思想，大力弘扬中华民族优秀传统文化，推动社会主义文化大繁荣大发展。

（二）学校要加强舆论引导，创造向上向善的文化氛围

我们常谈的思想政治教育素养，主要是指广泛吸收而又不拘一格地运用教育素材进行的再次创作和升华，以反映大学生思想政治教育的现实情况。因此思想政治教育艺术有着

更贴近生活的感情基础，但跟社会接触的越亲密便越有社会习气的存在，思想政治教育艺术的发展值得我们去关心、建言。而高校作为思想政治教育的主阵地，要加强舆论引导，积极营造向上向善的文化氛围。通过举办学生品牌活动、各种才艺大赛、体育活动等，打造有特色的高校文化品牌。结合国家大政方针、时事热点，组织形式多样、内容丰富、生动有趣的活动及时宣传，扩大宣传队伍。利用优秀的文艺作品进行社会主义核心价值观教育，与人之间的信任危机加大，我们也需要榜样楷模的人物引领，多学习先进人物的事迹，多讲"身边的感动"故事，多报道校园的"好人好事"，创造向上向善的校园文化氛围。

（三）发挥大学生新媒体技术优势，推动良好家风的传承

被新媒体包裹的青年一代，家长应该清晰认识到，新媒体对大学生价值观的培育和人格的完善也发挥着积极的正面作用，这就要求我们必须重视家庭教育。那么，我们应该怎样树立好良好的家风呢？第一，要加强认识。我们要弘扬优秀的中华民族传统家风文化，坚持对"仁、义、礼、智、信"这些传统伦理观念的现代化更新。对优秀家风要有传承的意识，并努力践行。传统家风主要通过家训、对联、家族族规、家长言传身教等方式对子孙产生影响，达到教育目的。比如"家和万事兴"的家风，需要我们整个家庭在遇到困难时能够团结一致，拧成一股绳，共克时艰，有福同享有难同当。第二，树立自信。树立对家风文化的自信，家庭成员要承认家风传承的必要性。只有意识到家风传承的重要性，才能激发对家风的重拾和保护。家庭成员要树立对传统优秀家风的文化自信，并不是意味着我们要对传统家风无条件地接受或机械地复制，而是在对待传统优秀家风上应坚持科学的态度。以客观/科学的态度敬重家风、评价家风，从头树立对家风的自信。比如"快乐、团结、向上"的家风，需要一家人开开心心、整整齐齐，拥有和谐愉快的生活氛围，一家人天天向上、热爱生活、共同奋斗。第三，教育方式要形成系统，保持一致。家长在教育孩子时在教育方式上应要求一致形成系统，在制定教育目标时，要结合孩子身心发展和可接受程度，教育思想不可过分超前，也不可太落后，要与时俱进、因材施教，长辈和晚辈可以是朋友关系，也可以是师生关系，晚辈耐心教会长辈新媒体应用和手机使用，长辈传递人生经验和智能给晚辈，互相学习、教学相长、共同进步。

参考文献

[1] 杨如恒. 新时代大学生思政教育 [M]. 石家庄：河北人民出版社，2018.

[2] 李霓. 新媒体时代大学生思政教育挑战与创新 [M]. 天津：天津科学技术出版社，2018.

[3] 寿伟义，汪灿祥，周俊炯，单文荣，等. 高职学生工作探索与创新 大学生思政工作论文集 2017 年卷 [M]. 镇江：江苏大学出版社，2018.

[4] 杨娉. 新媒体视角下大学生思政教育创新探索 [M]. 北京：中国纺织出版社，2018.

[5] 田甜. 当代大学生思想政治教育研究：以农科院校大学生为例 [M]. 武汉：中国地质大学出版社，2018.

[6] 施索华，裴晓涛，梁钦，武治国，李萌，等. 新时代高校思政课的"打开方式" [M]. 桂林：广西师范大学出版社，2018.

[7] 刘文红. 新闻传播课程思政论文集 [M]. 北京：知识产权出版社，2018.

[8] 滕飞. 思行致新 高校思政育人工作的探索与实践 [M]. 北京：中国经济出版社，2018.

[9] 辛源. 大学生思想政治理论课认同研究 [M]. 北京：中国商务出版社，2018.

[10] 贾灵充，周卫娟，赵艳娟. 当代大学生核心素养与思想政治教育研究 [M]. 北京：新华出版社，2018.

[11] 夏维勇. 政治学的教与学 [M]. 昆明：云南大学出版社，2019.

[12] 滕跃民，汪军，孟仁振，吴娟. 新时代出版印刷高等职业教育教学研究与实践 [M]. 上海：上海三联书店，2019.

[13] 李慧. 高校思政教育视阈下的婚姻家庭教育研究 [M]. 长春：吉林文史出版社，2019.

[14] 宋阳. 新时期大学生廉洁教育体系构建的路径研究 [M]. 石家庄：河北人民出版社，2019.

[15] 杨非，伍慧玲. 大学生思想政治理论课实践教学教程 [M]. 西安：西安电子科技大学出版社，2019.

[16] 吴素香. 大学生思想政治理论课社会实践方法指导 [M]. 武汉：华中科技大学出版社，2019.

[17] 陈晓云. 高校思想政治理论课教师的角色冲突 [M]. 上海：上海三联书店，2019.

[18] 刘芹,岳松,付安玲.坚持文化传承 创新文化建设[M].青岛:中国海洋大学出版社,2019.

[19] 唐波.赵庆寺,李进付.高校教师思想政治工作研究2018年卷[M].上海:上海人民出版社,2019.

[20] 张百顺,齐新林.思想政治理论课教学与人格教育和谐发展[M].武汉:华中科技大学出版社,2019.

[21] 荆筱槐.大数据与高校思想政治理论课[M].北京:光明日报出版社,2020.

[22] 陈建成,朱晓艳.高校思想政治教育理论与实践研究[M].北京:光明日报出版社,2020.

[23] 陈莉.新时代高校思想政治教育教学改革与实践研究[M].西安:西北大学出版社,2020.

[24] 张翼.高校思想政治教育话语传播研究[M].长春:吉林大学出版社,2020.

[25] 王利平.网络环境下高校思想政治教育方法研究[M].武汉:武汉大学出版社,2020.

[26] 吴玉程.新时代高校思想政治工作"三全育人"探索[M].北京:知识产权出版社,2020.

[27] 边慧敏,李向前.新时代高校思想政治工作指导手册[M].北京:东方出版社,2020.

[28] 刘新跃.新时代高校思想政治教育理念与实践[M].安徽师范大学出版社,2020.

[29] 郎益君.高校思想政治理论课教学创新研究[M].沈阳:辽宁大学出版社,2020.

[30] 姚彩云.新时代高校思想政治教育工作研究[M].中国财富出版社,2020.